高职院校
多元协同文化育人模式研究

曾　剑　肖明胜◎著

吉林出版集团股份有限公司

图书在版编目（CIP）数据

高职院校多元协同文化育人模式研究 / 曾剑，肖明胜著 . — 长春：吉林出版集团股份有限公司，2022.9
ISBN 978-7-5731-2172-1

Ⅰ.①高… Ⅱ.①曾… ②肖… Ⅲ.①高等职业教育－文化素质教育－研究 Ⅳ.① G718.5

中国版本图书馆 CIP 数据核字 (2022) 第 172930 号

高职院校多元协同文化育人模式研究

著　　者	曾　剑　肖明胜
责任编辑	王　平
封面设计	李宁宁
开　　本	787mm×1092mm　1/16
字　　数	212 千
印　　张	13
版　　次	2023 年 4 月第 1 版
印　　次	2023 年 4 月第 1 次印刷

出版发行　吉林出版集团股份有限公司
电　　话　总编办：010-63109269
　　　　　　发行部：010-63109269
印　　刷　山东彩峰印刷股份有限公司

ISBN 978-7-5731-2172-1　　　　　　　　定价：68.00 元

前　言

　　党的十八大以来，中国特色社会主义进入了新时代，全党全社会对文化的关注度越来越高，对文化育人的认识也在不断深化。文化是一个民族的血脉，是人民的精神家园。全面建成小康社会，实现中华民族伟大复兴，必须促进社会主义文化大繁荣大发展，，提高国家文化软实力，发挥文化引领风尚，以文化教育人民、服务社会、推动社会发展。党的十八大报告中专列一章，全面论述扎实推进社会主义文化强国建设的任务。2017年1月，中共中央办公厅、国务院办公厅印发了《关于实施中华优秀传统文化传承发展工程的意见》，指出"文化自信是更基本、更深层、更持久的力量。中华文化独一无二的理念、智慧、气度、神韵，增添了中国人民和中华民族内心深处的自信和自豪"，并深入阐述了文化精髓、贯穿国民教育始终、保护传承文化遗产、滋养文艺创作、融入生产生活、加大宣传教育力度、推动中外文化交流互鉴等七项重点任务。

　　党的十九大报告进一步指出："文化是一个国家、一个民族的灵魂。""坚定文化自信，是事关国运兴衰、事关文化安全、事关民族精神独立性的大问题""文化兴国运兴，文化强民族强。没有高度的文化自信，没有文化的繁荣兴盛，就没有中华民族伟大复兴"。报告进一步提出了"文化创新性发展""文化创造性转化"等理念，明确了高校"以文化人，以文育人"的重要性。党的十九届六中全会通过的《中共中央关于党的百年奋斗重大成就和历史经验的决议》，深刻总结了党的十八大以来，我们党推进文化建设的战略部署和重大成就，强调"推动中华优秀传统文化创造性转化、创新性发展"。坚定文化自信，建设文化强国，需要我们结合新的时代条件传承好、弘扬好中华优秀传统文化，守正创新、推陈出新，让中华文化绽放出新的时代光彩。

　　习近平指出，中国特色社会主义文化，源自于中华民族五千多年文明历史所孕育的中华优秀传统文化，熔铸于党领导人民在革命、建设、改革中创造的革命文化和社会主义先进文化，植根于中国特色社会主义伟大实践。文化与教育是一个整体。习近平总书记在全国高校思想政治工作会议上强调，高校"要更加注重以文化人以文育人""不断提高学生思想水平、政治觉悟、道德品质、文化素养，让学生成为德才兼备、全面发展的人才"。教育部《高校思想政治工作质量提升工程实施纲要》明确提出"文化育人"的基本任务是,要"注重以文化人以文育人"。大学作为"以文化人"的教养之所和"立德树人"的教化之地,更应积极践行文化育人任务,将文化育人贯穿于教育教学全过程。教育部《关于推进职业院校民族文化传承与创新工作的意见》和《完善中华传统文化教育指导纲要》,为高职院校以高度的文化自觉实施文化的育人担当,推动文化育人改革,促进学生全面、个性、可持续发展提供了依据和遵循。

2019年9月,习近平总书记在全国教育大会的讲话中指出,把立德树人融入思想道德教育、文化知识教育、社会实践教育各环节,贯穿基础教育、职业教育、高等教育各领域,学科体系、教学体系、教材体系、管理体系要围绕这个目标来设计,教师要围绕这个目标来教,学生要围绕这个目标来学。中共中央国务院印发的《关于加强和改进新形势下高校思想政治工作的意见》中指出的"把思想价值引领贯穿教育教学全过程和各环节,形成教书育人、科研育人、实践育人、管理育人、服务育人、文化育人、组织育人长效机制。中共山东省委山东省人民政府《关于加强和改进新形势下高校思想政治工作的实施意见》提出"推动文化传承创新,建设具有中国特色、体现时代要求的大学文化,培育和弘扬大学精神,把高校建设成为精神文明建设示范区和辐射源,继承和发扬中华优秀传统文化,促进社会主义先进文化建设,增强国家文化软实力"。在第三条"深化德育综合改革,构建'四位一体'德育体系"中的第12条"推进文化育人"中也特别强调,"发挥传统文化资源丰富优势,实施中华传统优秀文化传承发展工程。将中华优秀传统文化和革命文化、社会主义先进文化融入教育教学,用蕴含其中的核心思想理念、传统美德、人文精神涵养师生的道德品质、文化素养,推进高校开设优秀传统文化必修课、选修课"。

高职教育学制一般为三年,要让学生在短时间内既掌握基本职业能力又具有较高文化素养,并非易事。人才市场上招聘单位考察求职者,很难考察其思想文化素质,而对其专业技能的考察往往有硬指标。很多高职院校把提高学生的职业能力作为硬任务,强调对高职生"动手能力"培养,同时,将培养学生的文化素质视作软任务,弱化了"人文素质"教育,在实际的教育教学中反映出来的就是一手硬一手软。学生毕业后对企业不忠诚,缺乏职业责任感,社会适应性差等一系列问题成为企业、社会对高职生和高职院校最大的不满。虽然各个高校都开设法律课、思想品德课等,但仅仅依靠这些政治课来提高大学生的思想素养是远远不够的。面对当代某些青年道德观念的淡薄、人文精神的缺失不得不引起教育工作者的深刻反思。"以文化人,以文育人"就是提高学生人文素质,推进立德树人工作的重要举措,是对包括高职院校在内的所有教育机构的总体要求。

近年来，高职教育已成为高等教育事业的重要生力军，社会对高职生提高综合素质的要求越来越高，在高职教育从量的增长向质的转变之际，各高职院校已经清醒地意识到了在自身发展中文化缺失这一问题的存在。高职教育"以服务为宗旨、以就业为导向、走产学研相结合的发展道路"的指导思想和"工学结合、校企合作、顶岗实习"的人才培养模式，要求高职院校在培养高素质技术技能型人才的同时，必须培育具有高职特色的育人文化。高职院校的文化建设要植根于自身办学的类型，在职业性、行业性、区域性上下功夫，只有这样才能形成具有鲜明高职特色的大学文化。

本专著以新时代高职院校文化育人工作为研究对象，结合文化育人的深刻内涵、基本特点、重要功能、重大意义、存在问题、基本模式、平台机制、考核评价、传承创新等问题，分四章由浅入深，由理论到实践，集中研究高职院校文化育人工作，提出"四轮驱动，多元协同"高职院校文化育人模式，并结合潍坊工程职业学院精实文化育人实践展开深入研究，以期对提升高职院校文育人工作质量提供借鉴。

以往很多学者在高职院校文化育人的探索与实践研究方面做了很多努力和探讨，使高职文化育人理论不断得到丰富和发展，同时也给后续研究人员提供了相关借鉴和理论支持。但对国内研究现状进行分析后，发现已有研究尚有很多需要改进的地方。第一，专门针对高职院校文化育人模式的研究较少，形成固定文化育人模式、有固定名称的更少。第二，大多数研究是从传统的校园文化出发，对文化育人体系及模式研究涉猎较少。第三，涉及"文化创新性发展""文化创造性转化"的研究成果较少。在专项研究新时代视域下高职院校文化育人模式方面，很多研究学者只是以活动育人、课程育人、环境育人等个别方面作为关注对象，进行针对性较强但流于零散的思考和探讨，鲜有较具影响的专著或者课题、论文针对新时代视域下高职院校文化育人的先进模式进行深入研究。

鉴于以上情况，本研究针对高职院校文化育人模式这一专题展开论述，以潍坊工程职业学院在办学实践中总结出来的比较适合高职院校特点的"四轮驱动，多元协同"文化育人模式为基础，对这一模式的内涵、体系、应用、创新、推广等一系列情况开展研究。研究过程中，注重深入文化育人本质与深层，结合国家、省、市相关职业教育政策以及职业教育文化育人现状，侧重于高职院校文化育人内涵、功能、驱动力、平台载体、体制机制、考核评价、传承创新研究及文化育人驱动力"四轮"（环境推动、课程驱动、校企联动、师德带动）研究和文化育人的八个辐面即企业文化、军营文化、书院文化、传统文化、工匠文化、非遗文化、孝德文化、红色文化研究。另外，以潍坊工程职业学院精实文化育人为例，从文化育人驱动力、载体平台、体制机制、考核评价机制、传承创新机制及八元文化协同育人几个角度对高职院校文化育人工作和文化育人成效方面作了详细阐释；以创新性发展和创造性转化为遵循，积极推进高职院校文化育人工作，以期对高职院校文化育人的理论完善作出贡献，并对新时代高职院校文化育人工作的实践产生一定影响。

本专著作者多年来在高职院校从事文化育人及校园文化建设工作，参与制定学校校园文化建设方案、文化育人工作方案等，有丰富的理论和实践工作经验，在研究方法方面，本课题注重运用案例分析法、工作实践法、文献资料法、实际调查法，以真实的案例和数据作依据，增强内容的可信度和科学性。

因征集文化育人工作案例工作量大、涉猎面广，加之著者水平有限，时间仓促，虽然经过多次修改，但书中纰漏和错误仍然在所难免，敬请广大读者批评指正，以便使之日臻完善。

目　录

第一章 高职院校文化育人工作概述

第一节 高职院校文化育人内涵及特点

一、文化育人与高职院校文化育人

在全国高校思政工作会上习近平总书记指出，高校的思政工作应围绕以文育人和以文化人展开，借助优良的文化实现对学生思想与行为的塑造。高职院校文化是一种以高职师生为主体的特殊文化形态。它是在高职院校长期的办学实践中积累和沉淀、传承和创造的院校精神文化和物质文化的总和，包括学校的教育理念、历史传统、价值取向、行为方式、道德规范、风俗习惯、教育制度和物质环境以及由此而展示出来的校风、教风、学风和院校精神。通过育人活动的开展，教育、熏陶、感染高职学生，让校园文化以潜移默化的方式影响学生的思想意识和言行举止，提升学生文化素质，陶冶学生情操，引导学生树立良知、责任、进取、诚信、感恩、包容、创新等美德，使高职学生在价值观的选择中辨是非、知荣辱。

高职教育"以服务为宗旨、以就业为导向、走产学研相结合的发展道路"的指导思想和"工学结合、校企合作、顶岗实习"的人才培养模式，要求高职院校在培养高素质技术技能型人才的同时，必须培育具有高职特色的育人文化。"以文化人，以文育人"就是提高学生人文素质，推进立德树人工作的重要举措，是对包括高职院校在内的所有教育机构的总体要求。

二、高职院校文化育人特点

（一）职业性

高职教育要求"以服务为宗旨，以就业为导向，走产学结合发展道路"，致力于培养面向生产、管理、建设、服务第一线的高素质、专业技术应用型人才。这一清晰定位使"职业性"成为高职院校的显著特征，它体现在高职院校的教育教学的方方面面。高职院校作为培养高素质技术技能型人才的重要场所,其文化育人具有鲜明的职业性特色。高职院校校园精神的提炼、价值理念的形成、文化氛围的营造、文化活动的开展都具有浓厚的职业性色彩。

（二）专业性

现代社会对高职院校学生的认同感,一方面来自对学生优良职业精神的欣赏,另一方面则在于对学生专业能力的看重。高职院校文化育人的专业性,强调的就是文化在育人过程中对专业能力的关注度和弘扬力。所谓专业能力,是指具有从事职业活动所需要的技能及与其相应的知识,主要包括高职院校专业表征所指向的职业基础能力和综合能力。

（三）开放性

开放办学是高职院校的本质特征之一。20 世纪中后期,黄炎培先生就提出"大职业教育主义"的观念,认为"只从职业学校做工夫,不能发达职业教育;只从教育界做工夫,不能发达职业教育;只从农、工、商职业界做工夫,不能发达职业教育"。即办职业教育必须联合和沟通所有教育界和职业界。高职院校办学的特殊性使其与社会、市场、行业紧密关联。社会需求、市场趋势、行业动态、企业发展是高职院校办学和人才培养的"指南针",而高职院校也为社会、市场、行业、企业发展输送了新鲜血液。

（四）生态性

高职院校生态环境要素主要包括院校物质文化环境和地域乡土环境。物质文化环境是院校的显性文化,是一种"看得见、摸得着、感受得到"的校园物化空间,主要包括各类校园文化标识,如校徽、校标、雕塑喷绘、亭台楼宁、运动场所、宿舍楼、教学楼、花草树木、道路桥梁等。学生生活其中,无时无刻不在感受校园之美、人文之美,这种浸润式教育使学生逐渐养成爱美、尚德、崇善之心。

（五）活动性

大学校园是一个宽松、自由的校园,学生可凭借自身兴趣爱好参与各类文体和社团活动,而各类文体和社团活动恰恰是保存、拓展、锻炼、充实、引导学生心理,展示学生才华的良好渠道。高职院校可本着特色性、多样性、创造性和品牌化的原则,组织开展形式多样、内容健康、格调高雅、具有地域及学校特色的文体活动。做到大型活动届次化、精品化,中型活动学院化、特色化,小型活动社团化、经常化,班级活动普及化、多样化,建成一批校园活动精品,从而达到陶冶人、教育人、培养人的目的。

第二节　高职院校文化育人功能及意义

一、高职院校文化育人功能

新时代高职院校文化育人的终极目的就是育人。"立德树人"是我国高校的根本任务，要坚持育人为本、德育为先，把"立德"放在人才培养的首要位置。高职院校文化育人是对传统思想政治教育渠道的有力拓展、内容的主要补充，因此必须服务于新时代高校思想政治工作，服务于中国特色社会主义事业对人才的需求。

（一）思想导向功能

思想导向功能，就是把校园师生员工的价值观念、行为规范、生活方式引导到正确的方向上来。大学校园文化要引导大学师生形成与社会主义先进文化相一致的价值理想和人生追求，塑造师生高尚人格，为实现大学的目标发挥思想引领作用。校园文化不论是正面引导，还是负面影响，其导向作用都是明显的。这也是与大学生的思想活跃、易于接受新鲜事物、易于被环境所影响的心理特征相关联的。良好的校园文化环境，能为师生提供优越的精神沃土，能够引导师生树立正确的奋斗目标，形成正确的是非观、荣辱观。

（二）凝聚团结功能

凝聚功能，就是指校园文化所包含的全体校园人的崇高理想、追求目标和共同遵循的行为规范等，可以对师生员工产生一种强大向心力，增强全体成员的归属感和凝聚力。良好的校园文化，能够把师生的力量凝聚成一个合力，使每个人按照大学的整体目标而行动。校园精神文化是校园文化的核心与灵魂，它对大学师生具有强大的感召力和凝聚力，它能够使师生同心同德，同舟共济，互相帮助，互相鼓励，进而形成强大的向心力和勇往直前的推动力。

（三）情操陶冶功能

大学教育本身起着一种文化传递的作用，并使师生通过对文化价值的摄取，获得人生意蕴的体验，进而陶冶自己的人格和情操。良好的校园文化犹如"润物细无声"，能为人们创造一个陶冶心灵和情操的场所，包括校风、教风、学风、价值观念、校园精神等，还有整洁有序的学习工作环境等都对生活在其中的每个人起着人格塑造与行为规范的功能。

（四）行为规范功能

行为规范功能是指置身校园文化中的师生不仅受到了文化感染、熏陶、教育，同时他们的思想观念、价值判断、道德行为也会受到校园文化的规范和制约。这种规范和约束是通过学校长期以来形成的制度文化、共同认同的道德规范以及优良的精神文化传统来影响个体，对师生员工的行为具有广泛的约束。健全的规章制度以及在此基础上形成校园制度文化都是规范大学生行为的外力，而校园中的集体舆论、道德规范则是约束大学生行为的内力。

二、高职院校文化育人现实意义

近年来，高职教育已成为高等教育事业的重要生力军。社会对高职生提高综合素质的要求越来越高。文化育人能够有机整合科学教育和人文教育，在潜移默化中实现综合素质的提升，促进人的全面发展，它是高校培养高素质人才的内生动力，所以我们要加强高职院校校园文化建设，构建全方位文化育人体系，发挥其多方面的育人功能。

（一）校园文化对构建高职师生信念具有重要作用

文化是一种历史的沉淀，具有传授和渗透能力，对构建和丰富人的心灵与精神世界有着重要的作用。高品位的健康向上的校园文化有利于高职院校师生树立坚定而正确的理想信念，有利于激发高职院校师生的知识能力提升、素质精神提高、素质养成和价值观形成。校园文化的这种构建作用是持续的，具有明确的育人目的和育人指向。

（二）校园文化对涵养高职师生品德具有重要作用

文化具有浸润作用，对于高职院校师生精神气质、道德品性的养成具有十分重要的作用。校园文化本身是一种文化环境，包涵着丰富的人文精神和科学精神，对人的作用是全方位的。通过校园文化的传递，使学校精神内化为师生的实际行动，最终形成能持续终生的一种价值观、一种气质。

（三）校园文化对提升高职师生创新实践能力具有重要作用

文化具有启发智慧的作用。好的校园文化会激励师生不断创造、创新。校园文化不断沉淀、发展的过程本身，就是对师生激励、示范的过程。同时，师生也是校园文化的传承者、实践者和传播者，在传承、实践和传播的过程中，不断提升自我，修正自我，不断创新、创造。

第二章 "四轮驱动，多元协同"文化育人模式概述

"四轮驱动，多元协同"文化育人模式是潍坊工程职业学院结合近年来文化育人实践探索出来的一种适应高职院校特点的文化育人模式。其中，"四轮驱动"指的是环境推动、课堂驱动、校企联动、师德带动，是文化育人驱动力。"多元"指的是文化育人的载体平台、体制机制、考核评价、传承创新及企业文化、工匠文化、书院文化、非遗文化、传统文化、红色文化、军营文化、孝德文化，"八元"文化协同，共同构成高职院校完整的文化育人模式。

这一模式的意义在于，一是为高职院校文化育人工作提供全新模式，即"四轮驱动，多元协同"模式。该模式的有效性实施，有利于高职院校师生在良好的文化氛围中学习成长，有利于高职学生形成正确的世界观、人生观、价值观，有利于高职教育造就道德品质高尚、智能结构合理、个性鲜明、富有创新精神的人才，有利于推进文化创新，增强高职教育的文化自觉和文化自信，实现高职院校在文化传承创新中的担当。二是针对一些现实问题，如校园精神文化缺失、文化育人机制滞后、文化育人质量评价体系缺乏、人文关怀情感育人滞后、职业教育与人文教育不相适应、管理育人与文化育人不相适应、忽视文化传承与创新等现实问题，对高职文化育人体系进行重新构建，挖掘出其强大功能，为推进并创新文化育人工作实践提供指导。三是提高高职院校对文化育人及校园文化建设的重视，为高职院校文化育人工程实施过程中出现的棘手问题提供对策与建议，为文化育人工作更好地发挥立德树人及弘扬中华传统文化的功能提供借鉴，为高职院校内涵发展找准方向和定位。

第一节 高职院校文化育人"驱动力"研究

高职院校文化育人过程中应有效发挥环境推动、课堂驱动、校企联动、师德带动的"四轮"驱动作用，推动文化育人真正"落地生根"。

一、环境推动

高职院校应积极营造融地域特色、高职特色、校本特色于一体的环境。既有硬环境，如基础设施、景观设计、文化长廊、标识标牌方面的要求，也有软环境，如"一训三风"（校训、校风、教风、学风）、校歌、校旗、校史等。

（一）基础环境建设营造育人氛围

高职院校自然环境、校舍建筑、人文景观等具有鲜明的专业特色，应彰显职教氛围，体现教育性、审美性、人性化特点。每处景点都应成为集使用、审美和教育功能于一体的文化景点。

高职院校应在绿地、湖边等与学生学习生活密切相关和利用率较高的地方，适当添加一些供师生休息、读书的设施，让校园的每一个角落都具有人文性；设置一些宣传标语，建设一些统一标志性的设施，影响感染学生；发挥楼宇的文化培养功能，进一步充实教学楼、学生公寓、餐厅等楼宇励志标语的宣传，在各楼内走廊中将学校的办学理念及培养目标等张贴于墙，让学校文化无处不在；高职院校应尤其重视楼宇文化育人功能，高职院校的教学楼、学生公寓、餐厅等楼宇命名及励志标语的宣传均应体现文化底蕴。

如，潍坊工程职业学院教学楼全部以"德"命名，实训楼全部以"弘"命名，宿舍楼全部以"园"命名，餐厅全部以"苑"命名，创设了良好的文化育人氛围。如，教学楼为崇德楼、尚德楼、明德楼、厚德楼、馨德楼、毓德楼、立德楼等；实训楼为弘远楼、弘毅楼、弘博楼、弘雅楼、弘德楼等；餐厅命名为知辛苑、览湖苑等；女生宿舍为榴园、樱园、橘园、橙园、桂园等；男生宿舍为橡园、杉园、榕园、梓园、榆园等。

（二）环境设施发挥宣传育人作用

高职院校应充分发挥校刊校报、宣传橱窗、校园广播等手段的宣传功效；将校史馆、教学成果陈列室、党建成果陈列室等作为展示学校的窗口，实现校史、校情、校训教育的制度化、经常化；通过校史馆的资料记载和实物展示，生动形象地反应学校的办学历程，激励大学生继承和弘扬学校优良传统；发挥优秀校友在校园文化建设中的独特作用，采取请进来、走出去的方式，用优秀校友的人生经历和感悟、创业历程和成就，激励大学生立志成才，报效祖国；精心设计、认真组织好开学典礼、毕业典礼、奖学金颁发仪式等具有特殊教育意义的活动，激励大学生勤奋向上、求实创新；完善学生公寓功能，在公寓区内建立学生服务设施，建立党团活动室、自习室、接待室等场所，发挥公寓的文化培育功能；建设好校报、校园网站、校广播站等校内主流媒体；加强对出版物以及论坛、讲座、报告会、研讨会等的管理，按照学校有关规章制度严格履行审批备案手续；重视心理咨询室的建设，并发挥其功能；加强图书馆、文体活动中心等文化设施建设，保证师生文化活动有场所，文化生活有阵地。

（三）校园品牌形象标示系统彰显育人功能

高职院校应有效整合学校发展理念、体制、方针、制度、价值观、精神、文化等，建立学校品牌形象识别系统，对校训、校徽、校旗、校歌等基本文化标示进行进一步完善，使其更加适应学校内涵建设、科学发展的要求。

（四）数字校园建设提升文化育人水平

高职院校应建设集教育管理、教学资源、智慧校园于一体的一站式"互联网＋教育"大平台，持续加强先进技术与教育教学全过程深度融合。重点建设好学校门户网站，加大设备、技术投入，精心设计版块，扩大信息量，体现学校特色，充分发挥网站的教学、科研、文化服务等功能。健全完善网络管理、信息发布等有关规章制度，确保网络信息安全。充分发挥网络思想政治教育作用，切实抓好"思政网"平台建设。对学校数字化校园系统进行全方位的技术提升和完善，使学员信息资源的规划、建设和应用更加系统、全面。

二、校企联动

高职院校文化平台应由政府、学校、行业企业的联动平台弹性构成。"政府主导"是这个开放性文化素质教育平台的基础，政府为文化素质教育提供政策制定、宏观指导和规划、经费投入等；学校是实施文化素质教育的主体，发挥着整合和具体实施的作用；企业的参与是重要的支持力量，在合作培养人才中对学生的文化素养、职业素养做出重要的检验；行业协会发挥着重要的指导作用，明晰职业和职场素养的要求，适度参与文化素质教育方案和课程计划的制定等。

实行校企文化的互融。加强校企合作，借助校企合作平台，与企业共建厂中校，校中厂，确立校企合作形式下校企对话与文化互动，创新人才培养模式，营造"企业"文化氛围。发挥企业文化在职业教育中的优势，利用教学环节对学生进行企业文化教育，在课程和教材中融入企业文化，在实习和实训中渗透企业文化。通过"走出去、引进来"建设"双师"型教师队伍，提升学生对企业的适应能力。开设企业文化课程，让学生理解和接纳优秀企业文化，注重课堂教学中融入企业精神和需求；深挖行业企业文化要素。打造产教互融、校企共通的育人环境，融通专业课程及实践环节，全程实施学岗直通、现代学徒制等培养模式，修炼职业技能，锤炼工匠精神。

三、师德带动

（一）加强师德师风建设的必要性

十九大报告中指出"加强师德师风建设，培养高素质教师队伍，倡导全社会尊师重教"。2018年，中共中央、国务院印发了《关于全面深化新时代教师队伍建设改革的意见》，强调"突出师德。把提高教师思想政治素质和职业道德水平摆在首要位置，突出全员全方位全过程师德养成"。随后，教育部等五部门出台了《教师教育振兴行动计划（2018—2022年）》，再次重申师德的重要性，要求"教师以德立身、以德立学、以德施教、以德育德"。2019年，中共中央、国务院印发《中国教育现代化2035》，提出将师德师风作为评价教师素质的第一标准，推动师德建设长效化、制度化。

高校教师担负着培养担当民族复兴大任时代新人的责任重担，教师的思想政治素质和道德情操直接影响着青年学生世界观、人生观、价值观的养成。早在2014年，习近平总书记在北京师范大学座谈会上就提出要大力加强和改进师德建设，号召广大教师做"有理想信念、有道德情操、有扎实学识、有仁爱之心"的"四有"好老师，并再次强调："这些年，媒体报道了个别老师道德败坏、贪赃枉法的事，对这些害群之马要清除出教师队伍，并依法进行惩处，对侵害学生的行为必须零容忍"。随后，教育部出台《关于建立健全高校师德建设长效机制的意见》，划出对高校教师具有警示教育意义的师德禁行行为"红七条"，包括学术抄袭、收受礼金、与学生发生不正当关系等七类违反教师职业道德的行为，凡高校教师有违反"红七条"情形的，依法依规分别给予相应处分。2018年，教育部出台《新时代高校教师职业行为十项准则》和《关于高校教师师德失范行为处理的指导意见》。2019年，由教育部等多个部委联合研究制定的《关于加强和改进新时代师德师风建设的意见》，要求各地细化教师职业行为负面清单，对高校教师发表不当言论、学术性骚扰、学术不端等开展集中治理。师德失范问题一旦出现，就会严重影响高校教师在人民群众心目中的良好社会形象和职业声誉。师德规范与治理问题作为当务之急，被再次提上议事日程。

（二）师德失范治理势在必行

截至目前，教育部已曝光九批违反教师职业行为十项准则典型案例，其中高校教师主要涉及性骚扰女学生、违反工作和廉洁纪律问题。然而，这只是冰山一角，由于种种因素，未被曝光的隐性师德失范行为更是层出不穷。尤其是某些在学术界具有重要影响力和知名度的高校教师的师德失范事件，在整个社会范围内造成了极为恶劣的影响。尽管教育管理部门三令五申强调师德建设，并出台了从国家层面、省级层面和校级层面的各种师德建设政策，但效果不尽人意。"如何防范师德失范行为""如何客观处理师德失范教师"常常引发舆论热议，社会关注度极高。目前网络上接连曝光教师师德失范的事件，理论上违规违法事件曝光数与隐匿数之比至少为1：4。师德失范行为面广，发生的高校覆盖面涵盖了从985到普通职业技术学校各个层级；不端行为主体囊括了从助教到长江学者，从普通教师到校级领导各个职级。师德失范行为影响恶劣，网络举报逐年增多，引发社会强烈关注，极大地损害了高校教师的整体声誉。

按照师德失范基本类型分为思想政治纪律类、学术道德类、教育教学类、工作作风和生活行为类、廉洁从教类等五大类。按照师德失范行为具体情节分为信仰缺失，政治信念淡薄、自私自利，团队意识薄弱、奉献精神缺乏，功利主义思想严重、自律缺失，缺乏表率作用等几个大类。造成高校教师师德失范的原因有社会大环境的消极影响、高校师德建设保障机制缺失、个别高校教师忽视师德修养等几个方面。社会大环境原因主要是全球化背景、经济体制转型造成的个别教师的价值观念转化；学校小环境主要是师德教育、考核、监督、培训机制不完善等；教师的思想观念主要表现为缺少师爱，不能投入职业情感、缺少责任心，不能敬业爱岗、缺少学术追求，不能以身作则、缺少道德良知，不能为人师表等几个方面。

针对师德失范行为应该进行分步骤分层次处理。一是回应策略。回应策略主要针对正在发生的或刚刚发生的不当行为，引导教师及时自我修正，保护当事师生利益，维护学校声誉。主要包括提示、解释、制止、更正、强制几个"渐进式"步骤。二是干预策略。主要包括负面清单约束策略、教育培训策略、典型引领与警示教育策略、广泛监督策略、科学考核策略、心理疏导策略等6种策略。三是实施处理策略。实施时应视失范行为具体情况采取批评教育、诫勉谈话、责令检查、通报批评、组织处理、纪律处分以及"一票否决"等方式综合处理。

高校教师师德失范防范对策主要是加强教师职业道德教育、提高教师综合素质、构建师德建设七大机制、强化社会人文关怀四个方面。一是加强教师职业道德教育，建立有效激励机制，营造良好氛围。加强理论学习，塑造良好师德风范，把社会主义核心价值体系融入师德建设全过程；二是提高教师综合素质。通过拓宽培训渠道、训练教学技能、参与社会实践活动、加强道德教育、加强心理健康教育几个方面提高教师综合素质。三是构建高校师德建设七大机制。主要包括构建师德把关机制、师德教育机制、师德宣传机制、师德考核机制、师德监督机制、师德激励机制、师德惩处机制等七大机制。四是强化社会对教师的人文关怀，落实教育优先发展政策，在教师待遇、职称晋升、出版书籍等方面给予支持，提高教师的经济待遇和社会地位，形成良好的尊师重教的社会环境，创造以稳定、开放、求实、发展、和谐为特征的有利于教师健康成长的环境。

（三）加强师德文化建设的途径

师德带动即提升师德素养，发挥优秀教师的正能量激励作用。用言传身教影响感召学生，形成催人奋进，积极向上的师德文化。牢固树立"立德树人"的教育理念，形成高尚、博学、严谨、进取、仁爱的师德风范，自觉以良好的学识教风率先垂范；修订完善师德建设实施意见、师德考评制度、师德规范等激励与约束机制，引导教职员工德才兼修；定期举办师德建设主题活动，树立典型，为教师的道德行为提供示范。同时，对违反职业道德的教职员工要及时给予处理，严肃教风，净化师德环境；引进校外的高素质、高学历人才，培养校内既有文化底蕴又有发展潜力的教师，促进教师素养的整体提高；积极完善"双师型"教师的培养机制，让更多的教师深入到企业及生产一线实践锻炼；通过发挥老教师传帮带作用，引导青年教师在教育学生、关爱学生、帮助学生、引导学生、鼓励学生等方面全面协调发展。

四、课堂驱动

发挥第一课堂、第二课堂、第三课堂、网络课堂的育人作用。立足第一课堂，打好文化基础。丰富第二课堂，创新文化活动。对接第三课堂，开展社会实践。利用网络课堂，拓宽育人视野。

（一）立足第一课堂，打好文化基础

在专业课程与思想政治理论课等公共必修课教学基础上，增加人文素质课程，加强文化通识类课程、国学文化类课程、政治伦理法治类课程、艺术修养类课程、体育健康类课程、地域文化类课程、职业人文类课程、科技人文类课程、革命文化类课程等选修课程建设，以强化人文素养教育，打牢坚实文化基础。

（二）丰富第二课堂，创新文化活动

整体构建和系统规划第二课堂文化活动体系，纳入人才培养方案，普惠全体学生。打造"品味高、层次多、受益面广、影响力大"的校文化活动品牌，切实提高第二课堂的育人水平。

（三）对接第三课堂，开展社会实践

引导学生走出校园，走向社会大课堂，深入企业，面向市场，将课堂所学与社会实际对接。通过多种形式的社会调查、志愿服务、岗位见习等实践活动，让学生亲身体验感知，亲自动手践行，了解社会，增长才干，锤炼职业精神。

（四）利用网络课堂，拓展育人空间

以社会主义核心价值观为引领，提升网络文化的认同度；以文化传承为核心，涵育网络文化的自觉性；以网络阵地建设为支撑，把好网络文化的舆论关；以行为自律教育为重点，提高网络文化的践行力。

第二节 高职院校文化育人载体平台研究

一、搭建精神育人平台

高职校园精神是高职院校校园文化的灵魂和核心，通过高职院校的校训、校风、教风、学风等系列教育活动体现出来，并不断激励高职学生不懈努力。培育高职院校特有的大学精神，以大学精神凝聚校园文化，能够对学生思想道德教育起着重要的润化和助推作用，并且比其他任何形式都更有效。

高职院校的校园精神，应充分体现"职业性"，将职业道德、职业规范、职业操守不断融入校园精神之中，使学生在学校就培养出良好的职业道德，走上社会后成为学校的一面旗帜，形成学校的一种品牌。高职院校发展理念、体制、方针、制度、价值观、校训、校徽、校旗、校歌等基本文化标示等应该充分体现学校内涵建设、科学发展的要求。

如潍坊工程职业学院以学院先进的办学理念为引领。学院确立了"做精做实、创业创造"的校训精神和"以工程类专业为特色，立足潍坊，面向全省全国，培养高素质技术技能人才"的办学定位，提出"为了学生的就业和可持续发展"的办学宗旨和"先于企业，高于企业，严于企业"的人才培养理念。围绕"专长突出、技能过硬、素质全面"的培养目标，贯彻"党建引领、文化先行、改革驱动、师德支撑"的发展理念，扎实推进内涵建设，坚定不移地走特色强校之路，人才培养质量不断提高。校风、教风、学风凝聚核心精神文化。精实文化与校训"做精做实、创业创造"以及校徽、校歌等校园品牌形象识别系统融为一体，并将学院发展理念、价值观、精神、文化等诸多方面融入其中，还体现在学院的校风、教风、学风中。

二、搭建活动育人平台

（一）开展各类实践服务活动

发挥高职院校与行业、企业联系紧密的优势，依托社会实践基地，健全志愿服务体系，构建以社会实践、志愿者服务、学雷锋活动等为主要载体的实践活动平台，深入社区、街道开展志愿服务活动，深入农村基层开展暑期"三下乡"社会实践活动，引导学生了解民情、省情、国情，在社会实践活动中开展创业实践，提高创业技能，树立服务基层、面向基层就业的意识，为推进乡村振兴发挥了积极作用。

（二）推进先进行业（企业）文化进校园和就业创业实践活动

将职业标准、行业规范和企业文化融入到专业人才培养方案和课程标准制订过程中；将制约管理、质量管理体系借鉴到内部管理中，提升文化育人管理水平；定期选派师生深入行业一线和优秀企业学习，感受行业（企业）文化；以提高大学生的就业创业能力为目标，开展职业生涯规划大赛和创业意识培训；发挥创新创业中心、大学生创业协会、创业孵化基地的作用，多渠道搭建就业创业教育和实践平台，构建完整的大学生就业创业服务体系。

三、搭建课程育人平台

（一）专业课程与文化通识课程的复合互补

在培养学生具有较强专业能力的同时，确定文化通识课程的必修要求，注重培养不同职业普遍需要的一般技能和文化与职业素养，如交际沟通与表达等方面的课程等。另外，专业课程与创新创业课程应该复合互补。以便为学生提供创新创业学习平台。

（二）文科课程与理工课程的复合互补

文科类专业必修一定的理工类课程，理工类专业必修一定的文科类课程，使学生文理兼通，具备比较全面的基本科学文化素养。

（三）常规课程与网络课程的复合互补

系统开发和利用网络课程资源，大力推行网络教学、在线学习。尤其是近几年新冠肺炎疫情防控期间，更要大力开发线上课程，开展好"线上""线下"相结合的课程教学工作。

（四）校内课程与企业（行业）课程的复合互补

注重与企业行业的课程合作，企业行业所开相关课程、培训认证等可纳入课程设置体系。另外，可开展课程学分与技能大赛、发明创新成果等的学分置换与替代。

第三节 高职院校文化育人体制机制研究

高职院校应高度重视体制机制建设，这项涉及文化育人体系顺畅运行的基础性工作，推进文化育人工作顺利开展。

一、健全组织领导机制

高职院校要从战略高度看待和认识文化育人工作，把文化育人工作纳入党委议事日程，列入学校发展规划，解决高校文化育人存在的缺乏系统性、继承性的问题，使学校文化育人成为学校发展的重要内容。应成立由学校党政主要领导任组长，相关校领导任副组长，党政和教学有关部门负责人为成员的校园文化育人领导小组，统筹规划、指导安排校园文化育人和文化建设工作，将学校文化育人纳入学校发展总体规划、年度计划和重要议事日程，与学校其他中心工作一同研究部署、一同组织实施、一同督促检查。

二、健全组织保障机制

高职院校要理顺文化育人管理运行机制，结合文化建设工作规律，逐步建立"职责明确，分工合理，权责对等，协调有序"的文化育人工作管理运行机制。在文化育人工作中，要建立文化育人工作联席会议制度，学校相关职能部门和学院要定期组织召开专题会议，研究工作开展，协调解决文化育人中存在的各种问题。高职院校文化育人的组织机构包括学校党委和行政、教务处、党委宣传部、后勤部门、团委、院系这六个方面。另外，将文化育人经费纳入预算，在人、财、物方面加大投入，确保文化育人建设各项工作顺利开展。将相关专业人员的培训、教育、交流访学等纳入整体的人才培养和队伍建设。在硬件、软件和人才队伍建设上加大支持力度，确保文化育人体系建设各项工作顺利开展。

三、建强师资队伍机制

队伍建设是新时代高校文化育人保障体系的重要组成部分。建设一支满足文化育人要求的管理队伍、教师队伍、服务队伍，以及学生文化社团骨干队伍，能为新时代高校文化育人体系的实施提供人力和智力保障。新时代高校文化育人管理队伍包括学校的党委、行政人员和院系的管理人员。文化育人教师队伍是新时代文化育人的主体。加强教师队伍建设，提高教师队伍的"文化素质"尤为重要。文化育人服务队伍是指教育教学辅助单位人员、工勤服务人员等。这些部门及人员很少直接参与文化育人活动，但他们的服务态度、服务质量对学生起着潜移默化的影响。

四、建设学校、家庭、社会三方联动机制

建立以学校为主体、家庭积极配合、社会广泛支持、行业企业密切合作的协调育人机制。健全学生党团组织建设，引导学生党员发挥先锋模范作用，带动入党积极分子和全体学生积极向党组织靠拢。通过建立辅导员联系"家访"、系部"走访"、校领导"接访"的"三访"制度，加强学校与学生家长的经常性联系，提高学生管理成效。面向社会，邀请政府、企事业单位共同参与，聘请政府部门领导、企事业单位负责人参加文化育人实践的指导和协调工作，本着"互惠互利、优势互补"的原则，把社会资源吸引到文化育人实践活动中来，形成学校和社会的良性互动。

第四节 高职院校多元文化研究

一、企业文化

（一）建立并健全企业文化育人机制

高职教育应该贴近社会、贴近企业办学，融入更多的职业特征、职业能力、职业道德、职业理想、职业素质等因素。高职院校必须以特色立校，创新并发展特色办学理念，打造具有自身特色的专业品牌。一是将企业文化融入高职文化，要将对口企业中的核心文化内容进行提炼、加工、升华，形成迎合企业需求的高职院校办学理念、学院精神，营造特色高职文化。二要在原有专业的基础上打造精品，创建高职特色专业，使高职院校吸引学生、吸引企业。要注重培养学生较强的职业能力，设定突出职业能力培养的课程，将教、学、做融为一体，加强学生与人交流、与人合作的能力，让学生毕业后能尽快在企业里找准自己的位置，发挥专业技能。

（二）发挥职业素养导师的示范作用

选聘企业优秀员工作为指导教师，发挥其榜样引导作用，通过言传身教、以崇高的职业精神感染学生；选派校方专任教师跟进学生实习实训，悉心指导学生养成良好职业素养；聘请道德模范和劳动模范担任兼职辅导员和素质教育教师，通过其敬业精神和人格魅力对学生进行范例教育。

（三）构建并完善企业文化育人体系

打造企业文化环境体系；创新企业文化活动体系；完善日常管理规范体系；形成专业教学渗透体系；拓展社会实践育人体系。划分并定位企业文化育人环节。把职业体验贯穿于人才培养的全过程，分为"参观考察""专业实习""顶岗实习"和"社会实践"四个环节。

二、军营文化

军营文化育人，因其注重培养学生的守纪、服从、团队、责任意识，锻炼学生的抗挫折能力，被逐渐引入学校管理。军营文化既适用于直招士官的相关专业、高职院校，此层面为"士官文化"，同时又适用于新生入学军训教育和国防教育，此层面为"军训文化"。尤其是在士官生培养过程中，更要加强对军事素质的培养，发挥军营文化的育人功能，凸显"军"字特色。

（一）军营文化与校园文化相融合，打造特色校园活动

开设军营文化精品课，融入职业生涯规划教育。帮助学生了解和建立军营文化内涵，了解企业需求，激发个人潜能，增强对团队、合作、纪律、责任等意识的认同，为实现军营文化育人奠定思想基础。以"军魂"来铸"魂"，提升学生理想信念，铸牢永远听党话、铁心跟党走的思想根基，培养学生"有备无患、忘战必危"的责任感和使命感，激发学生"首战用我、用我必胜"的士气。通过参与特色文化活动，提高学生的自觉意识、增强学生的自律能力。

（二）制定强有力的规章制度，为军营文化育人提供保障

借鉴军队严谨严格的管理条例，结合高职院校自身的特点和发展规律，制定常规学生管理制度，为规范学生行为提供准则，为实施军营文化育人模式提供保障。引进一批有部队、军校工作经验的优秀管理人才；给予充足经费投入，为稳定人才队伍、营造军营文化特色育人环境、开展军营文化特色校园文化活动提供保障。

三、书院文化

书院文化适用于有多年书院传承的有深厚历史文化底蕴的高职院校。书院在千余年的历史中所积淀的文化精神、制度内涵，所创造的教育经验，为高职院校文化育人创新提供了丰富的文化资源和精神支持。传统书院文化精神可归纳为人文精神、独立精神、兼容精神、批判精神。

（一）更新教育观念，筑牢立德树人根基

用辩证、发展的观点批判地继承借鉴古今中外优秀的教育理念，坚持德育为先，培养素质全面、专业过硬、特长突出的新时代大学生。

（二）注重包容争鸣，营造浓郁文化氛围

学习传统书院学术自由精神，激发师生的学习研究热情，"百花齐放，百家争鸣"，唤醒大学文化的自觉，使大学文化建设进入以自主创新为内在驱动力的良性发展的新常态。

（三）崇尚求是严谨，涵养良好教风学风

学习书院师生关系融洽和谐、亲密无间，师生之间就学问相互切磋、平等互动，以及诲人不倦、融洽和谐的超功利的师生关系。

（四）提倡质疑探究，培养实践创新能力

学习书院质疑、创新精神，在高职教育中倡导自主学习、自由探究的学术精神，知行合一的实践精神，以天下为己任的社会担当精神，鼓励师生积极投身"大众创业、万众创新"的时代大潮。

四、传统文化

中华优秀传统文化博大精深，蕴涵着很多做人做事的道理，是世界上最古老、最稳定、最辉煌、最丰富的文化之一，它是经各民族文化互相融合，为中华民族所共有的文化，凝聚了中华民族的智慧和力量，是中华民族宝贵的精神财富。弘扬中华民族的优秀传统文化，对于发展社会主义先进文化、践行社会主义核心价值观、推动社会主义精神文明建设具有重要作用。通过在大学生中弘扬、传承中华优秀传统文化，弘扬优秀传统文化知识，对于加强人文素养大有益处。

中华优秀传统文化也是习近平总书记十八大以来治国理念的重要来源。习近平多次强调中华传统文化的历史影响和重要意义，赋予其新的时代内涵，他指出"中国传统文化博大精深，学习和掌握其中的各种思想精华，对树立正确的世界观、人生观、价值观很有益处。学史可以看成败、鉴得失、知兴替；学诗可以情飞扬、志高昂、人灵秀；学伦理可以知廉耻、懂荣辱、辨是非"。习近平总书记高度重视中华优秀传统文化育人工作，多次在重要场合阐述弘扬中华优秀传统文化的重要性及其创造性转化、创新性发展问题。

作为人才培养重要基地的高职院校，也应该继承和弘扬传统文化精华，践行社会主义核心价值观，进一步推动中国传统文化融入教育教学、校园文化活动中，打造传统文化与文化育人工作的互动桥梁，进一步推动中国传统文化融入教育教学、校园文化活动,培养高职学生的高尚品德,营造浓厚的文化氛围,培养高职学生"仁""信""礼""孝""廉"的高尚品德,让师生感受到文化精神的归属感,增强大学生文化底蕴。高职院校传统文化育人工作应该从以下几个方面着手。

（一）建强中华优秀传统文化教学体系

1.发挥中华优秀传统文化课程主导作用

一是在全校开设公共基础课"大学语文""中国传统文化概论",或相关选修课、专题课,强化高职学生传统文化素养、国学素养。二是在思政课中凸显中华优秀传统文化教学。三是加强传统文化教师基本素养与能力建设。传统文化教育需要深厚的文化功底和知识储备,要强化教师选聘和培养。教师要善于掌握和运用现代信息技术手段,强化教学方法创新,提高课堂教学实效。

2.融入课程思政建设

要持续推进课程思政建设,将中华优秀传统文化融入专业课程教学,形成相互呼应、知识嵌合的课程体系,发挥不同课程传统文化育人的协同效应。传统文化育人的课程思政建设要以教师为关键,强化专业课教师开展课程思政改革的意识和能力。

（二）建设中华优秀传统文化承载体系

1.走出去共享文化资源

高职院校要加强与地方政府的沟通协同,寻找文化资源保护与文化育人工作的契合点,推动校地双方共享文化资源。高职院校可以通过"志愿服务＋参观学习"的途径,分批次组织青年大学生为博物馆提供志愿服务,参与文化讲解、文明引导的工作,在志愿服务的过程中,强化对博物馆馆藏的学习和深入了解,推动以中华优秀传统文化资源为基础的合作育人。

2.引进来共建文化资源

高职院校的办学资源除了来自于政府的直接支持外,更要依靠院校自身人才优势、智慧优势和技术优势,通过校企合作、项目合作等方式进行筹措。高职院校要主动对接中华优秀传统文化传承保护项目,将外部文化资源引进来,在学校建设地方特色文化项目的传承保护基地,实现文化育人和文化保护的统一。

（三）打造中华优秀传统文化交流体系

1.搭建线下交流平台

高职院校要为学生文化交流创设机制、搭建平台,让中华优秀传统文化的爱好者能够有更多机会共同交流探讨。学生通过传统文化交流会、传统文化沙龙等机制和平台，分享传统文化知识、分享传统文化故事、分享传统文化体验，让更多青年大学生在信息交流中获得文化共鸣和文化认同，进一步坚定文化自信，培养对中华优秀传统文化的挚爱。

2. 融合线上交流平台

高职院校要充分利用互联网信息技术，打造网络文化交流平台，推进文化传播共享，在文化碰撞中提升文化鉴别能力，加深自我文化认知，坚定传承弘扬中华优秀传统文化的意志。要强化校园融媒体建设，借助融媒体的故事性、创意性、科技性的表达，实现文化、艺术、信息、知识、娱乐的融通，做到雅俗共赏、寓文于乐，让传统文化成为校园文化潮流。

（四）完善中华优秀传统文化实践体系

1. 校内社区文化实践

高职院校要坚持"以学生为中心"的文化服务理念，组织学生社团以学生公寓、学生社区为新阵地开展文化活动，为学生就近参加传统文化活动提供便利。让学生在就近参加中华优秀传统文化活动中，拓展文化体验、提升文化认同，培养学生文化主体意识，让学生更加喜爱参与中华优秀传统文化。

2. 校外社会文化实践

开展中华优秀传统文化教育，链接校内"小课堂"与社会"大课堂"，要让更多的学生深入社会，深入基层一线，深入乡村社区，真实参与中华优秀传统文化项目实践。让青年学生在文化实践中掌握中华传统文化传承与保护的现状问题，提高传承弘扬中华优秀传统文化的紧迫性、责任感，提高文化自为的能力。要推动高职院校学生参与非物质文化遗产传承保护工作，亲身参与非物质文化项目，发现其中蕴含的文化之美，做中华优秀传统文化的热爱者。

五、工匠文化

工匠文化包括的内容主要有：甘于奉献的敬业精神、知行合一的实践精神、精益求精的制造精神、至善至美的创新精神等。

（一）构建形成"工匠文化"体系的价值文化

工匠精神的价值观是一种高水平的文化形态，它需要国家、社会和学校通过各种途径进行长期不断弘扬，需要出台有效的激励手段才能逐步形成。高职院校应全面聚焦对高素质技能技术人才的培养，将"工匠文化"列为校园文化最为核心的文化。

（二）构建形成"工匠文化"体系的物质文化

高职院校要从教室、实验室，到校园景观环境都要体现工匠、企业的文化元素和理念，要充分建设和利用仿真车间、实训中心等校企合作基地，使学生浸润于工匠精神文化之中，真正近距离认识工匠、走近工匠、成为工匠的教育过程。

（三）构建形成"工匠文化"体系的行为文化

高职院校的管理人员、教师和服务人员的行为即"身教"对学生"工匠文化"的影响是具决定性的作用。针对教育管理层面，学校要出台制度与政策激励教育管理者追求卓越的行为，要强化过程管理、强化监督考核、强化团结协作。针对学生层面，要培养不断追求极致的习惯，追求精益求精需要强大的意志力、自控力作保障。

（四）构建形成"工匠文化"体系的管理文化

要建设校企一体化，双主体协同育人机制体制，将"工匠文化"引入日常管理、教育教学、课程体系建设、校内实训中心与校外实训基地建设之中。要通过校级、省级、国家级和世界技能大赛来激励师生共同进步，向大国工匠迈进。高职院校要从制度上对参加各级各类竞赛获奖的教师在多个领域予以精神和物质上的重奖，使练就技艺、你追我赶、追求卓越蔚然成风。要开展产教融合，打造"匠心工作坊"为中心的多元创新平台；开展校企合作，打造高水平工匠培育混编导师团队；做到赛训结合，实现实习实训、技能竞赛与工匠精神养成互融互哺。

六、非遗文化

非物质文化遗产既是中华优秀传统文化的瑰宝，也是高职院校进行校园文化建设、营造校园文化育人氛围的重要抓手。作为地方人才培养、文化传承重要基地的高职院校，应当承担使命、有所作为。

（一）强化制度保障，促进文化传承

高职院校在校园文化建设过程中，应当突出社会主义核心价值观的引领作用，深入挖掘中华优秀传统文化蕴含的思想观念、人文精神、道德规范，整体规划非遗文化进校园的路径。做到常态保障、规划清晰、保障有力。可以在政府相关部门的组织指导下，摸清当地传统技艺和非遗人才家底，分类建立人才信息库，开展优秀传统技艺的传习工作，建立梯次培养机制。同时，将相关非遗文化研究人员的培训、教育等活动，纳入学校整体和师资建设方案。多渠道筹措文化建设资金，鼓励教师申报政府相关的文化传承项目，争取政府资助。

（二）聚焦人才培养，体现"三全育人"

高职院校的高素质技能人才培养，不仅要强化学生的职业技能，更要强化理想信念教育，提升学生综合素质。将中华优秀传统文化教育作为学生素质教育的重要一环，纳入学校整体人才培养计划。高职院校应将非遗文化传承融入学校第一课堂、第二课堂和第三课堂建设，倡导以非遗文化为代表的中华优秀传统文化进课堂、进专业、进社团，对校园文化建设进行多维度构建，实现"三全育人"。

（三）创新传承途径，融入培养过程

现代学徒制传承，创新培养途径。要探索非遗大师课堂传艺等方式，将非遗传统技艺融入学校的教育教学过程，实现非遗文化进校园、传统文化进课堂；创新传播形式，突出公共服务。高职院校可根据地方政府关于职业教育和非遗文化发展的统一规划，开展非遗基地的申报和规划、非遗项目的展示、非遗文化展演、"非遗传承人"系列推广活动，融入到地方政府对传统文化的宣传推广中，向全国、全世界展示中华优秀传统技艺的风采。

（四）推动技艺传承，促进应用开发

致力科学研究，体悟传统内涵。学校应当鼓励教师开展中华优秀传统文化的研究，鼓励师生在践行中华优秀传统文化的基础上，凝练成科学研究成果，发表科研论文，增强文化传承和创新能力；促进成果转化，传承创新并举。高职院校应创新中华优秀传统文化传承普及的内容、载体、形式、手段，推动非遗文化与当代文化相适应，倡导设计出既有非物质文化遗产元素，又有实用功能的文化创意作品有重要意义。

（五）致力文化普及，加强国际交流

高职院校要以地方非遗项目为基础、以传统文化社团为媒介、以非遗物化成果为载体，通过地方共建、国际交流，促进中华优秀传统文化的宣教和普及。要通过开发国际文化课程，加强国际化办学水平等方式和国内外大学建立友好合作关系。结合地方特色非遗项目的体验课程，接待来校交流的嘉宾和留学生，促进中华优秀传统文化的对外传播。

七、孝德文化

孝德是中华民族传统美德的重要组成部分。孝德文化对高职院校的德育教育将发挥重要的作用。高职德育教育应确定德育从"孝"字起航的思路，把孝敬父母做为德育的切入口，结合学生思想实际，由近及远，开展孝德教育。高职院校要紧紧围绕社会主义核心价值体系建设，把"孝德"教育作为德育教育的重要内容，广泛深入开展孝道文化教育活动，不断培养和提高师生的思想品德素质。

（一）孝德教育与课堂教学相结合

教师要把传统孝德内容赋予新的时代内容融入到教学中。如在"敬老爱幼""爱心奉献""爱乡爱国""道德情操"等有关章节的教学过程中，把孝德教育内容从狭义和广义上与之结合。

（二）孝德教育与学校常规管理相结合

在实施孝德教育的同时，对学生进行良好行为规范的训练、文明礼貌的训练、良好学习习惯的训练。做到人人懂"孝敬"，学"孝心"，个个扬美德，有爱心。以美德规范学生的行为，培养良好的班风、校风、学风。

（三）孝德教育与家庭教育相结合

要在抓好学校"孝德"教育的同时，对家长进行相关内容的教育。要求做子女的要孝敬父母、孝敬长辈，在家中养成孝敬父母、孝敬长辈、爱护弟妹的良好品德。在这基础上，从"孝心"逐渐延伸到"爱心"，从孝敬父母逐渐辐射到社会，发扬爱心，服务于社区。

（四）孝德教育与校园文化建设相结合

学校在校园文化建设中，要有意识地创设"孝德"教育的环境，组织形式多样、生动丰富的各项活动。要利用好传统节日对学生进行感恩教育，引导广大学生孝于家而忠于国，成长为德才兼备的人。这些积极有益的活动，既丰富和活跃了学生的课余生活，又使广大学生在浓烈的校园文化氛围中接受了孝德教育。

八、红色文化

红色文化资源蕴含了中国共产党坚定的共产主义理想信念、以人民为中心的政治立场、高尚的爱国主义情操和与时俱进的理论创新能力，是大学生坚定理想信念、滋养社会主义核心价值观和提升马克思主义理论素养的鲜活教材。

（一）红色文化教育融入重要节日活动

利用五四、七一、八一、十一等政治性节日以及国家公祭日、烈士纪念日和重要人物纪念日，举办传唱红色歌曲、阅读红色书目、品读红色家书等庄严庄重、内涵丰富的纪念活动。

（二）红色文化教育纳入课程体系

开设红色文化教育通识课程，纳入学校课程体系。将红色文化纳入"思想道德修养""形势与政策""毛泽东思想和中国特色社会主义理论体系概论课"专题教学。

（三）红色文化教育纳入读本教材

出版《红色文化读本》。依托《读本》作为对学生进行红色文化教育的校本教材，对学生进行爱国主义教育，增强学生爱国、爱党、爱社会主义的情感。

（四）红色文化教育融入实践活动

实践活动可以吸引大学生的广泛参与，让大学生对红色文化资源"可观、可感、可悟"，克服了课堂讲授"高而空"的问题。如开展新生红歌比赛、红色历史知识问答等相关活动；组织开展各类红色主题的社会调查、志愿服务、公益活动，深入红色教育基地、革命老区、社区农村、企事业单位等开展实践锻炼；组织开展"青年红色筑梦之旅"活动。鼓励引导青年学生重温革命前辈艰辛创业史，走好新时代青年的新长征路。充分开掘和利用红色文化资源开展大学生思想政治教育。

（五）红色文化教育纳入网络文化活动

依托校园网站、"两微一端"，创建红色文化网站，定期创作发布优秀网络作品。开展网络文化节活动，通过微视频、微电影等方式向青少年学生讲述红色故事、介绍英模人物，传播革命精神。

（六）红色文化教育融入爱国主义基地活动

发挥爱国主义教育基地、烈士陵园、博物馆、纪念馆等爱国教育基地作用，开展志愿服务活动。

第三章 潍坊工程职业学院"四轮驱动，多元协同"打造特色精实文化

第一节 潍坊工程职业学院"精实"文化育人传统

文化品牌是一所学校的灵魂所在，是学校的重要标志之一。每所学校都有体现学校基本文化底蕴的特色文化品牌与标识。潍坊工程职业学院高度重视文化建设及文化育人工作。根据"党建引领、文化先行、改革驱动、师德支撑"的发展思路，依凭位于"三齐重镇"青州古城的特殊地理优势，汲取齐文化中"一丝不苟""精益求精"的工匠精神基因和"务实拼搏""改革创新"的精神文化特质，与"做精做实，创业创造"的校训精神一脉相承、高度融合，形成了独有的特色精实文化品牌。

文化特色和校训精神是相辅相成、水乳交融的。"精"，取意精心、专精、精通、精业、精技、精细。韩愈《进学解》云："业精于勤而荒于嬉"。"做精"意谓树立精益求精、"天下大事必从细而做"的精神和理念，达到精通专业、技能精湛、臻于完美的境界，技艺上追求完美，行为上精进方正。学院层面取义为加强内涵建设，做精做强做出特色，全面提高教学、管理、服务水平和人才培养质量。做实中的"实"取意实际、实践、实事求是、名实相符。李颙《二曲集》云："道不虚谈，学贵实效，开物成务，康济时艰"。"做实"意谓学以致用的教学模式，质实创发的教风学风，勤苦虚心的学习态度，德达才实的任务目标。学院层面取义为具有质朴诚实的做人品德、诚实诚心的精神品质、实事求是的做事态度、务求实效的事功理念和根据事实，追求实效，追求真理的行为，强调理论联系实际，追求教学做合一。"做精做实"，意为崇尚实践，不务虚谈，做事追求精益求精，务求实际实效，以精益求精的精神积极探索，务实创新。

以"做精做实、创业创造"的校训精神为基点，学院逐步形成了精实文化的内核基因。包括学院的校歌、道路、楼宇、标志物都有精实文化的元素。如：校歌《我们奋力拼搏》有"做精做实，建设美丽祖国，创业创造，我们奋力拼

搏"的经典歌词,表达了对全院师生的鼓励与期望,号召全院师生要将各项工作做精做实,要勇于创业创造,奋力拼搏,建设美丽祖国。学院中心中轴线上有校园标志性建筑"精实鼎"。"鼎"为鼎盛、鼎故革新之意,寓意学院在繁盛中改革创新,进一步发展壮大。在学院教职工代表大会中,将精实文化正式确立为学校"校园文化优秀品牌",并将与之相适应的环境推动、校企联动、师德带动、课堂驱动及企业文化、工匠文化、书院文化、非遗文化、传统文化、红色文化、军营文化、孝德文化等纳入其中,形成了完整的"精实文化"四梁八柱体系。

孕育阶段:2010年改制之前,学院就依托地处青州古城文化、东夷文化发祥地、齐文化重地等地域优势,传承百年老校深厚文化底蕴,秉承学院历史沿革中的山东益都师范学校、昌潍教师进修学院、潍坊教育学院的深厚文化底蕴,以中文、历史、政治等文化育人传统学科为基点,开展文化育人活动。先后获"山东省高职高专院校人才培养工作水平评估优秀院校""山东省高等学校教学管理先进集体""山东省普通高等学校毕业生就业工作先进集体"等荣誉称号,孕育了良好的文化育人基因。

初始阶段:2010—2015年,基于齐文化"精益求精、经世务实"的文化传统及学院百年书院"精思善研、求真务实"的深厚底蕴,基于工程类职业院校的特点,学院确立了"做精做实、创业创造"的校训精神。以此为基点,学院逐步形成了精实文化的内核基因。2013年,学院校歌《我们奋力拼搏》诞生。"做精做实,建设美丽祖国,创业创造,我们奋力拼搏"作为经典之句写入歌词,表达了对全院师生的鼓励与期望,号召全院师生要将各项工作做精做实,要勇于创业创造,奋力拼搏,建设美丽祖国。"实现伟大复兴,我们勇担重责"彰显了师生"敢于担当,勇挑重担,充分发挥自己的技能、专长,为实现祖国的伟大复兴,尽职尽责"的精神风貌和时代责任。2014年,在学院第一届教职工代表大会中,将精实文化正式确立为学校标志性文化品牌,并将与之相适应的企业文化、工匠文化、书院文化、非遗文化、红色文化、传统文化、军营文化、孝德文化等纳入其中,形成了完整的"精实文化"四梁八柱体系。在精实文化精神的激励和影响下,学院各项事业成绩斐然。被中国人民解放军原总参谋部、国家教育部确定为定向培养士官试点院校。获得国家级教学成果二等奖1项;"回首那份爱"感恩教育获得教育部校园文化建设优秀成果二等奖、山东省优秀成果一等奖。被共青团山东省委授牌成立"孔子学堂"。精实文化初步彰显出其独特吸引力和长远影响力。

深化阶段:2016—2018年,结合省名校"校园文化及素质教育体系构建"项目建设,依托齐文化精神、青州古城地域文化精神及"做精做实,创业创造"校训精神,结合百年老校文化育人优良传统,出台全面的精实文化育人方案,形成完整的"一核、双线、四轴、八元"文化育人格局。"一核"指以校训为主导的文化育人的核心，即"做精做实，创业创造"。"双线"指通过开展传统文化育人活动培育学生的人文精神，开展职业文化活动培育学生的工匠精神。"四轴"指环境推动、课堂驱动、校企联动、师德带动。"八元"指文化育人的八个辐面，即企业文化、工匠文化、书院文化、非遗文化、传统文化、红色文化、军营文化、孝德文化。

此阶段，学院以优秀等次通过山东省技能型人才培养特色名校验收；获得全国高校青年教师教学比赛一等奖1项，成为山东省第1所获得该项目的院校；获得全国职业院校教学能力大赛一等奖1项；获得"全国定向培养直招士官专业组副组长单位""山东省高校思想政治教育工作先进集体"；"潍坊市文明校园""山东省现代学徒制试点院校""山东省青少年'国学达人'挑战赛优秀组织奖"等荣誉称号。涌现山东省道德模范1名、全国百名优秀志愿者1名、省优秀大学生科技社团2个。校企合作文化育人成果《校企文化融合背景下高职工科专业学生职业素质培养体系的研究与实践》获得山东省省级教学成果一等奖。中央电视台《新闻联播》以"把青春献给祖国最需要的地方"为题，对我院文化育人活动作了专题报道。

推广阶段：2019年来，学院全面推进精实文化实践与应用研究、校内外应用与推广、辐射与示范。

《职业教育主动服务国家军民融合发展战略的理论与实践研究》获得2021年教育部人文社会科学研究项目立项；学前教育类研究成果《数字化时代幼儿图画书阅读反应的田野研究》获得全国教育科学规划课题立项；成果《融合优秀传统文化精髓培育高职学生工匠精神传承与创新路径研究》获得山东社科规划课题立项；成果《融合优秀传统文化提升高职院校思政育人实效探索与创新研究》获得山东人文社科课题立项；成果《新时代高职院校"四轮八辐"文化育人模式的创新与实践》获得山东省教育教学改革研究立项；《齐鲁文化与古琴艺术关系研究》等多项成果获得山东省人文社科等省级立项并结项；专著《齐鲁琴文化探微》由全国百佳出版社吉林出版集团股份有限公司出版发行；"古琴制作与演奏技艺技能传承创新平台"被确定为山东省职业教育技艺技能传承创新平台；学院非遗产业学院古琴研究所获批山东省非物质文化遗产研究基地；1人入选"2020山东非遗年度人物"；2个非遗项目入选潍坊市级非物质文化遗产代表性项目名录。

经过十几年的创新发展，"精实文化"已成为学校文化育人的品牌标志，获得了良好的社会声誉。学院被山东省教育厅确定为山东省中华优秀传统文化传承基地，是全省20所获此殊荣的高等院校之一。"精实文化"育人成果《根植校园文化沃土，创新特色育人机制》由中央党史出版社出版发行；学习强国APP发布《山东省青州市：非遗进校园实现"造血式"活态传承》等文章，专题报道我院在非物质文化遗产传承方面的做法和成绩。学院文化育人典型案例《扬五强合作共赢之帆，走职业文化育人之路——潍坊工程职业学院"校政行企军"全员合作育得桃李满天下》获得山东省大学生思想政治教育优秀工作案例。学院非遗产业学院古琴研究所获批山东省非物质文化遗产研究基地。中央电视台《新闻联播》、中国教育报、学习强国、《大众日报》等多家媒体对精实文化进行深度报道，新华社、人民网、学习强国、大众日报、潍坊日报等多家媒体对学院非遗产业学院揭牌进行了深度报道，扩大了"精实文化"的社会影响力。

第二节 潍坊工程职业学院精实文化育人工作概述

近年来，潍坊工程职业学院服务于一流高职院校的办学目标定位，紧紧围绕学校办学定位办学思路及总体发展战略，进一步加强以"精实"文化为核心的文化育人体系建设，建设优良的校风、教风、学风，形成完整的"一核、双线、四轮、八元"的精实文化育人格局。以"做精做实，创业创造"校训精神为核心（"一核"），通过开展传统文化育人活动培育学生的人文精神，开展职业文化活动培育学生的工匠精神"双线"推进，以环境推动、课堂驱动、校企联动、师德带动为"四轮"，打造具有鲜明特色企业文化、工匠文化、书院文化、非遗文化、红色文化、军营文化、传统文化、孝德文化"八元"文化。重点打造以"精实"文化为核心的卓越匠心文化，加强中华优秀传统文化教育和非遗文化传承，力争使文化育人体系更加完善，文化育人作用充分发挥，努力打造具有潍工特色的校园文化品牌，培养德智体美劳全面发展的高素质技术技能人才，培养德技并修的时代工匠。精实文化育人已开展工作主要是围绕"四轮驱动，多元协同"文化育人模式开展的。

一、"四轮驱动"开展情况

（一）环境推动

建设"一轴、一环、一院、五区"的环境文化。

1.完善"一轴"文化布局

"一轴"指从校门口通过行政楼中轴线，直到三号楼西边的山体处，作为校园最重要的对外展示学院形象的主要轴线。矗立在主广场正中间的精实鼎取义校训"做精做实，创业创造"中的"精实"，亦为学院核心文化。"鼎"为鼎盛、鼎故革新之意，寓意学院在繁盛中改革创新，进一步发展壮大。精实鼎让校训渗透到每个人的心灵深处，让精实文化扎根人的心灵，让师生能够在文化之鼎中获得品德、情操、文化艺术的熏陶，从而达到润物细无声的教育目的。

下一步拟计划在校门入口处泰山石和图书馆楼前精实鼎等标志景观的基础上，建设主广场雕塑。在学院行政楼南边第一个广场前矗立孔子雕塑，在雕塑石座上镌刻孔子及儒家的名言警句40句，每面10句；在图书馆一楼孔子、墨子、鲁班浮雕基础上，在二楼走廊或原非遗文化工作室建设校史馆或者校史展，主要陈列学校从1881年英国基督教会创办培真书院到现在的每个阶段的学院发展历史、办学过程、校友风采等；在图书楼南侧广场建立传统文化主雕塑区，矗立尊圣孔子、亚圣孟子、复圣颜子、宗圣曾子等儒家4大圣贤小型雕塑或者齐文化名人管子、晏子、荀子、孙子雕塑。在图书楼南栏杆幅面上镌刻赵秉忠状元卷全文，以状元文化鼓励师生奋勇争先、开拓进取。

2. 增添"一环"文化配置

在学院环路上完善校园导视系统，增加景观配置。在原有培真路、琴湖路、山工路等基础上，可适当增加路标，如：强军路、墨子路、鲁班路、状元路、易安路、欧公路、范公路等。

3. 构建"一院"文化格局

"一院"指在北校区依托培真书院文化研究院、优秀传统文化中心建立非遗产业学院。在培真书院文化研究院设立国学研究所、古琴研究所、陶艺研究所、书画研究所。进一步完善相关机构及规章制度；在老校门口两侧建立非遗文化工作坊。现已建成非遗十二工坊：烙画坊、斫琴坊、花艺坊、陶艺坊、茶艺坊、葫芦丝坊、扎染坊、风筝坊、皮雕坊、篆刻坊、砸铜坊、古籍坊。

4. 打造"五区"精品文化

五区指青齐文化区、孝德文化区、工匠文化区、红色文化区、军营文化区。在琴湖四周建立青齐文化雕塑区，把青齐文化历史文化名人范仲淹、富弼、欧阳修、王曾、李清照等元素放入其中；在尚德楼西侧花园广场内建立孝德文化主题展区。西侧花园广场内及小路上建立二十四孝景观，主要内容是我国古代二十四孝的故事。在东校区门口和机电工程实训中心门口建立工匠文化展示区。在东校区门口西边草坪绿化带摆放几组火车车轮，寓意学院工匠精神所蕴含的轮辐文化。"轮"的功能是驱动、前进，"辐"有辐集，辐聚之意。"轮辐文化"象征着一种脚踏实地，勇往直前的拼搏精神；一种团结奋进，凝心聚力的合作精神。在机电工程实训中心门口矗立墨子雕塑和鲁班雕塑。建立工匠文化长廊，将学院通过校企合作厚植工匠精神的典型做法、照片资料表现出来。或者展示学院工匠名师的现场实训教学图片，凸显创业创造和工匠精神；在学前教育学院前广场建立红色文化长廊。挖掘青州红色文化资源，将王尽美和邓恩铭青州建党、冯旭臣一门忠烈、浩气长存的刘旭东一家等革命先辈的先进事迹以图文并茂的方式展现给学生，培养学生的爱国、爱党、爱校、爱家情怀；在立德楼前建立军营文化墙。题目"犯我中华者，虽远必诛"。可分为古代军事文化墙、近代军事文化墙、革命军事文化墙、现代军事文化墙，以图片、文字或者展板等形式出现。

5. 发挥楼宇文化育人功能

教学楼全部以"德"命名，实训楼全部以"弘"命名，宿舍楼全部以"园"命名，餐厅全部以"苑"命名，创设了良好的文化育人氛围。如，教学楼为崇德楼、尚德楼、明德楼、厚德楼、馨德楼、毓德楼、立德楼等；实训楼为弘远楼、弘毅楼、弘博楼、弘雅楼、弘德楼等；餐厅命名为知辛苑、览湖苑等；女生宿舍为榴园、樱园、橘园、橙园、桂园、梅园、槿园等；男生宿舍为橡园、杉园、榕园、梓园、榆园、桦园、椿园等。教学楼全部以"德"字命名，因为立德树人是教育的目的，是教师的时代使命；实训楼全部以"弘"字命名，因为《尔雅》载"弘，大也"。寓意产教研融合、学训赛统一，做大做强实训教学工作；女生公寓全部以有花有果之植物的果园命名，符合女性婀娜优雅、多子多福的特征。亦可象征女生气质上内外兼修、学业上硕果累累；男生公寓以古诗中的木本植物命名，寓意学院"十年树木，百年树人"的时代责任。亦寓意男生的伟岸挺拔、气宇轩昂，为校之英才、国之栋梁。"苑"古为帝王狩猎之地，如汉武帝"上林苑"，象征男性的勇猛、果敢。亦可解释为猎取知识之地。

崇德楼中的"崇德"语出《礼记·王制》"上贤以崇德，简不肖以绌恶。"厚德楼中的"厚德"语出《周易·坤卦》"地势坤，君子以厚德载物。"明德楼中的"明德"语出《大学》"大学之道，在明明德，在亲民，在止于至善"。毓德楼中的"毓德"语出《周易·蒙卦》"蒙，君子以果行育德。"毓，即育，音同。馨德楼中的"馨德"语出《三国志·魏志·齐王芳传》："每念白姓力少役多，夙夜存心。道路但当期于通利，闻乃挝捶老小，务崇脩饰，疲困流离，以至哀叹，吾岂安乘此而行，致馨德于宗庙邪？""馨德"指美德。弘毅楼中的"弘毅"，语出《论语·泰伯》"士不可以不弘毅，任重而道远"。弘雅楼中的"弘雅"，语出《后汉书.周荣传》"臣伏惟古者帝王有所号令，言必弘雅，辞必温丽"。弘博楼中的"弘博"，语出《抱朴子·勖学》"夫童谣犹助圣人之耳目，岂况《坟》《索》之弘博哉"《坟》《索》是三坟八索的并称。亦泛指古代典籍。弘通楼中的"弘通"，语出《三国志》》"徐邈清尚弘通"。弘远楼中的"弘远"，语出《汉书·高帝纪》"虽日不暇给，规摹弘远矣"。

6. 发挥道路、亭台等文化育人功能

学院现有楼名包括文化路、山工路、琴湖东路、琴湖西路、培真路等。结合学院地域文化特色和办学特色，下步可以进行以下命名。"精实路"语出校训

"做精做实"。此路是进入校园后的第一条主要南北干道，故取校训第一句命名之；"创造路"语出校训"创业创造"。此路是校园内两条主要东西干道之一，由东往西一路攀升，寓意创造过程之艰辛漫长，故名之；"创业路"语出校训"创业创造"。此路毗邻学院大学生创业中心，与此吻合。又是校园内两条主要东西干道之一，与"创造路"互为呼应、浑然一体。故名之；"闻韶路"语出《论语·述而》"子在齐闻韶，三月不知肉味"，因为此路通往琴房，故名之；"行健路"语出《周易》："天行健，君子以自强不息。"此路在体育馆与体育场之间，寓意师生运动刚强劲健，刚毅坚卓，发奋图强，故名之；"易安路"，李清照号"易安居士"，因其曾在青州定居多年，又因1—7号楼为女生宿舍，为安静休息之所，故名之；"鸿鹄路"，比喻有远大志向的人，语出《史记·陈涉世家》"燕雀安知鸿鹄之志哉？"习近平言"立鸿鹄志，做奋斗者"，故名之；"状元路"，因毗邻学院青齐文化区，拟将赵秉忠状元卷镌刻于石墙上，激励学子奋发有为、争做第一，故名之；"长征路"是校园环形路的最高处，寓意长征精神永放光芒。也与学院红色文化、士官文化相对应，故名之。"黉门路"，黉，古代称学校，有黉门、黉宫、黉宇、黉序、黉校等说法。此路位于教学区最西侧，是通往教学区的幽静之路，故名之；"稷下路"，取义稷下学宫，战国时期田齐的官办高等学府，始建于齐桓公田午。位于齐国国都临淄（今山东省淄博市）稷门附近。此路位于教学区最西侧，是通往教学区的幽静之路，故名之；墨子路、鲁班路，寓意工匠精神，墨子、鲁班均为鲁国人。故名之。"管子路"，因学院地处青州，青州毗邻春秋时期齐国首都临淄，管子纪念馆亦位于青州附近，管子是齐文化代表人物，故名之；"晏子路"因青州毗邻春秋时期齐国首都临淄。晏子是齐文化代表人物，故名之。"范公路"，因青州三贤祠里奉祀着宋代知青州的三位知州，范仲淹是其中之一，故名之。范仲淹是北宋杰出的思想家、政治家、文学家。故名之；"欧公路"，因青州三贤祠里奉祀着宋代知青州的三位知州，欧阳修是其中之一。欧阳修是北宋政治家、文学家。故名之；"富公路"，因青州三贤祠里奉祀着宋代知青州的三位知州，富弼是其中之一。富弼是北宋名相、文学家。故名之；"通达桥"，"通达"有到达、洞达、通情达理、亨通显达、畅通、沟通之意，用于作学校桥名，既可以指学术境界、学问道理上的通达意境，也可指人际交往上的通情达理、沟通畅达，亦可指人生理想、家业事业的畅达、显达境界。故名之；"凯旋桥"，"凯旋"原指战争胜利归来。与"通达"相对应，"通达"之后的境界就是"凯旋而归"，寓意学富五车、载誉而归。故名之；"抚琴亭"，因傍"琴湖"，临湖抚琴、雅乐泠泠而得名；"览书亭"，因"书山"与"琴湖"相对，是学院的两大地理坐标，临湖抚琴与依山览书相对应。故名之。

（二）课堂驱动

主要是立足第一课堂，打好文化基础、丰富第二课堂，创新文化活动、对接第三课堂，开展社会实践、利用网络课堂，拓展育人空间。

1. 发挥第一课堂主渠道作用

提升传统文化公共必修课及选修课教学水平。融合忠诚报国、忘我奉献、心技合一、精益专注、知行合一、百折不饶、明志进取、德技双馨等政治素养构建赋能高效的传统文化课程体系。

2. 挖掘第二课堂的育人作用

"劳动光荣，技能宝贵，创造伟大"精神深入人心。面向全院学生开展"我光荣，我是一名劳动者"的主题实践活动；中央电视台《新闻联播》播出学院主题班会《让青春绽放在祖国最需要的地方》，引起社会各界普遍好评；开展"我劳动我奉献我光荣，创造出彩人生"精神培育征文大赛，增强了学生对个人职业理想、自身责任感和使命感的认识，弘扬了"劳动光荣、技能宝贵、创造伟大"的时代风尚；举办山东好人——"每周之星"十大年度人物、山东省道德模范郭德刚诚信事迹报告会，使学生受到了生动的诚信教育；邀请山东省"最美劳动者"、"最美警察"刘大勇做爱岗敬业专题报告会，倡导学生自觉学习劳动模范立足本职，勤恳工作，时时刻刻为人民着想的敬业奉献精神。

3. 发挥第三课堂的育人作用

广泛开展寒、暑假社会实践活动和"三下乡"活动；组建院级、系系社会实践团队，指导开展寒暑假"三下乡"社会实践活动；举办总结交流活动，评选出社会实践优秀个人，"信工E家"青年志愿服务团负责人代表学院参加省大中专学生志愿者暑期"三下乡"社会实践活动报告会并做典型交流发言，充分展现了莘莘学子以专业知识、创新精神和拼搏精神为基础，积极投身社会实践的精神风貌。

4. 实施网络育人新模式

创建包含"红色丰碑""心灵驿站""法律援助""走向职业人"4大板块的素质教育主题网站。积极研究微博、微信以及QQ等新媒体对大学生的影响，建立官方微信平台、"潍工青年"微信平台和"潍工青年"QQ群，建立心理健康教育腾讯微博、QQ群，拓宽大学生素质教育渠道。

（三）校企联动

大力推进产教深度融合，形成了校政行企军多元合作体制机制，探索实践了政府出地、学校出资的"校政共建"模式，学校出地、企业出资的"引企入校"模式，多方携手共建的"职教集团"模式，"上下贯通，左右融通，内外互通"

的集团化办学格局。充分借助校政行企军合作平台，推进优秀产业文化进教育、企业文化进校园、职业文化进课堂，将生态环保、绿色节能、循环经济等理念融入人才培养全过程，提升了学生职业素养和敬业精神。

围绕传播职业精神，开展"企业家进校园""职场体验""技能竞赛展示"等系列活动，培育学生诚实守信、崇尚科学、追求真理的思想观念和爱岗敬业、务实创新、追求卓越的职业精神，锻造"有责任、能吃苦、善圆融"的职业品格。如，与世界500强企业美国卡特彼勒公司合作共建校中厂"卡特培训中心"，编写《卡特彼勒企业文化与"6Sigma"管理简编》校本教材，开设选修课程，引进5S、6σ管理文化，培养学生严格规范、一丝不苟的职业行为，爱岗敬业、诚信奉献的职业道德，提升学生精益求精的质量意识和追求完美的零缺陷意识，做到了学生职业技能培养和职业精神培育的深度融合。

主动作为提升服务，助力企业纾困解难。面对严峻复杂的疫情防控形势，学院坚持"两手抓，两不误"，多措并举认真落实服务企业专员制度以及毕业生就业工作决策部署。近期，学院组织开展服务企业专员包靠企业调研活动，深入了解包靠企业生产经营中的困难和问题，重点了解包靠企业的用工现状以及人力资源需求情况，有效缓解企业"用工难"问题。今年毕业生涵盖电子信息、装备制造、财经商贸、交通运输、教育体育、生物化工、食品药品与粮食、资源环境与安全、土木建筑等多个专业大类。各服务企业专员主动联系包靠企业，组织企业线上填报用工需求表，并根据企业用工需求，针对性地向企业推荐相应专业优秀毕业生、实习生。

开展"访企拓岗促就业"行动。为深入贯彻落实"高校书记校长访企拓岗促就业"专项行动相关要求，落实落细稳就业举措，促进校企文化深度融合。学院举办访企拓岗促就业校企洽谈会，潍柴动力、豪迈集团、青岛网商集团、北汽福田山东多功能汽车厂、潍坊雷腾动力机械有限公司、山东途易商贸有限公司等多家企业参会，校企双方就深化校企合作、拓宽就业渠道、拓展就业岗位、开展实习实训、加强就业指导等方面进行了深入交流。

（四）师德带动

1. 实施师德建设"四大工程"

即师德师风建设工程、领军人才引领工程、双师素质提升工程、能工巧匠进校工程。开展以"弘扬高尚师德，潜心立德树人"为主题的师德建设月活动，通过师德师风专题学习活动、师德师风建设大讨论活动、"岗位大练兵"活动、师德师风专项治理活动、向"全国教书育人楷模""齐鲁最美教师""全省十大师德标兵""国赛省赛获奖教师"学习、师德标兵表彰等活动，发挥优秀教师的正能量激励作用，营造尊师重教的良好氛围，实现言传身教的育人效果。

2.构建师德建设长效机制。

第一，构建师德把关机制。完善新教师招聘录用制度，坚决把好新教师入口关。在每年举行的新教师招聘录用中，加强思想政治素质和德行考察。实行师德承诺制度，自觉践行师德规范，将师德作为班主任、辅导员遴选的首要标准。

第二，构建师德教育机制。将师德教育摆在学院教师培养首位，贯穿教师职业生涯全过程。培训内容以社会主义核心价值观教育、理想信念教育、法制教育和心理健康教育为重点。每年新教师岗前培训开设师德教育专题，将师德教育作为新教师职业生涯的第一课。在优秀教师团队培养，名师、骨干教师、学科带头人、班主任、辅导员培育方面贯穿师德教育。开展师德师风专题学习活动。以教师节、师德建设教育月活动为契机，通过理论学习、研讨会、座谈会、撰写心得体会等多种形式，深入学习十九大和十九届历次全会精神和习近平总书记系列重要讲话精神，学习全国职业教育工作会议精神，学习"全国教书育人楷模"、"道德模范"、"师德标兵"等道德高尚人物的先进事迹，积极践行社会主义核心价值观，引导教师做人人敬仰爱戴的学问之师、品行之师。建立师德宣讲制度。开展"岗位大练兵"活动。引导广大教师以提升教育教学能力为核心，广泛开展岗位大练兵活动。以"干什么、练什么"，"缺什么、补什么"为基本出发点，促进广大教师熟练掌握教学技能、提升教育教学能力。通过教学技能大赛、说课比赛、微课比赛等形式，全面检验教师岗位大练兵活动的成果。

第三，构建师德宣传机制。认真组织广大教师学习《教育法》《高等教育法》《职业教育法》《教师法》和教育规划纲要等法规文件中有关师德的要求，宣传普及《高校教师职业道德规范》。教学部门结合人才培养、教学改革、科研工作、师资队伍建设、学生管理等工作，围绕增强师德修养、建立新型师生关系、教师从教的职业道德底线、师德师风建设有效性等问题，开展师德师风建设大讨论。党政后勤部门围绕增强服务意识，创新工作方法，提高行政办事工作效率，提高履职能力，提升师生满意度，争做模范履职标兵等问题，开展师德师风建设大讨论。积极撰写心得体会，促进学习、讨论效果。积极开展普法宣传教育活动。根据普法规划要求，组织教职工开展普法教育活动，组织普法考试，提高全体教职工的法律意识。广大教职工要把法律法规学习与师德修养相结合，严格遵守法律法规，遵守职业道德规范，牢固树立以人为本、爱岗敬业和为学生、家长服务的观念。

第四，构建师德考核机制。结合年终考核，制定师德考核的具体实施办法，将师德考核作为教师考核的重要内容。师德考核要充分尊重教师主体地位，坚持客观公正、公平公开原则，采取个人自评、学生测评、同事互评、单位考评等多种形式进行。考核结果存入教师档案。

第五，构建师德监督机制。建立学校、教师、学生、家长和社会多方参与的师德监督体系。健全完善学生评教机制。充分发挥我院教职工代表大会、工会、学术委员会、教授委员会等在师德建设中的作用。建立师德投诉举报平台，及时掌握师德信息动态，及时纠正不良倾向和问题。对师德问题做到有诉必查，有查必果，有果必复。

第六，构建师德激励机制。一是完善师德表彰奖励制度，将师德表现作为评奖评优的首要条件。完善评选办法，积极进行师德标兵评选工作，真正使师德高尚、德艺双馨、业务精良的教师成为全院教师的楷模。在同等条件下，师德表现突出的，在教师职务（职称）晋升和岗位聘用，名师、骨干教师、学科带头人三级梯队选培、各类高层次人才评选中优先考虑。二是积极开展走访慰问活动。通过各种方式，慰问一线教师，了解教师状况，倾听教师的意见建议，帮助教师解决工作、学习和生活中的实际困难，要重点走访慰问教学名师、离退休老教师、家庭生活困难教师，送去学院党委的关怀和温暖。三是采取有效措施，在提高教师地位、保障教师待遇、促进教师成长等方面为教师办实事、做好事、解难事，切实把各项惠师政策落实到位，让广大教师潜心教书、静心育人。

第七，构建师德惩处机制。认真对照《高等学校教师职业道德规范》以及我院《关于继续开展工作纪律专项整治活动的通知》《关于开展严禁教职员工违规收受学生及家长礼品礼金专项教育活动的通知》《关于教师节及中秋国庆期间进一步强化监督执纪问责深入纠正"四风"的通知》等文件找差距，找突出问题，对师德师风建设的薄弱环节和存在的主要问题，采取有效措施加以整改。

3. 出台《师德失范处理意见》

2019 年 6 月，中共潍坊工程职业学院委员会出台了《教师师德失范行为负面清单及处理办法》，主要针对教师在思想政治纪律、学术道德、教育教学、工作作风和生活行为、廉洁从教等方面的失范行为制定了相应的处理办法。对全体教师提出相关要求：一是严格遵守师德规范。教师要自觉加强师德修养，严以律己，为人师表，把教书育人和自我修养结合起来，坚持以德立身、以德立学、以德施教、以德育德。发生师德失范行为，要承担相应责任；二是对师德失范行为实行"一票否决"。三是建立健全师德失范行为受理与调查处理机制。对师德失范行为的处理，要坚持公平公正、教育与惩处相结合的原则，做到事实清楚、证据确凿、定性准确、处理适当、程序合法、手续完备。成立师德师风建设委员会，负责处理师德失范行为，明确受理、调查、认定、处理、复核、监督等处理程序。在教师师德失范行为调查过程中，应听取教师本人的陈述和申辩。教师对处理决定不服的，按照国家有关规定提出复核、申诉。对教师的处理，在期满后根据悔改表现予以延期或解除，处理决定和处理解除决定都应完整存入个人人事档案；四是完善师德师风问责机制。坚持权责对等、分级负责、层层落实、失责必问、问责必严的原则。对于相关单位和责任人不履行或不正确履行职责的进行问责。

4. 开展新教师入职培训活动

为使新教师尽快做好角色转换，适应工作岗位，提高教育教学能力，学院每年都开展新教师入职培训。2021年9月2日至4日举行了为期3天的岗前集中培训。在培训班结业仪式上对，学院领导对新教师提出了四点希望：一是要坚定立德树人的理想信念，做为人师表的好老师。大家要坚定立德树人的初心，树立高尚的道德情操和精神追求，以对教育事业负责、对每一位学生负责、对每一个家庭负责的态度做好本职工作。二是要树立爱岗敬业的奉献精神，做热爱学生的好老师。大家要热爱学生，用爱心培育爱、激发爱、传播爱，更好地承担起传播知识、传播真理，塑造灵魂、塑造新人的时代重任。三是要养成终身学习的行为习惯，做勤于钻研的好老师。大家要树立起学习只有起点、没有终点的理念，积极接受新的课程、新的知识、新的观念，不断更新理论观念，拓宽知识范围，完善知识结构，积极适应教育发展对教师的要求。四是把握高职教育的育人规律，做现代职业教育好老师。大家要深刻了解、认识并把握高等职业教育的办学理念、办学方向、培养目标、教学规律，认真学习党和国家有关职业教育的方针政策，吃透国情、省情、教情。此次培训采用专题辅导、现场教学、研讨交流、团队拓展等方式，期间还开展了微课堂展示、无领导小组讨论、教学名师示范课及经验分享。通过集中培训学习，新教师对立德树人的使命担当有了较为深刻的认识，对如何做好一名教师、一名辅导员有了较为系统的了解，同时对高等职业教育的办学理念，有关教育理论、方法，有了初步的认识。大家纷纷表示今后将会不断提高教学业务水平，在职业生涯道路上助力学院更好更快的发展。集中学习结束后，学院还将通过线上线下、面授及自学、学院集中培训与部门自主分类培训相结合的形式对新教师进行培训，助力新教师更快地融入学院，顺利完成教师职业身份的转变，帮助新教师快速成长。培训期间，组织新教师进行了入职宣誓仪式。

二、载体平台搭建情况

潍坊工程职业学院立足实际，将目标导向、基本要求与过程激励有机结合，以全面提高人才培养质量，促进学生健康成长为最高育人目标，以搭建理念育人平台、教学育人平台、服务育人平台、活动育人平台为重点，进一步完善文化育人体系，文化育人工作由浅入深、循序渐进、成效显著。

（一）搭建理念育人平台

1. 先进办学理念引领育人实践

精实文化以学院先进的办学理念为引领。学院确立了"做精做实、创业创造"的校训精神和"以工程类专业为特色，立足潍坊，面向全省全国，培养高素质技术技能人才"的办学定位，提出"为了学生的就业和可持续发展"的办学宗旨和"先于企业，高于企业，严于企业"的人才培养理念。围绕"专长突出、技能过硬、素质全面"的培养目标，贯彻"党建引领、文化先行、改革驱动、师德支撑"的发展理念，扎实推进内涵建设，坚定不移地走特色强校之路，人才培养质量不断提高。

2. 校风、教风、学风凝聚核心精神文化

精实文化与校训"做精做实、创业创造"以及校徽、校歌等校园品牌形象识别系统融为一体，并将学院发展理念、价值观、精神、文化等诸多方面融入其中，并体现在学院的校风、教风、学风中。

践行"崇文崇理崇工、尚技尚能尚德"校风。充分挖掘学院百年历史的宝贵资源，积极开展以崇尚技能、创业创造、践行"工匠精神"、理想成才、自强不息等为主题的校园文化活动，大力营造崇尚科学、严谨求实、善于创造、具有时代特征的良好校园风气和育人氛围。

践行"为人师表、敬业奉献"教风。牢固树立"立德树人"教育理念，加强"为人师表、敬业奉献"教风建设，引导教师做"有理想信念、有道德情操、有扎实学识、有仁爱之心"的"四有"好老师。落实学院《关于建立健全师德建设长效机制的实施意见》，完善师德建设长效机制；开展"师德建设教育月"活动，引导广大教师恪守职业道德规范，树立良好教风；加强以社会主义核心价值观教育、理想信念教育和职业道德教育等为重点的师德专题教育；建立新教师入职宣誓制度，强化教师的责任感、使命感和职业荣誉感；每年组织开展"师德标兵""教学名师""专业带头人""教学能手""优秀教师""优秀教育工作者""优秀辅导员"等评选活动，形成学先进、当先进的浓厚氛围。

践行"勤奋严谨、求实创新"学风。发扬"勤奋严谨、求实创新"的学风精神，遵循"SQC"人才培养模式规律，制定《关于大力营造"勤奋严谨、求实创新"学风氛围的实施意见》，扎实推动学风建设。坚持深入课堂听课，开展活动示范，教育学生养成良好的学习习惯，激发学生学习的主观能动性。每年开展"职业教育宣传周""职业技能竞赛月"等主题活动，评选"先进班集体""先进个人"，树立正面典型，营造浓厚的学习氛围。

3. 校园品牌形象标示系统彰显文化底蕴

有效整合学校发展理念、体制、方针、制度、价值观、精神、文化等，建立学校品牌形象识别系统，对校训、校徽、校旗、校歌等基本文化标示进行进一步完善，使其更加适应学校内涵建设、科学发展的要求。

4. 学院校歌

我们奋力拼搏——潍坊工程职业学院校歌。在我院第一届教职工代表及工会会员代表大会上，与会代表认真倾听、审议并表决通过了我院校歌——《我们奋力拼搏》。这是我院校园文化建设的又一优秀成果。校歌叙述了学院的地理位置、历史文化传承及发展成就，昭示了大学精神，展示了学院的办学特色、潍工院人的精神风貌、时代责任、以及学院对广大师生的期望。歌词语言精炼，积极向上，催人奋进，结构工整，曲调磅礴大气，激情昂扬，给人鼓舞和力量。

歌词的第一部分用"海岱明珠，钟灵毓秀"表述了我院优美优越的地理位置。《尚书．禹贡》中记载："海岱惟青州"，"海岱明珠"即指青州，说明我院位于风景秀美、人才辈出的九州之一——青州。"百年书院，享誉九州"叙述了我院的历史文化传承和发展成就。我院起源于百年书院——英国基督教会1881年创办的培真书院。经过一百多年的发展，学院为社会培养了大批优秀人才，享誉九州。"求是培真，术业传授，科学民主，不懈追求"叙述了学院在办学发展过程中，追求真理，探索办学规律，教书育人，培养真诚守信精神，传授学业，崇尚科学与民主，为学院发展不懈追求。

歌词的第二部分展示了学院的办学特色及时代责任。"崇文崇理崇工，尚技尚能尚德"叙述了我院以工科为特色的人才培养模式和培养目标，即"一项专长、两种素质、三个能力"的人才培养模式和"专长突出，技能过硬，素质全面"的培养目标。"实现伟大复兴，我们勇担重责"彰显潍工院师生"敢于担当，勇挑重担，充分发挥自己的技能、专长，为实现祖国的伟大复兴，尽职尽责"的精神风貌和时代责任。"做精做实，建设美丽祖国，创业创造，我们奋力拼搏"表达了对潍工院广大师生的鼓励与期望，号召全院师生要将各项工作做精做实，要勇于创业创造，奋力拼搏，建设美丽祖国。这两句将我院"做精做实，创业创造"的校训嵌入其中，更加体现了我院的特色。

5. 校徽释义

校徽整体由盾牌形图案、飘带形图案和潍坊工程职业学院中英文名称组成。盾牌寓意学校历史文化厚重；飘带象征学校充满青春动感。盾形内上部是齿轮和字母"WF"的组合，齿轮象征学校以"工"科为主的办学特色，字母"WF"是"潍坊"拼音首字母的结合体；盾形内中间呈打开的书状，寓意知识与文化；盾形内下部数字"1881"代表学校起源时间。校徽颜色采用红色，象征学校发展充满活力。

6. 校旗释义

校旗由旗色、旗标和旗字构成。校旗基色采用红色，象征朝气蓬勃、活力四射；旗标和旗字采用黄色，色彩明快、典雅、大方。旗标为学校校徽，居于校旗左上角；旗字为学校名称，居于校旗正中。

（二）搭建研究育人平台

以"立德树人、文化育人、价值引领、学术创新"为宗旨，充分发挥山东省非物质文化遗产示范基地的作用，依托培真书院文化研究院所属古琴、国学、陶艺、书法等研究所，整合校内外学术资源，进行专题性、项目化传统文化研究；参加国家、省市级重大课题研究，注重与地方政府及有关机构开展横向课题的合作研究，出版专著与教材；聘请校外知名专家学者为特邀研究人员，聘请科研能力突出、成果丰硕的本院教职工担任高级研究员或兼职研究人员；设立"培真讲坛""培真书院文化论坛"，创办《培真学刊》，出版《培真书院精品讲座》，进行思想引领和文化熏陶。

（三）搭建活动育人平台

1. 开展丰富多彩的校园文化活动

通过活动，把德育与智育、体育、美育有机结合起来，寓教育于文化活动之中，促进大学生思想道德素质、科学文化素质和健康素质协调发展。完善以院级文化建设、系（院）文化建设、班级文化建设三个层面的校园文化活动体系，开展具有专业性、广泛性、创新性、艺术性的各类校园文化活动，以活动为载体，陶冶团员青年的情操，进行学生文明修身、行为养成教育，大学生心理健康教育和安全教育。

2. 开展大学生文化艺术节和公寓文化节活动

近几年，学院联合驻青几所高校，共同举办驻青高校大学生艺术节，增强了驻青几所高校之间的交流，也为学院大学生高雅健康的审美追求、积极向上的精神风貌、全面发展的非专业素质和能力搭建起文化艺术的平台；公寓文化节的举办，营造了健康、文明、积极、向上的公寓文化氛围，优化了学院大学生成长成才的生活环境，推进了大学生思想政治教育进公寓工作，展现了学院大学生的青春风采。"梦的畅想"宋城大舞台专场演出、摄影展、手抄报展、"潍工好声音"校园歌手大赛等多种校园文化活动也各领风骚、寓教于乐，影响和教化着广大青年学子。

3. 创新学生群众性体育运动

深入开展"三走"活动，春季运动会、羽毛球友谊赛、大学生篮球比赛、乒乓球比赛、义务劳动、拔河比赛、毽球比赛、跳绳比赛等都是学院党规性的体育活动，在提高同学们身体素质的同时，鼓励同学们"走下网络、走出宿舍、走向操场"拥抱阳光，享受健康。

4. 开展感恩教育活动

一是开展感恩教育系列活动；二是开展优秀传统文化志愿服务；三是开展社区传统文化服务；四是开展企业传统文化服务。与青州市非遗保护中心联合举办系列活动，服务社会。实现文化素质教育"教、学、养、用"一体化。

5. 开展寒暑假社会实践活动

积极响应团中央"三下乡"社会实践活动的号召，开展寒、暑假社会实践活动。组织青年学生在实践中长知识，在实践中长才干，使青年学生在真正接触社会的过程中提高自身的综合素质，通过实践交流会分享经验收获，分享实践过程的欢乐。学院的"三下乡"社会实践活动得到上级有关部门的高度肯定，连年获团省委表彰。

6. 服务大学生就业创业

深入开展促进大学生就业创业活动，丰富素质拓展计划各个环节的就业创业内容，构建服务大学生就业创业的长效机制，全面提高大学生就业创业素质。一方面，深入开展创业设计大赛、创业技能培训、社会实践等活动，提升学生自身能力和社会竞争力；另一方面开展大学生就业报告会、大学生就业座谈会、励志讲座等活动，为大学生提供更加广阔的就业创业渠道和信息，引导大学生转变就业择业观念。同时，不断整合社会资源，建立就业创业和社会实践活动基地，为学生就业创业和社会实践活动的开展拓展了更加宽阔的渠道。

7. 实施学生社团建设工程

加强学生社团建设，搭建学生综合素质提升平台。学院现有 Free Young 音乐社、百草园文学社、大学生艺术团、化工科技创新协会、电子协会等横跨文艺兴趣、体育运动、学术研究、科技、志愿服务等类别的社团共 49 个，现有会员 3855 余人。开展了摄影比赛、特殊教育学校送爱心、各种球类比赛、书法比赛、演出、晚会等形式多样的社团活动，参与人数累计 5000 余人次。每年的 5—6 月份，为学院的"社团繁荣月"，以"展示社团风采·遍开社团之花"为主题的各项社团活动在学院广泛开展，活动历时一个多月，包括外语歌曲大赛、乒乓球比赛及朗诵比赛和文艺晚会等多项丰富多彩的社团活动丰富了学生课余文化生活，增强了社团凝聚力为学生素质的全面提升搭建起了广阔的平台。

8. 深化"青马工程"实施

采取理论学习、分组研讨、交流讨论、成果汇报等多种形式相结合的模式，通过高水平的讲座、报告、影视片等使努力推动习近平新时代中国特色社会主义思想进教材、进课堂、进头脑。依托地方资源共建红色基因传承教育基地、爱国教育基地等红色教育基地，开展"践行核心价值观，凝聚青春正能量""不忘初心跟党走""青春志愿行"等丰富多彩的主题教育和实践活动。注重加强阵地建设，充分运用"潍工青年"新媒体微信矩阵——微信公众号、抖音、官方 QQ、微博等新媒体平台传播正能量、传播新资讯、传播先进思想，打造引导学生树立正确的世界观、人生观和价值观的重要阵地。不断深化学生社团育人功能，提供师资指导、活动场地等方面的支持。紧密结合寒、暑期社会实践、花博会志愿服务、爱心助成长、无偿献血等志愿服务项目，立足社区中心、特殊教育学校、敬老院等场所，针对用电安全、特殊学生、空巢（独居）老人的需要，开展用电安全、关爱帮扶、卫生清扫等方面的活动，并影响和带动更多同学参与进来，大力开展志愿服务活动，激发学生参与公益的热情，提高学生参与公益的成效。

9. 校外素质教育基地育人

近年来，学院积极鼓励学生参与社会志愿服务和社会实践，全面提高学生素质。学院注重大学生素质教育基地的育人功效，推进大学生素质教育体系建设，提高学生专业实践能力，进一步在大学生中培育和践行社会主义核心价值观，推进大学生思想政治教育工作的开展。截至目前，共新建、改建、扩建校内外素质教育基地 15 个，其中包括大学生志愿服务基地、爱国主义教育基地、大学生社会实践基地、大学生素质拓展基地、优秀传统文化教育基地等，为大学生素质教育工作的深入开展提供了更广泛的平台。

学院"文化育人实践基地"和"大学生创新创业基地"揭牌：5 月 26 日上午，学院校外实践基地"文化育人实践基地"和"大学生创新创业基地"在青州市庙子镇杨集岸青文创谷揭牌成立。多年来学院与青州市政府和企业建立了密切的政校企合作关系，此次政校企三方合作共建"文化育人实践基地"与"大学生创新创业基地"，利用青州乡村文化资源，充分挖掘当地文旅企业优势，创新文化育人模式，共同培养更多具有深厚文化底蕴、良好专业知识、实际操作技能和职业素养的高素质技术技能人才，为青州乡村振兴贡献自己的力量。本次签约揭牌为推动实施"文化振兴、人才振兴、产业振兴"的乡村振兴战略提供了强大动力。

（四）搭建课程育人平台

1. 打造独具特色的九类人文课程

（1）文化通识类课程

目前开设主要有《大学语文与中国传统文化》《中华优秀传统文化概论》《中国传统文化撷英》等课程。

（2）国学文化类课程

目前已经建成的课程主要有《国学智慧》《走进文学经典》《华夏文化五千

年》《中国茶文化与茶健康》《梅花拳》《中国古建筑欣赏与设计》《古典诗词鉴赏》《<诗经>导读》《走进文学经典》《弟子规与人生修炼》《先秦君子风范》《中国陶瓷史》《走进神奇的中药》《先秦诸子》《三国志》《中国茶文化与茶健康》《文学修养与大学生活》《》礼仪文化修养》等。

（3）政治、伦理、法治类课程

目前已经开设的主要有：《思想道德修养和法治》《毛泽东思想和中国特色社会主义理论体系概论》《形势与政策》《马克思主义原理》《战略管理》《探索心理学的奥秘》《伦理与礼仪》《人际交往团体心理辅导》《全球政治势力解析》《中国红色文化精神》《》青春电影与青年文化》等等。

（4）艺术修养类课程

主要开设了《轻松学钢琴》《室内软装赏析》《影视作品音乐赏析》《艺术鉴赏》《戏剧艺术欣赏》《全球公共艺术设计前沿》《艺术设计创意与欣赏》《音乐鉴赏》《交响音乐赏析》《版面文化与设计鉴赏——教你学会版面设计》《艺术导论》《中国音乐史》《园林艺术》《艺术中国》《童心童绘》《中国古建筑欣赏与设计》《手绘欣赏与表现》《古典音乐 一种新的聆听方法》《学唱艺术歌曲》《学唱艺术歌曲》《合唱与指挥》《从草根到殿堂：流行音乐导论》《中国民族音乐鉴赏》《走进故宫》《明清古家具鉴赏》《园中画境——中国古典园林造园艺术》《景观艺术设计》等课程。

（5）体育健康类课程

主要开设了《大学生体育与健康》《健身气功》《弹腿与梅花拳》《足球》《教你成为健身达人》《健身减压与形体修塑》《行为生活方式与健康》《武术》《大学男子篮球》《晓咚教您学推拿》《女子防身术》《免疫与健康》等课程。

（6）地域文化类课程

开设《齐鲁文化》《民俗文化》《畅游齐文化》《中西节日文化之旅》《青州锣鼓龙虎斗》《抖空竹》等课程或讲座。

（7）职业人文类课程

主要开设《领导力与高效能组织》《创业策划及项目路演实训》《名企之魂》《企业文化——职场新人升级攻略》《身边的会计学》《大学生安全文化》《交通中国》《人力资源招聘与选拔》《"膳"食营养"慧"食健康》《现场生命急救知识与技能》《创新创业》《谈谈上市公司经营那些事》《求职礼仪》《探寻中国茶：一片树叶的传奇之旅》《食全·食美》《营养与食疗学》《广告文案写作》《杜拉拉求职记》。

（8）科技人文类课程

主要开设《移动融媒体作品设计与制作》《多媒体课件设计与制作》《带你玩

转 VR 虚拟现实》《观赏植物分类学》《冲上云霄——飞机鉴赏》《走进鱼类世界》《网络走进生活》《生活中的工程力学》《液压与生活》《"案"说房地产》《千年土木 小筑拾遗》《身边的房屋建筑学》《定格身边的美——数码摄影攻略》《秀出你的风采——ppt 创意动画》《》航空与航天》

（9）革命文化类课程

主要开设《潍坊红色文化》等课程。

2. 开设非物质文化遗产选修课程

开设《古琴艺术》《古诗吟赏》《中华传统礼仪》等非物质文化遗产选修课程和琴棋书画诗礼茶选修课，出版教材、制作网络课程、微课等。将技艺传承与技能竞赛相结合，让学生乐学善用，修身实践。将古琴等非遗课程列入相关专业教学计划和学生选修计划，融入到学校人才培养全过程。

举办古琴弹奏课程班、花键课程班、抖空竹课程班、挫琴课程班、陶艺课程班、烙画课程班、剪纸课程班、太极拳课程班、安塞腰鼓课程班和霸王花棍课程班。聘请武汉市非物质文化遗产古琴艺术（泛川派）代表性传承人朱季为学院特聘专家，面向学院 75 名师生开设古琴弹奏课程。本院古琴教师面向学院 40 名师生开设古琴弹奏课程。

3. 办好"培真国学讲坛"

在公共必修课教学模块中设计或单独开展"培真国学讲坛"，邀请学者、大师做中华优秀传统文化讲座。引领学生自觉接受中华优秀传统文化熏陶，感受国学大家魅力，加深对传统文化的认知和理解，进一步增强文化自觉和文化自信。

三、体制机制建设情况

（一）健全组织领导机制

学院将"文化先行"作为重要办学理念，制定出台《潍坊工程职业学院文化育人实施方案》。成立由党委书记、院长任组长，其他院领导为副组长，相关职能部门负责人为成员的文化育人领导小组，定期研究文化育人体系建设工作中的问题，不断完善文化育人体系建设的政策和措施，统筹推进文化育人工作开展；分解工作责任，发挥党、政、工、团、学等各级组织的作用，把文化育人与教学、科研、学生管理结合起来，充分调动和发挥系部的积极性和创造性，为文化育人实践提供必要技术支持和物质保障。

（二）健全组织保障机制

1. 成立优秀传统文化教育中心

中心具体负责统筹文化育人方案设计、教研教改、课程开设、师资培训、活动组织、服务开展等，统筹开展文化素质教育工作。

2.建设非遗传承基地及鲁班工坊，将其建成非遗藏品保存、宣教、师生非遗作品展示和非遗社团活动的主阵地，建成开展非遗文化教育的主要场所。

3.成立培真书院文化研究院

书院下设古琴研究所、国学研究所、书画研究所、陶艺研究所。每个研究所设所长1名，研究所广纳人才，在优化组合校内教学研究人员的基础上，邀请校外知名专家学者担任研究所兼职研究人员。书院的主要职责是开展中华优秀传统文化教育教学研究，邀请专家学者到培真书院举办文化学术交流活动。开展非遗教学研究，邀请非物质文化遗产代表性传承人定期授课，举办非遗传承交流活动。展示学院办学成果和非遗传承成果。开设"培真书院讲坛""培真书院文化论坛"。

4.建立文化育人教育教学团队

团队制定了"完成一批教学科研成果，带动一批优秀教师队伍，培养一批优秀人才"的奋斗目标，致力于在教学科研、示范带动、人才培养、文化传承、社会服务等方面取得更大突出性成绩。重点加强文化育人专项科研课题，包括文化育人体系、评价、路径研究，加强文化育人实效性研究，加强推进行业企业文化进校园的研究，加强文化育人与德育联动机制研究，加强文化育人品牌建设经验总结研究。致力于将精实文化打造为省内外有影响力的文化育人品牌。

5.加强师资队伍建设

引培并举，打造师资。引进大师、非遗传承人等入校园，分类建立人才信息库，聘请非遗大师授课，构建"专任教师＋国艺讲师＋讲座教授＋非遗大师"多元化师资团队，开展传承人传习工作，建立梯次培养机制。开展传统文化师资培训，分批次组织专任教师外出参加传统文化师资培训，不断提高优秀传统文化教师的文化认识能力、理论学习能力、知识识别能力、教学设计能力、教学评价能力组织。

（三）健全服务保障机制

1.健全机构，明确定位

优秀传统文化教育中心具体负责统筹文化育人方案设计、教研教改、课程开设、师资培训、活动组织、服务开展等，统筹文化素质教育工作。

2.引培并举，打造师资

引进大师、非遗传承人等入校园，分类建立人才信息库，聘请非遗大师授课，构建"专任教师＋国艺讲师＋讲座教授＋非遗大师"多元化师资团队，开展传承人传习工作，建立梯次培养机制。开展传统文化师资培训，分批次组织专任教师外出参加传统文化师资培训，不断提高优秀传统文化教师的文化认识能力、理论学习能力、知识识别能力、教学设计能力、教学评价能力。

3.经费到位，保障有力

将文化育人经费纳入预算，在人、财、物方面加大投入，确保文化育人建设各项工作顺利开展。将相关专业人员的培训、教育、交流访学等纳入整体的人才培养和队伍建设。在硬件、软件和人才队伍建设上加大支持力度，确保文化育人体系建设各项工作顺利开展。

4.信息化建设成绩突出，网络运行环境良好

建成模块化数据中心机房；互联网出口带宽升级扩容由 1.5G 达到 3.1G；升级改造完成云计算平台，实现系统模块的云管理，存储空间由 40T 扩展至 220T；升级完成学院核心骨干网络，网络主干升级至 20G，全面支持 IPV6；升级改造校园无线网络，完成校园无线网络全覆盖；完成智慧校园基础软件平台、移动门户建设和网上综合服务大厅建设，优化了学院基础网络环境。新增博达网站群、堡垒机、数据自动备份系统等软硬件设备，实现立体化全方位安全防护。完成"一平三端"应用教学平台和工学云顶岗实习教学系统建设。

四、考核评价机制情况

制定督导评价指标体系。出台发展性督导评价手段和方法，推进文化育人体系的有效实施。对文化育人评价指标、测评标准、责任主体、实施时间表、实施路线图作明确规定和要求。以此体系为督导测评依据，定期检查各部门文化育人工作成效，把工作情况与部门年度考核挂钩，作为了解、掌握人才培养质量的重要参考依据。强化学生考核激励机制，做到"三个挂钩"，即与学生的综合测评、奖学金评定、各类先进评比挂钩，调动学生参与文化育人活动的积极性、主动性。对促进学生全面发展做出突出贡献的有关部门和个人给予奖励。

完善文化素质教育学分认证体系。完善第二课堂学分认证办法，将中华传统优秀文化类社团和非物质遗产传承社团活动，纳入学生文化素质教育学分和第二课堂管理体系。如非遗文化育人考核方面，主要是鼓励学生积极参加古琴、陶艺制作等非遗项目活动，打通非遗类项目参赛获奖成果与第一、第二课堂学分转换的通道。探索实施以技艺技能为显性指标、工匠精神为核心指标、家国情怀为终极指标，实践考核为主、理论考察为辅的人才评价体系。

五、文化创新传承情况

（一）建设技艺传承平台

加快以培真书院文化研究院为代表的传统文化传承设施建设，打造非遗特

色工坊,搭建育人平台。探索"非遗大师特色工作坊"制度,形成师生互动、共同参与的育人平台。重点加强校内非遗传习体验工坊建设,包括衡王府清英斫琴坊、古琴传习中心、雅拙陶艺坊、匠心巧手剪纸坊等等。继续加强山东省非物质文化遗产挫琴传承人工作室、青州市古琴制作技艺代表性传承人和古琴艺术代表性传承人工作室、青州花键代表性传承人工作室、青州剪纸代表性传承人工作室、烙画制作技艺代表性传承人工作室、衡王府陶艺传承人工作室等校内基地建设。

（二）加强文化传承体系建设

1. 开展校内非遗学徒制试点

将中华优秀传统文化和现代学徒制相结合,结合现代学徒制模式,积极探索校内非遗学徒班试点,从专业学生中遴选并培养古琴、陶艺等非遗项目传承人才培养,培养具有"精实"文化内涵的非遗工匠。使中华传统文化融入学生生活,以文化人,以文育人。

2. 加强非遗产品传承创新

加强非遗文化传承,开展斫琴、陶艺等系列作品研发,参与非遗创新,养成卓越匠心。将非遗传承创新纳入学生实践创新训练计划项目。将中华传统文化产品的创新设计与学生创业相结合,与互联网经济、电子商务相结合,开展相关文创产品的设计和销售。

3. 引进优秀传统文化育人代表项目

制定"鲁班工坊"项目引进、建设、运营管理办法,鼓励各系院围绕专业建设,申报具有工匠文化特质,弘扬工匠精神、培育工匠人才、传承工匠文化的优秀传统文化育人项目,开展育人项目的展示、展览、开发和经营。

（三）实现文化创新性发展和创造性转化

根据习近平总书记提出的文化"创新性发展,创造性转化"思想,从非遗文化进校园、书院文化品牌打造、孝德文化延伸、士官文化打造、企业文化融入、工匠精神传承、社会主义核心价值观融入通识课程等方面进行育人文化的创新性转化和创造性发展,提高高职院校校园建设价值与品位,凸显实用性和有效性。

1. 士官文化与军营文化相结合

由士官文化打造延伸开来,形成军营文化。军营文化既适用于定向培养士官的相关专业、高职院校,同时又适用于新生入学军训教育和国防教育。

2. 非遗文化与地域文化相结合

在传承非遗文化过程中,结合所处的地域来引进当地的重要非遗传承项目,开展系列非遗文化进校园活动,增强非遗文化的育人实效。

3.孝德文化与感恩文化相融合

继续在新生中开展"回首那份爱"感恩教育主题活动，让学生饮水思源，建立起对家庭、对社会的责任感，由此延伸为孝德文化。再通过建立校内外素质教育基地、开展孝文化传统教育、发挥全国孝文化村的作用、带领学生参加社会实践等有效途径实现孝德文化育人目标。感恩文化倡导的新生"回首那份爱"感恩教育主题活动曾经在 2011 年获得全国高校校园文化建设二等奖，自 2008 年开始，我院一直在新生中开展此项活动，并收到了良好成效。活动以新生报到当天新生父母为学生提包裹、扛行李、铺被褥、缝被子等感人情景为素材，组织全院新生利用晚自习时间集体收看和交流。旨在通过真实的图片、视频，营造出一个让新生自己去体会和感悟的亲情环境，让学生思考父母、长辈往昔的悉心关爱，从感恩氛围营造、感恩素质培养、优秀品质锻造等方面加以引导和教育，让学生饮水思源，建立起对家庭、对社会的责任感，由此延伸为孝德文化。孝德文化不是仅仅局限于对父母的孝顺，其范围已扩大到学校、社会、祖国等层面。通过建立校内外素质教育基地、开展孝文化传统教育、发挥全国孝文化村的作用、带领学生参加社会实践等有效途径实现这些目标。

六、八元文化建设情况

（一）企业文化育人

1.构建"四合"校企合作办学体制

学院持续深化办学体制机制改革，大力实施创新驱动发展战略，坚持走产教融合、校企合作之路，形成具有自身特色的校政行企军"合作办学、合作育人、合作就业、合作发展"的多元合作体制，不断完善内部管理机制、考核激励机制，完善教学质量标准，积极开展教学诊断与改进工作，构建了校企"人才共育、过程共管、成果共享、责任共担"的紧密型合作办学机制，保障了教育教学质量。

2.推进企业文化"三进"

借助校政行企军合作平台，推进优秀产业文化进教育、企业文化进校园、职业文化进课堂，将生态环保、绿色节能、循环经济等理念融入人才培养全过程，从而提升学生职业素养和敬业精神。围绕传播职业精神，开展"企业家进校园""职场体验""技能竞赛展示"等系列活动，培育学生诚实守信、崇尚科学、追求真理的思想观念和爱岗敬业、务实创新、追求卓越的职业精神，锻造"有责任、能吃苦、善圆融"的职业品格。

3.培养学生职业素质

以各专业校企合作企业和校外实践基地为依托，组织学生搞好岗位认知，综合实训，企业顶岗，将素质教育课堂延伸到企业、车间，让学生通过职场体验和职场训练，养成严格按规程办事，一丝不苟的职业规范，培养爱岗敬业、诚信奉献的职业道德，学生的职业素养和敬业精神大幅提升。

如机电一体化技术专业，在实践教学过程中，贯穿职业素质培养，通过开展SWE培训、YBS培训、GBS培训、数控自动编程加工等实训项目，全面实践卡特彼勒生产体系，提升学生职业素质和职业精神；学前教育专业倡导"育爱心点亮智慧"，将陶冶品德贯穿于实践教学和实习实训活动中，注重学生的良好师德的培育。课题《基于校企文化融合的校园文化建设与学生职业素质培养的探索与研究》获2015年度山东省教改立项。

4. 发挥职业素养导师示范作用

选聘企业优秀员工作为指导教师，发挥其榜样引导作用，通过言传身教、以崇高的职业精神感染学生；选派校方专任教师跟进学生实习实训，悉心指导学生养成良好职业素养；聘请道德模范和劳动模范担任兼职辅导员和素质教育教师，通过其敬业精神和人格魅力对学生进行范例教育。通过职业素养导师的榜样示范，学生的敬业意识和职业精神明显提升。

5. 开展"企业家进校园""职场体验"活动

组织学生搞好岗位认知，综合实训，企业顶岗，将素质教育课堂延伸到企业、车间。选聘劳动模范和企业优秀员工作为指导教师，发挥其榜样引导作用，通过言传身教，学生的敬业意识和职业精神明显提升。

通过校企合作平台，引进世界五百强企业美国卡特彼勒公司的先进5S、6σ管理文化，培养学生严格规范、一丝不苟的职业行为，爱岗敬业、诚信奉献的职业道德。学生职业技能培养和职业精神培育的深度融合。遵循"做精做实"校训精神，与世界500强企业美国卡特彼勒公司合作共建校中厂"卡特培训中心"，编写《卡特彼勒企业文化与"6Sigma"管理简编》校本教材，开设选修课程，将先进的企业管理理念和职业标准渗透进全院学生的职业素养教育和日常管理中，提升学生精益求精的质量意识和追求完美的零缺陷意识。

6. 推进校企文化深度融合

健全教育教学管理制度、完善校企合作制度、实习实训管理制度、修订学生管理制度，将企业制度和管理规范全方位融入教育教学和服务管理的各个方面，让学生时刻接受职业文化的熏陶和感染。实施大学生素质拓展计划，开展企业家进校园活动，实现校企合作办学、合作育人、合作就业、合作发展。以文化活动为载体，实施职业素质养成教育，促进校企文化有机结合。

（二）军营文化育人

定向培养直招士官，利用地方优质教育资源和技术优势，培养军队技术人才，是新形势下国防现代化建设的需要，是军队战略发展的需要，对于促进国防现代化建设具有非常积极的意义。这既是进一步拓宽部队专业技术士官来源、提升士官培养质量的有效途径，也是院校进一步拓宽办学渠道、扩大办学影响、提升办学层次、提高毕业生就业质量的有效举措。

学院积极响应国家号召，广泛开展校军合作，为火箭军、陆军定向培养机电一体化技术、计算机信息管理、通信技术、汽车检测与维修技术四个专业士官。学院当选为定向培养直招士官专业组副组长单位。学院定向培养直招士官突出了"定向"要求，严格按照部队要求确定培养目标，制定人才培养方案，聚合部队和院校的力量，突出"军"字特色，做到了人才培养的针对性强，学生毕业入伍后可直接上岗，能够迅速提高部队战斗力。学院紧紧围绕学生专业技能，开展人才培养，保证学生学有所专、学以致用。在士官生培养过程中，除注重专业技能的教学与实践外，还特别注重使培养的部队人才接"军气"，在育人方面，从管理、从细节入手，体现定向培养直招士官的军队特色，对士官班实施军事化管理，加强对士官生军事素质的培养，以凸显"军"字特色。学院作为定向培养士官地方院校，坚持把推进习近平新时代中国特色社会主义思想"系统进教材、生动进课堂、扎实进头脑"，在"进"上下工夫、在"入"上求实效，构建起了体系化设计、工程化推进、常态化延伸的大教育格局。

学院定向培养直招士官突出了"定向"要求，严格按照部队要求确定培养目标，制定人才培养方案，聚合部队和院校的力量，加强对士官生军事素质的培养，突出"军"字特色，做到了人才培养的针对性强，学生毕业入伍后可直接上岗，能够迅速提高部队战斗力。学院紧紧围绕学生专业技能，开展人才培养，保证学生学有所专、学以致用。

1. 按照部队编成模式，强化军事能力训练

为使士官生将来毕业后能够尽快适应部队生活，实现校门与营门的零距离对接，学院在加强文化素养和专业技能培养的同时，参照军队院校的编成模式，采取准军事化、半封闭式管理，聘任一名正团职军转干部和三名退役人员担任教官和专职辅导员，为严格士官生日常管理，学院制定《潍坊工程职业学院定向培养直招士官管理规定》、《潍坊工程职业学院定向培养直招士官生日常行为"十不准"》等各项规章制度，规范士官生日常行为和作风养成。采取让士官生轮流担任班长方式，提高学生组织指挥和管理能力。通过制定《潍坊工程职业学院定向培养直招士官训练计划》每天利用1.5小时时间，进行军事共同科目和体能训练，力争实现"四种能力"的培养目标。

2. 加强思想教育，提高学生政治素质

培养部队需要的合格人才，首先要思想政治素质过硬。通过"两课"教学、

国防教育报告会、到军营参观、组织学习全国道德模范特别是沈星烈士先进事迹、清明节祭扫烈士陵园等活动，开展时事政治教育、革命传统教育和军队使命教育及丰富多彩的校园和军营文化活动。注重发挥和火箭军士官学院同城的优势，资源共享，互相支持，学生经常到部队参观见习，接受教育。加强学生的思想政治教育，用中国特色社会主义理论体系武装其头脑，帮助学生树立正确的当代军人核心价值观。教育学生努力做习主席提出的"有灵魂、有本事、有血性、有品德"的革命军人，为实现中国梦、强军梦作贡献。

3. 营造军营文化氛围，创建军队育人环境

学院为士官生统一制作了服装，上下课、就寝就餐、业余训练时，统一着装，统一行动。一方面使他们感到自豪，另一方面也以军人标准严格要求。着力以军味浓厚的文化氛围教育引导士官生坚定信念、固本强基。

4. 建设区域国防教育中心，弘扬爱国主义精神

学校国防教育基地紧扣国防教育主题，弘扬爱国主义主旋律，立足学校资源，整合附近社会资源，对接时代要求，充分挖掘其国防教育功能。把沈星纪念馆、沈星路、沈星桥设立为"革命英雄主义教育参观示范点"，把青州荣军医院建立"红色基因传承教育基地"，在庙子镇长秋村"一门忠烈纪念堂"建立"爱国主义教育基地"。利用与学院同城的火箭军士官学校、尧王山部队、王坟弹药库等军营开放日，融合打造了解部队、学习部队，科普陆军、火箭军知识的窗口。开放学院航空、无人机、工业机器人等专业优质教学资源，开展军事高科技知识及科普教育。充分发挥士官学院军事化管理和人才优势，定期设立军营开放日，展示文明之师、威武之师光辉形象及训练管理、作风建设成果。建设区域国防教育中心最终目的把国防教育基地建成军民共识深刻、军事特色鲜明、红色效应明显、活动载体丰富、服务功能齐全、有较高知名度和美誉度、军地认同、群众满意、社会公认的国防教育品牌，争创国家级国防教育特色学校。

5. 开展校军合作创新研究，实现军地人才共享共育

依托军民融合定向培养士官联教联训联盟，充分吸收士官教学指导机构（陆军工程大学军械士官学校、陆军军事交通学院汽车士官学校、火箭军士官学校）3至5名专家教授参与，发挥学校高等职业教育理论研究优势，开展军民融合士官人才培养理论研究。一是开展前瞻性研究，紧密结合形势任务变化及部队发展要求，加强对定向培养士官教育的政策、法规、发展趋势等关联性、影响性、持续发展性问题研究，每年形成高等职业教育与士官教育方面的战略研究报告及专题咨询报告，为上级领导机关决策提供科学依据和咨询，引领士官教育改革与实践。二是开展过程方法研究，紧密结合部队对士官人才需求，对接任职岗位，加强对定向培养士官教育教学过程方法研究，深入探究士官人才培养目标、能力素

质标准体系，加强人才培养模式、教学训练手段方法、内容改革、课程开发、士官职业技能培养研究，推动教学改革成果落地，推进人才培养质量提高。三是开展目标成果研究，士官人才培养理论研究深度融合教学过程，广泛吸取军事训练教育成果，有效进行催生转化，突出士官培养军事特色；注重校内教学成果的培育研究，与部队深度融合，催化校内教学成果的开花结果。通过开展校军合作创新研究，目的是实现军地人才共享共育，建立一支理论水平高、结构合理的战略研究团队，把研究中心建成军民融合士官教育规划与战略研究领域的重要咨询机构、高等职业教育与军事职业人才教育领域的一流智库、具有中国特色的高水平学术研究中心和军民科研合作基地。

6. 坚持三个结合，凸显军营文化育人特色

课内与课外相结合。与火箭军士官学校对接，成立思政课和"军事理论课、军事共同课、军事技能课"课程协同小组，形成满足士官成长需求的思想理论教育课程体系和教学内容体系。注重发挥"第二课堂"作用，开设"士官讲坛"。组织"传承五四精神、争做新时代军人"等实践活动，催生士官生爱党爱国、向往军营、励志建功的革命情怀。

校内与校外相结合。邀请全国人大代表、士官学校王晓霞教授来院作宣讲辅导，共同组织军地院校学习交流会，学习"兵王"先进事迹。每学期组织野外军事训练活动，把政治教育、传统教育融入军事综合训练内容，利用假期，安排士官生赴部队体验军营生活，与部队零距离接触。

线上与线下相结合。建成"'理'上'网'来"和《形势与政策》课等大型互动公众平台，及时帮助士官生深入了解当代革命军人核心价值观理论前沿。开设"砺剑潍工"微信公众号，每个士官班都建立微信群、QQ群，让正能量占领课外阵地。

学院作为地方院校典型代表出席由中国人民解放军院校士官职业技术教育协作联合会组织的习近平新时代中国特色社会主义思想"三进入"工作研讨交流会。学院推荐的精品微课视频和学术论文均荣获一等奖，全面展示了我院在直招士官生思想政治工作方面的经验和成绩。

7. 潍坊工程职业学院"铸剑从军行"项目入选山东高校"品牌系列"

近日，山东省教育厅公布了"致敬品牌·献礼二十大"大型展示传播活动入选项目（高校系列），学院申报的"铸剑从军行"项目成功入选。"铸剑从军行"是我院具有良好口碑和传播价值的教育教学品牌项目，体现了我院多年来在士官教育教学实践中的探索创新。下步，我院将继续深入挖掘士官培养素材和内涵，组织团队制作优秀传播产品，进行广泛展示传播，放大其品牌影响力。并以此为契机，进一步深化教育教学改革，推进项目建设，形成项目品牌效应，为学院高

质量发展和党的二十大献礼。

8.潍坊工程职业学院组织开展"砺剑—2021"野外军事综合演练活动

2021年5月13日，学院组织开展了2019级定向培养士官"砺剑—2021"野外军事综合演练活动。此次演练将人员编成3个战斗梯队，行程45公里，融合了负重行军、战术基础、战斗勤务、政治工作、安全防护、战场管理等训练内容，设置了防敌侦察、急行军、陆军分队接敌、防敌空袭、小股敌特抓捕、通过化学沾染区6个训练科目。演练前，副院长韩振华制定并修改演练方案，提出了"选好路线、搞好动员、充分准备、组织严密、注重实效、安全顺利"的总要求。士官学院成立了领导小组，统筹协调活动开展，派出专门人员对路线进行勘察，制定实施计划。各梯队成立临时团总支，以倡议书、决心书、挑战书、集体签字、召开誓师大会等多种形式进行教育动员。演练中，2019级定向培养士官600余人精神振奋、士气高昂，克服了地形陌生、训练科目多、训练强度大、天气炎热等诸多不利因素，用实际行动践行了"掉皮掉肉不掉队、流血流汗不流泪"的铮铮誓言。此次演练活动，是脚力与意志力的对抗，"演练一路、感动一路、成长一路"已经成为大家共识。大家纷纷表示，要充分发扬这次综合演练中所展现出来的勇往直前、敢打必胜的作风，在今后的学习和训练中，加钢淬火，尽快实现由地方青年向合格士官的转变。

（三）书院文化育人

成立培真书院文化研究院。传承百年老校"严谨博爱，务实创新"的育人传统，弘扬"脚踏实地的务实精神、崇德敬业的奉献精神、厚德载物的兼容精神、自强不息的奋斗精神"。书院以"立德树人、文化育人、价值引领、学术创新"为宗旨，以整合校内外学术资源，进行专题性、项目化传统文化与美育研究及教学实践，开展区域性、国际化文化教育交流活动，逐步形成培真书院的学术文化品牌。书院下设古琴研究所、国学研究所、书画研究所、陶艺研究所。

提升培真书院文化研究院平台功能。整合校内外学术资源，开展传统文化与美育研究及教学实践，开展区域性、国际化文化教育交流活动，逐步形成培真书院学术文化品牌。邀请国内外知名学者、社会各界杰出人士、知名校友开展学术交流，举办学术研讨会、学术讲座；积极参加国家、省市级课题研究；开展区域文化研究，中西文化交流与影响研究，美育教育研究；出版高水平学术研究成果，营造良好的学术氛围，推进学院学术研究和人才培养，提高学院的知名度、美誉度与文化竞争力。

完善培真文化研究院组织机构。培真书院下设古琴研究所、国学研究所、书画研究所、陶艺研究所等二级研究机构，每个研究所设所长1名，研究所广纳人才，在优化组合校内教学研究人员的基础上，邀请校外知名专家学者担任研究所兼职研究人员。

发挥"培真讲坛""培真书院文化论坛"的作用。创办并出版《培真学刊》。积极参与各级各类人文社会科学课题研究工作，注重与地方政府及有关机构开展横向课题的合作研究。面向社会开展学术交流、文化服务活动。搭建传统文化教育与研究的学术交流平台，创新体制机制，整合资源力量，统筹有关论坛、研究及其成果的编纂、出版和推广。

2022年第一期培真讲坛文化讲座：2022年4月30日晚，图书馆邀请基础教学部孟川老师，在学术报告厅为师生们带来了一场精彩的讲座。本次讲座主题为"文化差异视角下的语言解构——以英汉对比为例"，讲座利用腾讯会议同步进行线上直播，观看人数近五百人。孟川老师的讲座既诙谐生动又引人深思。在讲座过程中，孟川老师通过列举英汉互译中的典型示例，举例颜色差异在英汉语言中的体现，从而阐明了英汉文化差异对语言的影响，带领同学们探源英汉语篇的文化差异。孟老师指出，英语是强调时间性的线性语言，而汉语是强调空间性的螺旋式语言。英汉语言的差异和民族思维的差异是紧密相连的，要学好语言就一定要了解与之相关的思维和文化体系。整场讲座在我院师生对孟教授充满谢意的掌声中圆满结束。与会同学纷纷表示，孟老师观点新颖，见地独特，深入浅出，语言风趣幽默，对同学们提高英汉两种语言的运用能力大有裨益。

2022年第二期培真讲坛：为了进一步加强同学们对空中乘务专业的了解与认知，最大限度地利用校园资源提高学生的能力素养，5月6日晚，图书馆在学术报告厅举办第二期培真讲坛，主题为"你不了解的空中乘务员"，讲座由航空工程学院苏珊老师主讲。苏老师通过具体案例讲解了空中乘务员职业标准及其工作性质，为同学们进行了客舱安全演示，现场展示氧气面罩、救生衣、安全带等用具的使用方法，向同学们展示了一位资深航空人"实而精"的专业素养。苏老师的讲座生动活泼，深度和广度相结合，让同学们学到了更多的行业知识，加深了同学们对空中乘务人员的服务技能、服务技巧、安全底线、应变能力等方面的深层次认识和理解。更直观地感受空中乘务人员的职业魅力，引导学生以正确的人生观、价值观看待其职业地位、职业价值。

2022年第三期培真讲坛：为丰富同学们的课余生活，提升同学们的音乐鉴赏水平，5月13日晚，图书馆邀请教师教育学院初晓敏老师为同学们带来一场以"游祖国山水，享至美民歌"为主题的精彩讲座。初老师以传统民歌《茉莉花》为切入点，介绍了民歌的分类及其艺术特征，为大家播放鉴赏了江苏、河北、陕西、东北等多地的民歌，或诉说柔情，或高唱凯歌，或催人奋进，或赞美祖国。讲座期间，初老师亲自吟唱，帮助同学们更直观的感受祖国各地的民歌特色，促进同学们对民歌文化的了解。讲座结束后，同学们纷纷表示民歌是民族艺术的国粹，跟随老师一起感受不同地域的民乐特色，从歌曲中汲取了精神力量，激发了他们的爱国情怀。

2022年第四期培真讲坛简介：5月20日，第四期培真讲坛活动在学术报告厅顺利举办，基础教学部姬莹老师以"'百年未有之大变局'解读"为题进行了精彩讲座。讲座从世界经济重心的转移、工业革命重心的转移、世界政治格局之变、全球治理之变四个方面对习近平总书记提出的"当前中国处于近代以来最好的发展时期，世界处于百年未有之大变局。"这一重要论述作了深刻阐释。随后，又从工业体系完备、政治稳定、经济基础稳定、科技产业能力快速增长、军事实力发展迅速五个方面深入分析了大变局中的中国角色。通过讲座向同学们展示了中国在"百年未有之大变局"中的优势和实力。讲座结束后，同学们纷纷表示讲座内容干货满满，进一步理解了什么是百年未有之大变局，认识到中国发展壮大是大变局的重大变化之一，在今后的生活和学习中将敢于担当、迎难而上，努力为中华民族的伟大复兴做出自己的贡献。

（四）非遗文化育人

1. 建设非物质文化遗产创作和技艺传承平台

一是引进一批非遗项目。与地方政府和文化主管部门加强合作，引进非物质文化遗产项目，将非物质文化遗产的传承与创新工作融入校园文化建设。引进世界非物质文化遗产"古琴艺术"项目，国家级非遗项目"青州花键""威风锣鼓"，省级非遗项目"青州挫琴"，潍坊市级非遗项目"青州剪纸"，青州市级非遗项目"青州府陶艺""烙画制作技艺"等8个非遗项目。二是建立非遗传承人技能大师工作室。聘请国家级非物质文化遗产古琴艺术代表性传承人丁承运、青州花键代表性传承人李贤臣、青州挫琴代表性传承人赵兴堂、青州剪纸代表性传承人孙丽萍、青州府陶艺代表性传承人崔鸿志等为学院客座教授，充分利用学院办学资源，在校园内设立古琴艺术丁承运大师工作室、青州花键李贤臣大师工作室、青州挫琴赵兴堂大师工作室、青州剪纸孙丽萍大师工作室、青州府陶艺崔鸿志大师工作室等8个工作室，依托非遗传承大师，配备相关专业教师和学生，以专兼结合的教学团队共同培育非遗传承人。三是建立校外非遗教育实践基地。与青州市和潍坊市非遗保护中心合作，在山东青州非物质文化遗产博物馆、青州市非物质文化遗产博览园、青州非遗传习坊、青州非物质文化遗产艺术团、潍坊市古琴艺术传习中心等地，建立5个"潍坊工程职业学院非遗教育实践基地"，定期组织学生到基地开展学习和实践活动，了解知识、掌握技能，陶冶情操。四是建立校内非遗传习体验坊。具备相关非遗项目制作技能的师生建立非遗传习体验场所，建立衡王府清英斫琴坊、雅拙陶艺坊、学强烙画坊、匠心巧手剪纸坊等6个体验坊，组织有兴趣的学生利用课外活动时间，接受非遗项目制作技艺培训，体验非遗文化。

2.建设非物质文化遗产研究平台

一是成立非物质文化遗产研究中心。设立固定办公场所，配备专兼职结合的研究人员；中心下设非遗专题研究所，比如古琴文化研究所、陶瓷文化研究所、烙画艺术研究所等；中心的职能是通过有效整合院内外学术资源，开展非物质文化遗产理论研究和教学，举办各类学术会议、展览及公益活动，组织实施研究成果的出版、发表和相关人才培训，为政府非遗工作决策提供智力支持等。二是建设非物质文化遗产资料库。依托学院图书馆，加强与地方政府非遗保护部门合作，共建共享非遗资料库，购置相关非遗图书音像资料，为非遗教育和研究提供文献资料支撑。三是开展非物质文化遗产课题研究。发挥高校科研优势，由非遗研究中心牵头，组织相关人员积极申报各级非遗研究课题，比如大师工作室引领下的非物质文化遗产传人培养实践研究、高职院校非物质文化遗产教育传承路径研究、非物质文化遗产项目开展校园传承的可行性研究、非物质文化遗产与高职院校校园文化建设研究、非物质文化遗产在高职院校的保护传承模式研究等，以课题研究推进非遗保护和传承。四是出版非物质文化遗产相关书籍。出版《青州非物质文化遗产》，详实介绍青州的非遗项目；出版《青州市非物质文化遗产名录体系》，完成区域内国家级和省、市、县级非物质文化遗产的档案建设，为教学和科研工作打基础。五是开展非物质文化遗产传承人群研修研习培训。根据文化部、教育部《关于实施中国非物质文化遗产传承人群研修研习培训计划的通知》精神，与潍坊市文化广电新闻出版局合作，组织潍坊市域内非遗项目中青年传承人，以"非遗保护与现代生活"为主题开展研修，研修内容分为五个模块：课堂教学、考察观摩、交流研讨、实践训练、作品展示。

3.构建非物质文化遗产教育教学体系

开设非物质文化遗产选修课程。面向全院各专业学生开设两类非遗选修课，实施学分制，纳入学生学业考核。一是非遗文化通识课，比如非物质文化遗产概论等；二是非遗技艺传习课，由非遗项目代表性传承人亲自执教传授技艺，以此促进非遗保护与现代职业教育深度融合，激发学生立足家国情怀的文化自觉，培养其艺术兴趣和审美情操；三是编写非物质文化遗产教材，组织专家、教师及非遗传承人，选择地域内部分代表性的非遗项目，如民间美术类、民间音乐戏曲类，编写《非物质文化遗产校园传承》教材，作为学生选修读本。

4.开展非物质文化遗产传播活动

一是建设非物质文化遗产陈列馆。在凤凰艺术学院，建成面积不少于200平方米的非遗陈列馆，以收集实物为主，采用形象化、立体化的展示形式，收藏和展示潍坊市域内丰富的非遗项目。二是组建非遗学生社团。将非物质文化遗产项目与体育、德育、美育等课程有机融合，成立非遗项目兴趣社团或表演团队，定期组织社团成员观摩非遗项目传承人的现场展演、实物展示、图片展览等，丰富学生参观、体验的场所、机会和内容，开阔学生视野。三是合作举办"文化和自然遗产日"展示活动。与青州市非遗中心合作，在每年的"文化和自然遗产日"，在校园内举办一系列非遗展演、展示、交流和非遗宣传普及活动，让师生们参观青州花毽、挫琴、满族八角鼓、抖空竹、扑蝴蝶、鼓书等丰富的非物质文化遗产项目。四是开展非遗宣传活动。借助传统民俗节庆等节点，举办保护文化遗产活动周、非物质文化遗产校园巡展等系列活动，组织非遗名人名家报告会、非遗项目展演、图片展览、非遗相关纪录片播放、戏剧表演艺术家专场讲座、民间传统手工制作技艺代表性传承人现场表演、保护文化遗产签名、非遗知识竞答等多种活动，让学生近距离的接触了解非物质文化遗产，学习非物质文化遗产保护的法律法规和有关知识，激发学生认知、探讨、传承非物质文化遗产的兴趣和积极性。

5.潍坊工程职业学院非遗产业学院揭牌成立

2021年10月10日上午，潍坊工程职业学院非遗产业学院揭牌仪式在玲珑校区举行。非遗产业学院是省内高校成立的首所学院，也是学院校政企合作共建的又一所特色学院。学院由潍坊工程职业学院、青州市文化和旅游局、山东大易文化发展有限公司、山东华艺雕塑艺术股份有限公司合作共建，以学校特色专业群为合作共建基础，发挥地方政府在区域非遗传承方面的资源统筹优势、企业方在书画、雕塑设计生产等方面的产业优势，校政企合作实现人才培养与专业群共建、师资队伍共建、实践实训基地共建、平台建设与应用共享、社会服务与传承培训联合，创新管理运行机制。学院实施董事会决策、院长执行、监事会监督管理的运行机制，积极推进非遗保护传承工作融入国民教育体系，弘扬中华优秀传统文化，构建非遗文化传承与现代技术相融合的人才培养模式，深入推进适应行业产业发展需求的人才培养、人力资源开发、技术服务和科研成果转化等一体化发展，深化产教融合，提升复合型、创新型人才培养能力，共同打造国内一流非遗传承专业群，实现非遗创造性转化和创新性发展。校政企合作共建非遗产业学院，体现了潍坊工程职业学院的文化自觉，对于青州、潍坊乃至山东的非遗保护工作意义重大。学院成立后将进一步增强使命感和责任感，坚持创新驱动，整合好校内校外资源，利用好产学研用相结合的协同创新体系，为营造保护非物质文化遗产的良好氛围、服务区域经济社会发展作出新的贡献。

非遗产业学院建成后，将进一步贯彻落实好潍坊市关于文化事业发展的重大决策和部署，担当起挖掘和传承非遗的重任，在传承中华民族优秀传统文化的道路上迈出坚实步伐，将文化软实力转化为硬支撑，推动非遗文创特色产业发展，为潍坊经济社会发展提供强大的智力支撑。非遗产业学院成立后,将立足地方文化特色,积极探索非遗多元发展机制,全面促进非遗传承与现代大学教育体系深度融合,让更多的人从接触、认识和了解非遗到欣赏、热爱、保护非遗。同时依托非遗产业学院,积极构建融合理论教育、实践教学、社会培训、公益服务为一体的非遗教育模式,培养具有工匠精神和创新创业能力的非遗传承人才,推动中华优秀传统文化创造性转化和创新性发展,努力为地方文化产业高质量发展注入新动能,为区域经济社会发展做出新的更大贡献。

6. 我院"古琴研究所"入选山东省非物质文化遗产研究基地推荐名单

12月22日,山东省文化和旅游厅公示了"山东省非物质文化遗产研究基地推荐名单","潍坊工程职业学院非遗产业学院古琴研究所"位列其中。学院于2015年成立培真书院文化研究院,下设古琴研究所、国学研究所等,开启古琴文化研究,并将以古琴为代表的地方特色非遗项目融入高职教育。先后投资800多万元打造了2000余平方米的"古琴文化博物馆",创立的"衡王府清英斫琴坊"被青州市非遗中心确定为"青州古琴传习中心",形成古琴文化研究、古琴形制设计、古琴斫制、古琴演奏等产学研创一体化创新链条。并建设有古琴坊、陶艺坊、风筝坊等"十二工坊",引进挫琴、古琴制作、花键、剪纸、烙画、青州府陶艺等6个非物质文化遗产项目并建立传承人工作室,汇集吸收了校外非物质文化遗产传承人等参与教学科研,聘请10余位国内优秀传统文化方面的大师和非遗传承人为客座教授,与本院34位优秀传统文化方面的教师合力打造了一支50余人的高水平师资队伍,引进非遗代表性项目烙画、陶艺等代表性传承人为兼职教师。并开展非遗项目相关课程、组织相关社团,面向全体学生。非遗产业学院古琴研究所自建设以来取得显著成果,助推中华优秀传统文化尤其是非物质文化遗产的创造性转化和创新性发展。搭建山东省古琴制作与演奏技艺技能传承创新平台,成功申报山东省中华优秀传统文化传承基地;并制作古琴近百张,独创"清和""清泉""清韵""清晖"4种古琴新制式并获国家外观设计专利。

(五)工匠文化育人

1. 弘扬鲁班文化,践行工匠精神

学院建筑工程系成立现代鲁班工坊,定期举办"鲁班文化节",开展建筑模型、建筑识图、测量、建筑CAD等系列技能比赛。举办"鲁班杯"大学生创新创业作品竞赛、大学生就业创业体验专项暑期社会实践等活动。开展"鲁班大讲坛"系列活动,将鲁班文化融入人才培养教育教学全过程,进一步提升以鲁班文化为核心的专业特色文化内涵,培养土木建筑类专业群学生诚实守信、尊重技艺和精益求精的现代行业职业素质,提高文化育人质量。

2.完善实训实践平台，培育卓越匠心

加快以高水平专业群重点建设专业为依托的现代工坊建设，弘扬工匠精神，重点加强智能制造（工程机械）、食品安全与控制、智慧建造、虚拟现实应用、飞机机电设备维修等现代专业实训设施建设。加强实训室文化建设，做好教室、实验室的室内文化装饰，将"精实"文化融入育人全过程，培育卓越匠心。

3.夯实学生实践平台，提升学生身心素养

成立古琴社、陶艺社、茶艺社、国学社、书画社等学生传统文化兴趣社团，组建学生威风锣鼓队、安塞腰鼓队，以琴棋书画诗礼茶等生活雅艺为内容，让学生在雅艺研习、技艺竞赛等活动中涵养身心，提升素养。

4.邀请劳动模范、技能大师进校讲座

邀请劳动模范、技能大师、能工巧匠、技术能手和优秀专业技术人才等来院作主题报告、举办讲座、与学生面对面交流，分享求学求艺经历，诠释工匠精神，弘扬劳模精神和工匠精神。开展"我光荣，我是一名劳动者"主题活动、"我劳动我奉献我光荣，创造出彩人生"征文大赛、"劳动模范、道德模范、知名企业家进校园"活动，倡导学生自觉学习劳动模范立足本职、勤恳工作、服务群众、奉献社会的敬业精神。开展"企业家论坛""职场体验""优秀校友交流会"等活动，培育学生爱岗敬业、务实创新、追求卓越的职业精神，营造劳动光荣的社会风尚和精益求精的敬业风气。学院邀请非遗传承人和技能匠人进校，展示精湛技能技艺。通过这种方式，让学生亲身感受工匠精神，进一步弘扬劳动精神，如邀请国家高级花卉园艺师黎佩龙先生来学院举办讲座，取得了良好成效。

5.融合优秀传统文化培育工匠精神

在传承内容方面，主要从优秀传统文化尤其是结合地域优势从齐文化中挖掘工匠精神精髓。从传统典籍中挖掘工匠精神的精髓为：爱岗敬业的"匠心"传统、精益求精的"专注"传统、持之以恒的"执念"传统等。从齐文化中挖掘工匠精神的精髓为：积极进取、善于变通、勇于革新，自强不息、兼容并包、经世致用、尊贤尚功。在传承路径方面，一是观念上重匠魂，利用优秀传统文化涵养工匠精神；二是思想上立匠德，以优秀传统文化厚植高职院校学生忠诚报国、忘我奉献的道德品质；三是心理上育匠心，以优秀传统文化孕育高职院校学生心技合一、精益专注的创造能力；四是行动上铸匠行，以优秀传统文化铸就高职院校学生知行合一、百折不饶的实践意志；五是身体上养匠身，以优秀传统文化涵养高职院校学生明志进取、德技双馨的乐观态度。

此方面，学校的主要做法：一是确立了"做精做实，创业创造"的校训，而做精、做实、做细、做专理念也是工匠精神的集中体现；二是三课协同，构建工匠精神课程体系；三是建设匠心工作坊，构建工匠精神多元创新及职业能力培养平台；四是推进赛训结合，构建工匠精神职业能力养成平台。

6. 青州劳模工匠学院在潍坊工程职业学院揭牌成立

为大力弘扬劳模精神、劳动精神、工匠精神，助力现代化品质城市建设，5月20日，青州劳模工匠学院在潍坊工程职业学院揭牌成立。青州劳模工匠学院和职工创新创效研究院由潍坊工程职业学院与青州市总工会合作建设，学院成立后，将以弘扬劳模精神、劳动精神、工匠精神为核心，深化产教融合、校企合作，通过共享劳模工匠库、共建交流平台等，深化推动精神和技能双传承双培育，提升产业工人队伍的质量与规模，进一步发挥劳模工匠的示范、引领、辐射、带动作用，为推动经济社会高质量发展提供强有力的产业工人队伍支撑。

成立劳模工匠学院既是贯彻落实习近平总书记要求的具体行动，也是推动区域经济社会高质量发展的重要举措，学院将不断创新特色教学模式，科学设置培训内容，从严抓好教学管理，致力将劳模工匠学院和职工创新创效研究院建成技能培训示范基地、理论实践研究基地和综合素质提升基地，推动更多劳模工匠和高技能人才竞相涌现，为建设现代化品质城市、推动千年古城新崛起作出贡献。

下步，要将劳模工匠学院建设成为劳模工匠精神的传播基地，产业工人的技能素质提升基地，劳模工匠型人才的培养基地。要做好结合文章，扩大覆盖范围，要实现产业职业专业与就业创业联动发展，扩大职工技能教育覆盖面。要弘扬劳模精神，时刻紧跟时代步伐，把建设知识性型技能型创新型劳动者大军，弘扬劳模精神工匠精神作为重要使命担当。

7. 典型案例：乡村振兴背景下校政合作培养乡村工匠实践路径探析

根据中办、国办印发《乡村建设行动实施方案》要求，青州市住建局与潍坊工程职业学院加强校政合作，统筹推进城乡基础设施建设管护人才互通共享，强化人才技术标准支撑，探索建立乡村工匠培养和管理制度，实施"培育＋管理＋使用"全链条工匠培养工程，构建全链条乡村建设工匠培养模式，全面提升了乡村工匠业务能力和职业技能，为建设生态宜居的美丽乡村提供了重要保障，也为弘扬工匠精神、劳动精神提供了基本遵循。

由于历史和现实原因，我国很多地方农村农房建设施工队伍总体专业水平不高，安全意识差，缺少专业培训，农村房屋建设乱象未能根除，主要体现在：一是房屋建设存在安全隐患，缺乏规范的操作流程和安全防范制度，房屋建设过程中的事故时有发生；二是规划设计不合理，缺少总体规划和施工设计，导致所建房屋乡村特色风貌欠佳，与美丽乡村建设尚有差距；三是建筑运行能耗高，绿色建筑、装配式建筑等新型建造方式和建筑节能材料普遍应用少，房屋运行能耗高；四是缺乏动态监管机制，房屋质量方面缺乏监管机制，尚存在农民工违规参与建设农房行为。为突破以上难题，山东省青州市住建部门开拓创新，与地处青州的潍坊工程职业学院开展深度校政合作，聚焦技能培训、平台管理、行为监管等关键环节，构建全链条乡村建设工匠培养模式，为广大农村提升"匠技"、孵化"匠心"、用好"匠才"提供有效制度保障，也为培养合格的新时代乡村工匠奠定了良好基础。

（1）组建专业学院，为提升"匠技"打造过硬平台

2021年12月，青州市住建局和潍坊工程职业学院开展深度校政合作，建成山东省首家乡村建设工匠培训学院并实体化运行，以全市初中文化以上、65周岁以下且具有一定农房建设经验的建筑工人为重点，采取"线上＋线下""理论＋实践"相结合方式开展分批培训，此方式目前已在潍坊市寿光市、潍城区、坊子区进行推广。

信息化教学，优质课程资源随用随享。"专业的事交给专业的团队来干"，根据乡村建设工匠、住建部门一线业务人员技能学习需求，青州市住建局联合潍坊工程职业学院，依托学院雄厚的师资力量、专业的实训设施、正规的实践场地，成立山东省首家乡村建设工匠培训学院，组建184人的培训团队，其中正高级技术职称6人，副高级技术职称7人，高技能人才4人。

科学设计培训内容，研发"超星学习通"在线平台。培训团队根据乡村建设工匠、一线业务人员急需的技能，按照"缺什么补什么"的原则，围绕乡村建设施工管理的法律法规、乡村建设施工技术与安全、农房抗震设防技术、美丽村居建筑风貌管控要求和乡土营造方法编制切实可行的培训计划，通俗易懂、图文并茂的培训教材和数字化线上课程，持续免费对建设工匠进行专业技能和业务培训，为乡村建设培养一批技能过硬、素质较高的"乡村建造师""工程指导师"。培训人员可根据自身情况自由安排学习计划，有效提升了学习培训便利性、实效性。

体验式培训，行业专家"一对一"指导。聘请全国知名行业专家、技术人才、培训名师，利用实训中心和数字化VR安全体验基地，围绕农村房屋选址、放线、建筑施工测量仪器使用、房屋施工、建筑材料配比等环节，对建设工匠进行"一对一"实践指导，在实际操作中补齐业务能力短板，实现学用相长的效果。目前，累计完成线下培训指导600余人次。

实用性考核，完训人员毕业即可上岗。为避免新冠疫情影响，减轻工匠参加培训的时间成本，培训团队创新采用"线上＋线下相结合，理论＋实践相结合"的学分制考核方式，对乡村建设工匠进行业务和技能培训，提高农村建设工匠参与培训的积极性。线上乡村建设工匠通过学院数字化教学平台（超星学习通），自由安排学习时间，利用碎片化时间查看学习教学视频、参与师生互动、完成课间、课后作业和业务考试。线下聘请省内外行业实践专家，教学名师，行业知名

专家利用实训中心和数字化 VR 安全体验基地，对建设工匠进行一对一实践指导。实行考核评价学分制，总成绩由"线上学习考试成绩"（权重 70%）+"综合实训成绩（权重 30%）"两部分组成。总评成绩 60 分以上者按规定发放培训结业证书。确保完成培训的乡村建设工匠既拥有专业化的理论知识，又具备丰富的实践操作经验，真正成为素质过硬、技能过硬的"乡村建造师""工程指导师"。通过此举，大力提升了工匠师傅的动手实践能力和农房建设质量，实现了真正让人民群众"住有所居，居者所安"。截止目前已完成 1000 余人次的培训，颁发证书500 余份。

（2）创新制度机制，为孵化"匠心"提供有力保障

青州市住建局践行国家住建部"我为群众办实事"的实践活动，坚持"人民至上、生命至上"理念，紧抓乡村建设源头要素，出台系列制度规范，建立信息化管理系统，通过完善培训机制，创新培训模式，强化乡村建设工匠管理，探索形成乡村建设工匠培训管理"青州模式"，全面提升乡村建设工匠业务能力和职业技能，助力乡村人才振兴，为高质量做好乡村建设工匠培训、管理、使用等提供科学指导和保障支持。

完善培训管理制度。制定专门管理办法，明确乡村建设工匠培训管理总体要求，对参加培训人员在身体状况、技能水平、从业经历、职业道德等方面设置门槛，细化培训学时、信息管理、资格认证、从业标准等具体要求，推动建立县镇两级培训管理服务体系，实现乡村建设工匠培训管理制度化、规范化、长效化。

建立数字身份档案。深入开展农村建筑队伍走访调研，对全市具有建设经验的乡村建设工匠分工种、分地域统计梳理。在全省率先研发"农村住房建设安全监管系统"，将全市 1400 余名乡村建设工匠个人信息及培训情况导入数字模块，实现专业人员的精准培训、动态管理、高效使用。

健全从业监管机制。在全省率先研发"青州市农村住房建设安全监管系统"，将全市初中文化以上，65 周岁以下的具有一定建设经验的乡村建设工匠职业信息及业务培训情况全部纳入平台管理，建立农村工匠数据库和培训档案，便于业务培训和日常管理。制定印发《关于进一步加强农村房屋建设工程监管的通知》《青州市乡村建设工匠培训管理办法》《青州市自建房屋工程规划审批与质量安全监管办法（试行）》等一系列规范性文件，对农村房屋及限额以下工程建设制度、运行机制、档案管理以及建设工匠培训管理等方面进行全面规范。建立巡查报告机制，按照 1 村 1 名的要求全部配备 997 名村级信息员，对村内限额以下工程进行及时报告、巡查，防止农户组织乡村建设工匠"未批先建、少批多建、建新不拆旧、乱搭乱建"等违法违规情况，强化农村限额以下工程建设监管力度和施工质量，全面提升农村群众对美丽宜居住房的获得感、幸福感、安全感。

（3）推动学以致用，为用好"匠才"开辟广阔空间

依托校政合作培育乡村工匠创新模式，青州市住建局积极引导支持乡村建设工匠积极投身乡村建设事业，打造高品质农房，为推动美丽乡村建设作出积极贡献。

助力打造特色美丽村居。因地制宜发挥特色优势，量身定制农房建设方案，打造美丽村居典范。在弥河镇桐峪沟村整体迁建中，邀请经验丰富的建设工匠和村里德高望重的老党员、老干部，参与村居规划研讨和建设全程，充分结合山区村居依山就势、错落有致的特点，使用"灰瓦白墙"建筑风格，对村居建筑院墙、屋檐、屋脊等细节实施立面改造，建成102套两层式庭院，兼具古韵风格与现代化功能，先后荣获"省级美丽村居""绿色村庄""美丽乡村建设示范点"等称号。

加快推动连片"景村"共建。引导工匠积极投身乡村建设事业，因地制宜发挥特色优势，量身定制农房建设方案，打造美丽村居典范132个村庄，特色文化街巷1500余条。积极投入全市农村景区化综合提升工程，按照统一规划，结合花卉、山水、田园等不同类型的景区化建设主题，深入开展农房特色化改造，让景村灵动融合，更加彰显美丽宜居气质。黄楼街道将环境整治和花卉产业发展相结合，形成"户户花香飘、家家生态园"的美丽宜居乡村景观。在王坟镇侯王村村居改造中，充分融入鲁派元素，打造形成"文化铸魂、以孝治村、内秀外美"的鲁派村居样板。在邵庄镇王家辇村村居提升时，突出齐文化元素，新建村口仿古大门、"乡村记忆馆""齐国古币"等景点，墙体彩绘齐国人物、传说故事20余幅，打造齐王"成王之路"，入选省级传统村落。积极引导工匠投入全市农村景区化综合提升工程，按照统一规划，结合花卉、山水、田园等不同类型的景区化建设主题，深入开展农房特色化改造，让景村灵动融合，更加彰显美丽宜居气质。庙子镇围绕"鲁中川藏线"自驾游精品路线建设，将沿线26个村庄串村成带、连片成景。黄楼街道将环境整治和花卉产业发展相结合，形成"户户花香飘、家家生态园"的美丽宜居乡村景观。全市已打造129个景区化示范样板村，10个村庄入选首批山东省景区化村庄名单，16个村庄被评定为省级美丽乡村示范村，25个村庄创建为A级景区村庄；美丽庭院创建率达到30.8%。

深度服务全域综合治理。在农村存量房屋安全隐患整治维修、住房新建改建中积极发挥作用、主动承担任务，严把质量关，将所学专业知识转化为精湛的施工工艺，为农村住房安全保障和农房现代化提供技术支撑。去年以来，先后完成农村危房改造3162户，新建房屋191座，打造景区化示范样板村129个，提升特色文化街巷1500余条，优化了乡村生活空间，有效改善了群众居住环境。

（4）打造高品质农房，为推动"美丽乡村建设"增砖添瓦

通过加强乡村建设工匠培训管理，支持乡村建设工匠积极投身乡村建设事业，打造高品质农房，为提升农村人居环境、推动美丽乡村建设作出积极贡献。青州市住建局联手潍坊工程职业学院，积极引导校政联合共同培养的乡村工匠将所学专业知识转化为精湛的施工工艺，在农村住房安全保障和品质提升上发挥作用。率先在低收入人群危改工作中运用新型建造方式和建筑节能材料，建设质量稳定、施工环保、造型美观、布局合理的绿色建筑、装配式建筑。目前，全市已建成装配式农房 1000 余户。一系列加强民生改善创新、构建全链条乡村建设工匠培养模式的改革做法，既在解现实问题上取得明显成效，也在立长效机制上取得突破，切实增强了农民获得感、幸福感、安全感。

强化了农村住房安全源头治理。在系统培训下，不仅极大提升了乡村建设工匠的业务能力，材料耐性实验、VR 虚拟现实等体验式教学，更加直观增强了乡村建设工匠对建材安全标准、操作安全规范、个人安全防护等方面的深刻理解和应用。制度化、动态化的监管机制为乡村建设工匠的建设行为带上了"紧箍咒"，"数字身份"实现了农村住房安全的质量追溯，从源头上降低了安全风险发生的可能性。青州市迅即开展自建房屋安全隐患专项排查整治，在潍坊市率先取得阶段性成效，已完成 75000 余座房屋排查，发现整改隐患 52 处，有效消除了各类自建房屋风险隐患。

促进了特色文化根脉传承保护。青州市传统村落众多、文化底蕴浓厚，如何在乡村建设中保护特色、留住"乡愁"是一篇需要精雕细琢的"大文章"。经过培训，乡村建设工匠具有了更高层次的建筑审美，为突破"千村一面"、打造各具特色的现代版"富春山居图"提供了多元方案。在乡村建设工匠"量身定制"下，保留具有本土特色和乡土气息的乡村风貌，已成功打造国家级重点镇 2 个、国家级美丽乡村标准化试点单位、国家级美丽乡村示范镇、国家级重点小城镇、山东省乡村振兴示范镇、省级宜居镇村、绿色村庄、美丽村居试点等示范创建多点开花，总数达到 150 余个，建成精品民宿 87 家。

搭建了乡村工程技术服务平台。成立青州市乡村建设工程技术服务中心，发动具有乡村建设工匠合格证书的乡村建设工匠，市直专业部门退休技术人员、乡村建设工匠学院师资力量、工程学院专业学生等多方技术力量，义务为乡村建设工程巡视、关键工序的监管等重点工作，义务提供技术服务，为农村自建危险房提供分类整治方案，为乡村建设工程安全质量监管指导注入"新鲜血液"，整体提升乡村建设工程安全质量水平。目前，乡村建设工程技术服务中心已义务提供技术服务 100 余次，为自建房提供分类整治方案 30 余份。

带动了农村人居环境持续改善。乡村建设工匠为农村人居环境综合整治提供

了重要支撑，一座座实现华丽蝶变的美丽村庄成为最好的"宣传画册"。广大群众自觉参与环境治理和村庄建设，对私搭乱建、乱堆乱放、村周围空闲地、村内残垣断壁等问题进行全覆盖整治，顺应了对美好生活的向往。催生出"微网格、微公开、微积分"工作法、"五星达标、三化创建"、村民积分制等长效管理机制创新。"党员来带头、户户出人手、家家创示范"成为青州推进乡村建设行动的真实写照。目前，全市 25 个村庄创建为 A 级景区村庄，评选星级文明示范户863 户，美丽庭院创建率达 30.8%。

十九大报告提出，实施乡村振兴战略。要坚持农业农村优先发展，按照产业兴旺、生态宜居、乡风文明、治理有效、生活富裕的总要求，建立健全城乡融合发展体制机制和政策体系，加快推进农业农村现代化。乡村建设工匠培育是乡村人才振兴的重要组成部分。青州市创新构建"培育＋管理＋使用"全链式工匠培养模式，为加强乡村建设工匠培训管理，提高乡村建设水平提供了有益借鉴，为打造乡村振兴的"齐鲁样板"做出了重要贡献，也为高职院校发挥地域优势和区位文化优势，创新工匠精神培养，使工匠精神影响力从高职学生延伸到农村工匠提供了基本范式。

（六）孝德文化育人

1. 开展"回首那份爱"感恩教育主题活动

为弘扬中华民族"百善孝为先"传统美德，繁荣和丰富校园文化，提升大学生的思想道德修养，每年新生开学季，学院都在全院开展"回首那份爱"感恩教育主题实践活动，通过观看感恩教育宣传片、发感恩微信短信，宣诵《感恩誓言》、现场写家书、谈观后感、写感恩征文等多种形式对新生进行"爱的回望"感恩教育活动，学生参与互动积极，现场气氛活跃热烈，收到了良好成效。

活动以新生报到当天新生父母为学生提包裹、扛行李、铺被褥、缝被子等感人情景为素材，组织全院新生利用晚自习时间集体收看和交流，旨在让学生饮水思源，建立起对家庭、对社会的责任感。活动曾获得"全国高校校园文化建设优秀成果二等奖""全省高校校园文化建设优秀成果一等奖""关心下一代优秀服务项目"。

2017 年，感恩教育活动开展过程中，应用外语系的一位女生哽咽地讲述了自己因叛逆离家出走，悔悟后回来向父母跪下乞求"认错"的感人经历，她说的"父母陪我们长大，我们陪他们变老"让观众为之动容。信息工程系的一位男生倡导大家利用暑假时间打工挣钱，来体验父母抚养儿女的艰辛。来自四川的一位女生动情回忆了父女俩坐绿皮火车远行来报到的情景，以及在火车上父亲对她的呵护备至。她说，求学在外，虽然国庆不能回家，但自己要性格独立，不能让父母牵挂。来自甘肃的张瑞瑞同学说，宣传片中恰巧有父亲帮她背行李，送她上学的情景，她说要将照片捎给父亲，作为父亲"爱"的礼物。一名女士官生动情地说，"人生中最不能等的是回家的'末班车'"，她立志学好专业，成为一名合格军人，将来报效父母，报效国家。建筑工程系的一名同学警示大家感恩要趁早，不要留下"树欲静而风不止，子欲养而亲不待"的遗憾。还有的同学表示，对于父母，不只要"孝"，更要做到"顺"，父母正在变老，将来的他们更需要我们呵护。同学们纷纷表示，在今后的学习和生活中，要珍惜大学时光，时刻铭记父母恩情，努力学习，以实际行动回报父母，回报社会。最后，全体同学共同诵读《感恩誓言》，"养育之恩，永生莫忘。反哺之意，铭记在心……感恩祖国，振兴中华。感恩母校，拼搏奋进。为社会奉献，为学院增光"，在慷慨激昂的宣誓声中，感恩教育活动落下了帷幕。

附：关于在新生中开展感知父母恩教育活动的通知

根据学院安排，从9月16日（周一）开始，利用两周左右时间在2015级新生中开展感知父母恩教育活动，现将有关要求通知如下：

加强领导，统一组织。学院各有关单位要高度重视，提高认识，按学院要求认真组织大一新生观看感恩片，各系（院）要加强对此项活动的领导，组织开展好本单位的相关教育活动。学生多的系院可分解任务，落实责任。

把握重点，侧重引导。有关单位要结合非专业素质教育要求，侧重从感恩素质培养、优秀品质锻造等三个方面加以引导和教育。通过真实的图片、视频等，营造出一个让新生自己去体会和感悟的亲情环境，让学生思考父母、长辈往昔的悉心关爱。要通过活动引导他们将质朴的感恩情感释放出来，以感恩教育为切入点，让学生饮水思源，建立起自己对家庭、对社会的责任感，从而达到不断提升自身非专业素质的目的。

多措并举，确保实效。为加深感恩效果，要求各院系在学生看完感恩教育片后，通过谈观后感、给父母写感恩家书、开展"感恩的心"征文活动、感恩的心演讲比赛等多种形式深化活动效果，将感恩成效发挥到最大化。

请各支部于9月16日（周一）17：30前到宣传统战部拷贝感恩片，利用空闲晚自习时间组织学生集体观看，并于十一放假前将感恩征文和相关的照片录像资料交宣传统战部。

2. 开展扶老助残志愿服务活动

青州市特殊教育学校、山东省荣军医院，都是学院大学生志愿服务基地，学院以素质教育和志愿者服务、社会实践活动为载体，培养大学生在社会实践中思考和解决现实问题的能力。组织大学生服务社会的各项义工、志愿服务、公益慈善活动，并把大学生践行社会主义核心价值观的情况纳入综合测评体系。学院每年都会组织青年志愿者们开展尊老爱幼、扶老助残、困难学生救助等相关活动，以增强学生关爱他人、服务社会的意识。

卧龙校区学生走进养老院开展"重阳节"敬老孝亲活动：敬老爱老自古以来就是我国传统美德，2019年10月7日（农历9月9日）上午，正值"重阳节"到来之际，卧龙校区组织七名学生团员，在学生处主任的带领下，带着水果，走进金色阳光敬老院，开展爱老、敬老、助老活动。学生们簇拥在老人们的周围，陪他们聊家常，帮他们打扫卫生，听他们讲过去的经历。刘国浩同学为老人们弹奏吉他并演唱了《我和我的祖国》等歌曲。活动中，同学们了解了长辈们付出的艰辛，尤其是一位参加过抗美援朝战争的老奶奶的经历深深的感动着大家。这次活动，增强了学生的敬老孝亲意识，培养了感恩情怀，这次重阳节"敬老孝亲"活动取得了很好的效果。

继续教育学院党支部开展为残疾人"献爱心送温暖"活动：在第27个"国际残疾人日"到来之际，继续教育学院党支部自发组织部分党员到青州市黄楼镇5户残疾人家中走访慰问，带去了轮椅、坐便椅等助行器具，还有大米、花生油等生活用品和慰问金。每到一户，党员们嘘寒问暖，详细询问残疾学员的生活情况，鼓励他们发扬自强不息的奋斗精神，重拾生活的信心。据悉，此次助残献爱心活动是该支部在前期组织的残疾人技能培训班结束后，对其中5位重度残疾学员精准帮扶而开展的，通过走访慰问，拉近了与学员的距离，传播了正能量，为残疾朋友送去了冬日温暖。

3. 建设校外孝德文化基地

依托青州地域"孝文化"研究基地的辐射和带动作用，在全国文明村侯王村、东夷文化标志园、青州市博物馆等优秀传统文化基地，为传统文化践履提供舞台。

优秀传统文化教育基地揭牌：2015年9月22日上午，我院优秀传统文化教育基地揭牌仪式在王坟镇侯王村举行。学院团委学生处负责同志、侯王村支部书记冯先家、王坟镇副镇长崔著奇、管区书记冯光国出席活动，团委学生处相关老师及部分学生干部代表参加仪式。侯王村是青州市西南部大山深处的一个普通村落，立村于明洪武年间，通过近十五年以孝治村，不仅孝亲敬老蔚然成风，而且促进了经济的发展，先后被授予青州市文明村、潍坊市新农村建设带头村、潍坊市和谐建设先进单位、山东省民主法治示范村、山东省孝文化教育基地等荣誉称号。参加活动的全体人员一同观看了侯王村孝文化专题宣传短片，侯王村支部书记冯先家对侯王村的历史渊源及以"孝"治村的先进做法向大家做了详细介绍，并倡导广大青年学生传播精神文明，弘扬真美善秀，使孝文化这一中华优秀传统能在一代又一代青年人群中发扬光大。随后，我院团委学生处负责人与王坟镇副镇长崔著奇村共同为基地揭牌。揭牌仪式结束后，学院老师和学生干部代表们参观了侯王村孝文化广场，并一同看望了村中老人，向他们送去问候和关爱。优秀传统文化教育基地的建立，不仅为我院学生提供了良好的学习环境和学习空间，也为我们拓展知识范围，提升人文素质，弘扬传统文化，推崇传统美德搭建了良好的学习、宣传平台。

优秀传统文化教育基地研学活动。2019年5月15日，中专教学部组织40余名学生代表，在老师带领下到王坟镇侯王村开展孝文化主题研学旅行活动，让学生走出校园，感受中华优秀传统孝道文化，学习做人做事。初夏的侯王村，绿意盎然。一行人在侯王村讲解员的带领下，先后参观了党风村风建设宣传室、孝德人家、慈孝人家、山体卧佛、洗砚池、黄巢洞，在祈福树下为亲友祈福，亲身体验了孝德文化。侯王村的孝德故事，引起了学生的共鸣和反思，有的学生表示现在才理解了父母对自己的爱，有的则对自己过去的叛逆行为感到懊悔，更多的学生表示以后一定努力学习文化知识和职业技能，报答老师父母的培养之恩，努力为国家、社会和人民做出力所能及的贡献。王坟镇侯王村是山东省公布的首批中小学生研学旅行基地，是中专教学部校外德育基地。开展孝文化主题研学旅行活动，是中专教学部贯彻落实教育部《关于推进中小学生研学旅行的意见》和《山东省推进中小学生研学旅行工作实施方案》的举措，可以促进学生形成正确的世界观、人生观、价值观，成为德智体美劳全面发展的社会主义建设者和接班人。

4. 发挥资助育人在感恩教育中的重要作用

设立培真助学金和培真筑梦基金，开设培真铸人训练营，完善"培真"资助育人体系，加强对家庭经济困难学生的资助，培养青年学生自立自强、诚实守信、知恩感恩、勇于担当的良好品质，增强受助学生就业创业能力，促进受助学生成长成才，努力实现从"受助"到"助人"的转变。加强对奖助学金获得者的跟踪调研，发掘典型，加大宣传，彰显先进模范的示范和导向作用。

（七）传统文化育人

1. 开展学雷锋、"感动中国十大人物"、道德模范主题实践活动，发扬助人为乐传统美德

"纪念雷锋在三月，志愿服务在全年"是学院开展学雷锋志愿服务活动的宗旨。广泛传播"学习雷锋、奉献他人、提升自己"的志愿服务理念，增强师生做志愿服务的自觉性，"我是雷锋"公益体验项目是学院探索志愿服务创新的案例。此次校园公益体验活动通过发布倡议书、招募志愿者的形式，让广大同学在体验中感受奉献的伟大、体验劳动的快乐、增强服务的意识、交流成长的心得。活动分为"我是雷锋—我是校园清洁工""我是雷锋—我是消防安全宣传员""我是雷锋—我是快递员""我是雷锋—我是图书管理员""我是雷锋—我是宿舍管理

员""我是雷锋—我是餐厅保洁员""我是雷锋—走进青州市特殊教育学校送温暖"七项主题活动,每一项活动针对不同的体验主题和志愿服务对象。潍坊电视台、鲁中晨报、青州电视台等媒体,多次报道了学院开展学雷锋、学道德模范的活动情况。"看颁奖典礼、学优秀人物、说内心触动、做文明之星"已经成为学院学生每年学习"感动中国十大人物"的传统系列活动。

2. 开展扶老助残、困难学生救助相关活动,发扬尊老爱幼、扶贫帮困传统美德

以素质教育和志愿者服务、社会实践活动为载体,培养大学生在社会实践中思考和解决现实问题的能力。组织大学生服务社会的各项义工、志愿服务、公益慈善活动,并把大学生践行社会主义核心价值观的情况纳入综合测评体系。

组织青年志愿者们开展尊老爱幼、扶老助残、困难学生救助等相关活动,增强学生关爱他人、服务社会的意识。学院"爱心大巴"经常到青州市荣军医院、特殊教育学校、养老院慰问,为孤寡老人、残障、留守儿童送服务、送演出、送温暖,现已成为学院志愿服务活动的特色项目。建立贫困学生救助制度,建立家庭经济困难学生档案,规范贫困学生救助秩序。支持家庭困难学生完成学业学院,整合社会力量,加大宣传力度,切实加强对救助贫困学生工作的组织和领导,实施统一、规范管理。教育和引导他们树立远大理想,养成不畏艰苦、勇于进取的良好品质,刻苦学习,报效祖国。

3. 开展厉行节约、反对浪费主题实践活动,发扬艰苦朴素的传统美德

培养学生的勤俭节约意识。开展节水宣传教育活动。通过主题班会有针对性的宣传节水重要意义,普及节水知识,传授节水小窍门;同时向全院师生发起倡议,传播节水理念,调动全院师生保护水资源、维护水秩序、爱护水环境的积极性,使节约用水、科学安全用水的观念进一步深入人心。

开展"全国城市节水宣传周"活动。在青州市政府举行的"全面推进城市节水 点滴铸就生态文明"节水宣传周启动仪式上,学院学生"大学生节水宣传画、漫画创意比赛"作品受到青州市人民政府表彰并展出。同学们用绚丽的色彩和新颖的创意,倡导节水爱水新理念,宣传"节水我行动 低碳新生活"的活动主题。精致的画工和新颖的创意吸引了参与活动的各界朋友驻足观看,受到一致好评。

4. 开展传统文化进校园活动,弘扬以德为先、追求技艺、重视传承的中华优秀传统文化

开展传统文化进校园活动。举办"国学经典诵读大赛";开展传统礼仪节日活动,如举办孔子诞辰纪念、中秋端午节庆等活动;引进《中国文化概论》《国学智慧》《国学与人生》《女子礼仪》等慕课课程;开展中华经典诵读大赛,对学生进行中华优秀传统文化教育;举办高雅艺术进校园国家京剧院专场演出;邀请知名古琴演奏家茅毅先生为学院师生举办专题讲座,传授古琴文化;深化拓展

"我们的节日"活动。利用清明节、端午节、中秋节、重阳节和春节等传统节日，结合实际，精心设计活动载体，广泛开展中华文化经典诵读、传统节日民俗和文体娱乐等丰富多彩的群众性文化活动，把经典文化、红色文化、海岱文化、潍工校园文化融入其中。

潍坊工程职业学院学生在 2021 年山东省中华经典诵吟大赛中喜获佳绩：

2021 年 7 月，由省教育厅主办，省语委办、省教育电视台承办的"诵读古今经典，展示齐鲁风韵，庆祝建党百年"2021 年山东省中华经典诵吟大赛圆满落下帷幕。经过初评、终评的激烈角逐，汽车工程系学生靳智豪朗诵的作品《黄海英魂》获得二等奖，山工机电工程学院杨智超、汽车工程系靳智豪、信息工程系祁颖朗诵的作品《最可爱的人》获得三等奖。本次大赛朗诵作品评审工作通过线上视频评审的方式组织，共吸引全省百余所高校的三百多名大学生参加。选手们紧扣主题，生动诠释了中华经典篇目蕴含的民族精神，以及党领导人民求解放谋幸福、决胜脱贫攻坚、开创民族复兴的丰功伟绩。

5. 加强传统文化校园人文环境建设，先贤圣人修身励志名言润泽师生心灵

在绿地、湖边等与学生学习生活密切相关和利用率较高地方，适当添加一些供师生休息、读书的设施，让校园的每一个角落都具有人文性；设置一些宣传标语，建设一些统一标志性的设施，影响感染学生。发挥楼宇的文化培育功能，进一步充实教学楼、学生公寓、餐厅等楼宇励志标语的宣传，在各楼内走廊中将学院的办学理念及培养目标等张贴于墙，让校园文化无处不在。如孔子的名言"学而不思则罔，思而不学则殆""己所不欲，勿施于人""己欲立而立人，己欲达而达人""躬自厚而薄责于人，则远怨矣""见贤思齐焉，见不贤而内自省也""三人行，必有我师焉，择其善者而从之，择其不善者而改之"；管子的名言"仓廪实则知礼节，衣食足则知荣辱""一年之计，莫如树谷；十年之计，莫如树木；终身之计，莫如树人"；晏子的名言"富贵不傲物，贫贱不易行""分争者不胜其祸，辞让者不失其福""卑而不失义，瘁而不失廉"；孟子的名言"君子以仁存心，以礼存心。仁者爱人，有礼者敬人。爱人者人恒爱之，敬人者人恒敬之""富贵不能淫，贫贱不能移，威武不能屈""穷则独善其身，达则兼济天下"；老子的名言"合抱之木，生于毫末；九层之台，起于累土；千里之行，始于足下""天下难事，必作于易；天下大事，必作于细"；庄子的名言"君子之交淡如水""生有涯而知无涯"等至理名言，就像人生的座右铭，为学生们修身、明德、成长，从而践行社会主义核心价值观起到了渲染的作用。

6. 开发中华优秀传统文化校内育人基地的功能

发挥阵地育人功能，增强育人覆盖面和传播效果。依托"孔子学堂"，确立学院"国学月"，为传统文化躬行践履提供舞台。弘扬"百善孝为先"的传统美

德，充分发挥王坟镇侯王村、东夷文化标志园、青州市博物馆等优秀传统文化基地的辐射和带动作用，对学生进行孝德教育，使孝道文化内化于心，家国情怀外化于行，拓展传统文化育人新内涵。依托衡王府清英斫琴坊、培真书院古琴文化研究所，通过专业培训和展示，使学生掌握一定的古琴演奏技巧和制作工艺，传承古琴技艺和文化，提升学生道德修养。充分挖掘地域文化特点，建立中华优秀传统文化教育实践基地、传统文化研学基地和大学生素质教育基地等4个校外育人基地，满足校外实践活动对"量"的需求；充分挖掘和发挥校外育人基地的作用，创新育人形式，开展和打造分层分类实践活动，满足学院人才培养对"质"的需求。

7. 发挥社团育人平台作用

推动中华优秀传统文化类社团的发展，成立古琴协会、挫琴协会、空竹协会、花毽协会等社团，为弘扬中华优秀传统文化提供平台。大力开展社团活动，依托学院"社团繁荣月"、省市艺术展演等契机，开展古琴、青州挫琴、青州花毽、空竹、茶艺、书法等社团活动，创新活动内容和形式，激发中华优秀传统文化的活力。

8. 潍坊工程职业学院举办预防文化作品展《前言》

"俭以养德，廉以立身"，廉洁乃中华民族的传统美德。党风廉政建设和反腐败斗争，是党的建设的重大任务。为政清廉才能取信于民，秉公用权才能赢得人心。反腐倡廉必须常抓不懈，拒腐防变必须警钟长鸣。

为弘扬学院廉政文化，传播廉洁理念，全面推进反腐倡廉建设，学院党委宣传统战部、团委学生处、建筑工程系联合举办了本次"预防文化作品展"。本次展览征集了学院师生的部分廉政文化作品，有书法、绘画、剪纸、贴画等各种形式。师生们以饱满的政治热情，围绕廉政文化主题精心创作。古哲圣贤的廉政格言警句，清官廉吏的廉洁奉公事迹，共同赞美了中华廉政文化的优良传统。让我们共同透过艺术语言的形象魅力，感受春风化雨的文化意境，在审美的享受中得到启迪和教育，在情感的共鸣中获得精神的升华。

9. 弘扬齐鲁文化精髓打造育人新高地之典型案例：曹植诗文中的齐鲁文化意象及文化价值研究

曹植是建安文学最重要的代表作家，其生于山东、长于山东、宦于山东、葬于山东，其多数作品浸润了浓厚的齐鲁文化因素，包含了丰富的齐鲁文化意象。根据曹植诗文内容，将其中的齐鲁文化意象归类为山川意象、人物意象、音乐意象、地名意象等几类，主要反映于其游仙诗、咏史诗、宴游诗及章表政令文章中。齐鲁文化意象是影响曹植诗文创作的重要文化基因。

一位作家的创作往往与其所处时代背景及地域文化密切相关。这也是特定地域文化中体现出来的价值观、言行举止等在作家创作中的体现。曹植是建安时期杰出文学家，亦是一位多产的作家，其作品形式多样，内容丰富。从形式上看，包括古诗、乐府诗、赋、颂、序、赞、铭、章、表、谏、令、文、七、骚、书、哀辞、论、讴、说、碑等多种体裁，其创作上承两汉，下启唐宋，对后世文学产生了重要影响。曹植生于山东、长于山东，成年后又多年仕宦于山东，百年之后葬于山东，一生中所结交的朋友及作家有很多是山东人。曹植诗文受齐鲁文化影响而频繁出现齐鲁文化意象是必然的。

（1）曹植与齐鲁的特殊缘分

曹植与齐鲁的特殊缘分可以概括为四句话：生于斯、长于斯、宦于斯、葬于斯。公元192年，曹植生于山东。这一年其父曹操在山东组建黄巾军，有万余人，并组成"青州军"，领兖州牧，为一时枭雄。在曹植五岁的时候，曹操迎汉献帝于许昌。在他十三岁的时候，曹操迁邺城。曹植二十岁始封侯，至四十一岁去世共计二十一年，封于山东有十五年，主要是平原侯三年、临淄侯七年，鄄城侯、鄄城王两年、东阿王三年。曹植的生命中最多的时光是在山东度过的，死后长眠鱼山（今山东东阿县城西南20公里处的黄河北岸）。

曹植出生于山东东武阳（今山东莘县朝城），籍贯为沛国谯（今安徽亳州）。《三国志·魏书·后妃传》载，曹操于179年纳卞氏（曹丕、曹植之母，山东琅琊人）为妾。189年，卞氏跟随曹操至洛阳。董卓作乱时，曹操微服向东避难，袁术谣传曹操吉凶未定。曹操在洛阳的将士人心思变，很多都想离开洛阳。卞氏从保留曹操军队力量、稳定大局角度站出来制止说"曹操现在吉凶未可知，你们今日都回家，明日曹操如果回来，你们还有什么面目见他呢？既然忠心跟随曹操，就应该患难与共"。于是，将士们都听从卞氏的话，没有逃走。189年，曹操到陈留（河南省开封市陈留镇），准备讨伐董卓。十二月，曹操起兵于吾己（今河南、安徽交界处），以后就再也没回过谯，其家眷亦随军转战四方。191年，即曹植出生前一年曹操已被封为东郡太守，治所在东武阳，曹植出生于东武阳，即今山东莘县朝城。

建安十五年（公元210年），曹操统一了北方，建都于邺（今河北临漳）。曹操意气风发，踌躇满志，于漳河畔大兴土木修建铜雀台。为了表示庆贺，曹植当即做《铜雀台赋》来纪念此事。曹操大为赞赏，曾经一度欲立曹植为太子。但曹植文人气太浓，行为放荡，尤其在司马门事件中，更是让曹操对其行为失望之至。曹植渐渐在曹操面前失宠，曹丕被立为世子。

曹植的封地绝大多数在山东。曹植诗歌中经常出现"青土""海滨""周鲁""泰山""蓬莱"等词，也言明了自己的封地主要在山东。因曹操曾经做兖州牧，治所在今山东鄄城，曹植的童年很多时候是在鄄城度过的，所以，曹植对鄄城怀有很深的感情。223 年，曹植被徙于雍丘（今河南杞县），对鄄城仍然依依不舍。他在《盘石篇》中言"盘盘山巅石。飘飘涧底蓬。我本太山人。何为客淮东。""仰天长太息。思想怀故邦。乘桴何所志。吁嗟我孔公。"他自言是泰山人，即便被迁于淮东的异乡，还是会经常发出"怀故邦"的感慨，感叹自己的命运就像山巅的石头和涧底的蓬草一样，被随意摆弄，任人宰割。最后一句言自己经常怀念山东故邦，不由得仰天叹息。曹植希望自己能够像孔子那样乘桴浮于海，避世远遁。在这首诗歌中，"泰山""故邦""孔公"都蕴含着深厚的齐鲁情结，用怀念山东风物景致及人物典故借以抒发曹植被迁的郁闷不平心绪。

公元 229 年，曹植徙封东阿，在《转封东阿谢表》和《社颂序》两篇作品中，曹植表露了对东阿的深厚情感。他说自己就封时受到严格的控制，小心谨慎。东阿就封后，这里环境很好，土地肥沃，生活好转起来，曹植也看到了新的希望，决心改变心境，树立积极乐观的生活态度。

曹操去世后，曹丕、曹睿相继为帝，他们对曹植百般猜忌，采取了迫害、排挤、监督、压制的办法，多次将其迁徙。232 年，曹植又被封为陈王。他即将离开东阿去他地就任。这本是一桩好事，但是曹植却没有喜悦，他在到任后不到一年就去世了，"常汲汲无欢，遂发疾薨"，时年 41 岁。曹植对东阿的山土有着深情的眷恋。曹植在临终前叮嘱其子曹志将其墓地安放在泰山之余山——鱼山："初，植登鱼山，临东阿，喟然有终焉之心，遂营为墓"，寄寓了曹植对齐鲁大地的深厚情感。

曹植对"生于斯，长于斯，宦于斯"的山东有着极其深厚的感情，其诗歌中包含较多的齐鲁文化意象。因文学意象大体可分为自然意象、人物意象、具体物象，根据曹植诗文具体内容及意象出现频率，将其文学意象大体分为山川意象、人物意象、音乐意象、地理意象等。

（2）山川意象：游仙诗与"齐鲁名山"

在曹植作品中，经常出现齐鲁名山泰山、蓬莱山、牛山、鱼山等山川意象，多见于其游仙诗与述志诗中。

泰山在曹植诗文中多以"泰山""太山""东岳"等出现。自谓"我本泰山人"的曹植，少时在泰山周围的莘县、鄄城度过了自己的童年。成年后，在被封侯的 21 年里，有 15 年被封在泰山周围的平原、临淄、鄄城、东阿等地为侯。可见，对生于山东，长于山东的曹植来说，作为宗教神山、政治神山、人文神山的泰山具有重要意义。从某种程度上说，曹植就是在泰山文化的哺育和润泽下成长起来的。曹植的文化血脉中处处浸润着泰山的博大基因。

曹植在《仙人篇》中向读者描述了一幅快乐自由的仙界生活。仙人们拿着黑白各六枚棋子，悠闲地在泰山一隅对博。湘水女神娥皇和女英在弹琴奏瑟，秦穆公的女儿在吹着笙竽，一边喝着桂花酒，一边吃着水神河伯献来的神鱼。曹植不由得感叹：天地如此寥廓，在人间哪能享受得到呢？想象自己向下俯瞰着五岳，感觉人生好像蜉蝣寄居于天地之间，人显得如此渺小。由此遥想黄帝当年就是在泰山上封禅后羽化成仙的。《飞龙篇》中写诗人早晨游历泰山，忽逢两个骑着白鹿、手拿灵芝草的仙童，仙童给了诗人成仙的仙药，并教授诗人如何服用，遂得以寿同金石、长生不老。通篇表达了祈求健康长寿和长生不老愿望。

曹丕继位后，曹植被迫多次遭贬谪、改封，辗转就职。每到一地就封，曹丕总会安插监国监视曹植的一言一行。这些监国大部分都是趋炎附势的势利小人，经常捕风捉影、无中生有地编造一些罪行上报，极大限制了曹植的人身自由，并导致曹植多次被迁徙。如黄初二年为临淄侯时，监国谒者灌均竟然无中生有地诬陷曹植喝醉酒后言行傲慢不敬。曹植被削去爵位，有司请治罪。后因曹丕、曹植之母卞太后求情，贬曹植为安乡侯，不久改封鄄城侯。《三国志·魏书·周宣传》载"时帝欲治弟植之罪，逼于太后，但加贬爵。"曹植在《黄初六年令》中言明自己总是对人怀着深厚的信任之心，言行无所顾忌。所以，让这些监官抓住了把柄。"诽谤重于泰山"形容曹丕安插的监官对其诬陷、迫害之深。曹植通过写作泰山游仙诗憧憬能够摆脱现实的苦闷，飞升上天，在仙界中得以解脱。

而在早期曹植的诗文中，多以泰山意象来表达建功立业、视死如归的壮志与情怀。如曹植在《责躬》诗中意谓要在泰山建功立业，冒着危险建立功勋以赎罪。另外，他的《杂诗·飞观百余尺》"抚剑西南望，思欲赴泰山"表现了视死如归的情感状态。李斯《谏逐客书》云"泰山不让土壤，故能成其大"。在曹植诗文中，泰山代表了厚重与博大。在《鰕䱇篇》中，曹植把泰山所寓含的宏伟崇高的境界表达地更为形象贴切。鱼虾只知道在小河里游泳，不知道大江大海的博大；燕雀只知道在小树枝之间翻飞，怎么了解鸿鹄的远大志向？世俗之事非常鲜明，德行高尚的人总是孤独无友的。接着，又说先登高大的泰山，然后下到小丘陵中。俯瞰路人，只知道唯利是图。生在帝王之家的曹植希望可以将远大的抱负得以施展，做出泽被天下的事情。这首诗里，泰山成为了远大理想抱负的象征。

除泰山外，在曹植诗文中出现频率较高的齐鲁名山还有牛山（位于今山东临淄）、蓬莱山（位于今山东蓬莱）等。曹植《感节赋》是感慨时节之作，借助万物复苏的大好春光抒发自己欲建功立业的宏伟抱负，其中有"慕牛山之哀泣，惧平仲之我笑"之句。《晏子春秋》中曾记载，晏子曾经陪齐景公登齐国名山牛山。景公向北俯瞰着齐国国都而流泪，因为伤感自己终有一天会死去。旁边的艾孔、梁丘据皆从而泣，只有晏子仰天大笑，景公问其故。晏子回答"不管是贤人、勇者还是君王，都不会长存的。如果君主长存，您就不会得到君主之位了。正因为他们顺次当君王，又顺次死去，您才得以做君王。如果您违背自然规律，就是不仁德的表现。今天我看到了一个不仁德的君王和两个谗佞的大臣，所以才大笑。"由此可见，曹植用晏子登牛山的例子映射自己深恐虚度年华，难以功成名就的急切建功立业的决心，因为担忧韶华易逝，所以才怕让晏子取笑。

蓬莱山是中国神话传说中的神山，相传在渤海之中，常常寄寓人们长生不老的愿望。曹植在《升天行》这首游仙诗中提及了"蓬莱山"。"乘蹻追术士，远之蓬莱山。"作者乘着草鞋追上术士，来到了远方的神山蓬莱山。在神山上，看到了"玄豹游其下。翔鹍戏其巅。"于是，作者乘风登举，仿佛来到了仙界，看到了众多的仙人。"灵液飞素波。兰桂上参天"，一句又赋予了蓬莱山以仙界般的意境，也寄寓了作者想要暂时脱离现实苦闷的心境。曹植另一首《平陵东》亦出现"蓬莱"意境"与仙期，东上蓬莱采灵芝"，曹植幻想着与神仙共约到蓬莱山采摘灵芝，吃过之后可以长生无极。然而，曹植也深谙在现实中成仙只不过是一种美好幻想，一种心灵寄托而已。在《秋思赋》中，曹植感慨道：人生在世只是一辈子的美好光景，寿命长短都是命运决定的。像王子乔和赤松子那样成仙只是徒令人羡慕的神话传说而已。

由上可见，从齐鲁大地西部的泰山到中部的牛山，再到东海之滨的蓬莱山，都在曹植的笔端生动显现。在曹植去世前，更是嘱托其子曹志将其葬于鱼山（泰山之余山，位于山东东阿），寄寓了其对齐鲁山河的热爱和留恋之情。

（3）人物意象：咏史诗中的"齐鲁名人"

齐鲁人物意象在曹植诗文中多出现于其咏史诗和交游诗中。曹植诗文中出现比较多的齐鲁名人当属孔子。曹植在《学官颂》中盛赞孔子"歌以咏言，文以骋志""过庭子弟，诗礼明记""仁塞宇宙，志凌云霄"，"齐贤等圣者，莫高于孔子。"曹植盛赞孔子有凌云壮志，讲究仁义道德，并通过礼乐教化培育了诸多人才。另外，在《与杨祖德书》《薤露行》中，曹植同样对孔子表达了敬仰与崇敬之情。

曹植诗文中多次提及齐稷下人邹衍。如《黄初六年令》中言"邹子囚燕，中夏霜下。"邹衍是战国时期齐国稷下人。《史记.孟子荀卿列传》称"昭王拥慧先驱"，"慧"指扫把。燕昭王还特意为邹衍修建了一座碣石宫，供其居住讲学。曹植用邹衍的典故寄托自己渴望被君王重用，建功立业的迫切愿望。

曹植在《灵芝篇》历数古代孝子之事迹，表达了其内心深切的行孝之愿。其中，齐鲁孝子是列举最多的群体，主要赞颂了曾参、闵子骞等孝贤之人的孝行事迹。"户有曾闵子，比屋皆仁贤。"赞颂了孔子的学生鲁国人曾参、闵子骞的孝德事迹。曾参有"耘瓜受杖"的孝德故事，闵子骞有"芦衣顺母"的孝德故事。在该篇的末尾，曹植言"陛下三万岁。慈母亦复然。"，希望陛下曹丕和母亲卞氏都能够得以长命百岁。曹植在山东就国经常忆起其父曹操，想要祭祀曹操，却每次都被曹丕以违反礼制为由予以拒绝，曹植不得不遵守此规定。即使在多年后曹丕和卞太后去世，也不允许其奔丧。曹植在很多诗文中表达了自己的怨愤之情和恳切的行孝之意，《灵芝篇》即为比较典型的一篇。

曹植《与杨祖德书》一文主要是阐明其对文学批评的看法，提到了齐国辩士田巴和鲁仲连的典故。田巴曾经在稷下学宫中参加辩论，并指出三皇五帝、春秋五霸等的过错和缺点，连服千人，后来却被另一位齐国辩士鲁仲连驳倒，终生不再开口辩论。而刘生（刘季绪，东汉末年皇族刘表之子，在魏国为官），辩才不及田巴，却喜欢任意批评诋毁别人的文章。此句体现了曹植对刘生的嫌恶之意。而杨祖德给曹植回信亦云"季绪琐琐，何足以云。"即刘生絮絮叨叨，何足挂齿。

曹植在多篇文章中提及了战国山东人墨子非乐之事。墨子主张禁止音乐，反对从事音乐活动，因为他认为音乐统治者荒淫享乐的象征。曹植对墨子的非乐观点不置可否，他在《与杨祖德书》中指出，像《咸池》《六英》这样的古代圣人所作的乐曲，众人都欣赏，而墨子却作《非乐》篇来加以否定，是不可思议的。在《与吴季重书》中，曹植借墨子不好乐而经过音乐之都朝歌却停下马车的典故用来激励吴季开拓眼界、善理政事、兼修其身，言辞委婉而情真意切。可见，作为一名懂音律、擅作曲的音乐爱好者，曹植对墨子的观点是不敢苟同的。

曹植还熟悉齐国杞梁妻的故事。《精微篇》言"杞妻哭夫死，梁山为之倾"。至唐代，杞梁妻名字演化为"孟姜女"，而姜姓为齐国国姓。春秋时期，妇女多以排行在前，娘家姓氏居后而名之，杞梁妻即为齐国人。曹植在这首诗歌中借杞梁妻的故事隐含了他遭受的屈辱及不公正待遇，具有讽谏之意。

（4）音乐意象：宴游诗中的"齐瑟"

黄初七年（公元前226年），魏文帝曹丕病卒，曹植写作《文帝诔》祭奠曹丕。其中，"何以述德，表之素旐。何以咏功，宣之管弦。"一句提到了曹植对音乐重要性的认识。意思是"用什么来记述文帝之德呢，可以写在祭奠他的白色旗子上。用什么来咏颂文帝之功呢，可以用管弦等音乐来表达。"在曹植看来，音乐是表达情感的重要方式，而乐器则是表现音乐的重要承载方式。曹植有《元会》诗，描写他赴元会观看朝廷乐舞表演的情景，其诗有两句描写清酒珍肴："清酩盈爵，中坐腾光。珍膳杂还，充溢圆方。"另外两句描写各种类型的乐器："笙磬既设，筝瑟俱张。悲歌厉响，咀嚼清商。"足见曹植对各类乐器也是非常喜爱的。

曹植尤其欣赏山东音乐，其诗中有很多用齐瑟调创作的乐府。齐地是当时乐舞发达的地方，自古而然，尤其是都城齐国都城临淄及济南一带。《史记·苏秦列传》载"临淄甚富，其民无不吹竽鼓瑟。"曹魏时期，齐地乐舞尤其兴盛。其时，最流行的音乐即为齐地和秦地的音乐，而与此二者相对应的弹奏乐器即为齐瑟和秦筝。曹植在邺时期所作的作品也多次提到"秦筝"和"齐瑟"。如《赠丁廙》言"秦筝发西气,齐瑟扬东讴。""东讴"指齐歌,即齐瑟伴齐歌,渲染了与朋友欢聚一堂,载歌载舞的场景。此处的朋友即指曹植的挚友,也是其事业的坚定支持者丁仪、丁廙两兄弟等人。《侍太子坐》言"齐人进奇乐,歌者出西秦。"曹植参加时为太子的曹丕举行的宴会,其间奏响着齐国音乐,唱着西秦歌曲,渲染了欢乐畅快的宴游氛围。《箜篌引》载"秦筝何慷慨,齐瑟和且柔。"曹植在此处对比了秦筝和齐瑟的不同之处,齐瑟的特点是和美柔和。《公宴》载"办中厨之丰膳兮,作齐郑之妍倡。"可见,"齐瑟"作为一种音乐意象频频出现在他的作品中,成为曹植早年宴游生活的一部分。乐府诗歌中有《齐瑟行》一类,属于杂曲歌辞,应为齐瑟相和之乐府。曹植自作的五言诗很多是从"行"诗转变而来,皆以"赋"抒写。此亦为初唐大篇提供了赋咏的篇章结构,对初唐"行"诗和"篇"诗由乐府而自立新题的做法有明显影响。

另外,曹植一生在山东做了大量的章表政令文章,其中,出现了很多齐鲁地名,如临淄、齐地、海岱、海滨、青土、鄄城、东阿、鱼山及临淄侯、鄄城王、东阿王等,这些地理意象集中反映了他"宦于齐鲁"时期的思想状态和内心反映。当时文坛上最出名的邺下文学集团即以曹丕、曹植为领袖,其成员囊括了当时大多数优秀的文人,而以"建安七子"即孔融、陈琳、王粲、徐干、阮瑀、应玚、刘桢最为出名,是中国文学史上第一个以文学为特色的集团。"建安七子"除孔融政治上反对曹操被杀外,其余6人都是曹操的僚属和邺下文人集团的重要作家,他们都长于文辞,想依附曹操成就一番事业。邺下七子中孔融、王粲、徐干、刘桢皆为山东人。曹植与孔融之外的其他三子都很熟悉,交往颇多,关系很好。

齐鲁文化对曹植诗文影响是深远的,其取得的文学成就更离不开齐鲁文化的哺育。山东籍当代诗人臧克家在《咏曹子建墓》用"雄风大业数陈王""诗国际思王位尊"的诗句对曹植在中国古代诗坛的地位给予了高度评价。

(八)红色文化育人

1.实施课程深化项目

充分挖掘利用红色文化中蕴含的丰富思想政治教育资源,促进德育、思想政治教育与传承红色文化紧密结合,丰富思想政治理论课教学内容,创新教学方法和手段,提升教学效果。

根据《教育部社科司关于组织全国大学生"同上'四史'思政大课"的通知》和《山东省教育厅关于组织参加全国大学生"同上'四史'思政大课"》精神,全体思政老师组织全院学生利用网络开展党史、新中国史、改革开放史、社会主义发展史学习教育活动,并及时牵头安排思政课教师组织学生开展学习讨论,引领大学生在以党史教育为重点的"四史"教育中真正做到了"学史明理、学史增信、学史崇德、学史力行"，坚定了对马克思主义的信仰、对中国特色社会主义的信念、对中华民族伟大复兴中国梦的信心。进一步增强了干事创业的勇气、志气、底气，进一步坚定了践行"中华民族伟大复兴"光荣使命的初心、信心和决心。

2. 实施课程拓展项目

将红色文化教育纳入课程，创建《毛泽东思想和中国特色社会主义理论体系概论》省级精品资源共享课，引导学生传承红色基因，凝聚前行力量，肩负历史使命。

将思政课堂作为红色文化教育的主要阵地。围绕思政理论课开展思想政治教育工作，将红色文化精神利用多样化途径渗透到课堂中。对思想政治教育课的教学内容进行分析研究，在适当的时机宣讲红色文化相关案例，为思政课堂注入新的活力。整合红色文化教育内容，将红色文化资源所承载的核心价值观念结合新的时代特征进行创造性转化和创新性发展，赋予红色文化资源以新的时代内涵，不断整合红色文化的教育内容，使之契合大学生的现实关切。

3. 实施文化建设项目

坚持以文化人、以文育人，把传承红色文化贯穿融入到校园文化建设，涵养塑造学校精神。充分开掘和利用红色文化资源开展大学生思想政治教育。引用红色经典人物、经典故事等。通过讲"故事"的方式传播红色价值观念，声情并茂地讲好"红色故事"，增强大学生思想政治教育的生动性和感染力。充分运用理论讲授与实践体验相结合的方式，吸引大学生的广泛参与，让大学生对红色文化资源"可观、可感、可悟"，从而克服课堂讲授"高而空"的问题。组织开展以"纪念抗日战争胜利 70 周年'激扬青春 圆梦中华'"红歌会、"纪念红军长征胜利 80 周年'铭记历史 爱我中华'"红歌合唱比赛、"践行核心价值观 传递青春正能量"、"青春梦 中国梦"驻青高校大学生文化艺术节等主题实践活动，唱响爱国主义、集体主义、社会主义主旋律；利用五四、七一、十一等政治性节日和重要纪念日，举办传唱红色歌曲、阅读红色书目、品读红色家书等纪念活动，使学院成为弘扬红色文化的重要基地、示范区和辐射源。

潍坊工程职业学院组织开展《沂蒙红嫂俺的娘》集中观影活动：

2021 年 6 月 3 日下午，学院在学术报告厅组织开展《沂蒙红嫂俺的娘》集中观影活动。学院领导班子成员、党员干部职工观看了电影。影片再现了革命战争时期沂蒙山区的陈大娘带领儿媳、女儿以及村中的妇女们，在家仇国恨中，用生命与鲜血保护、养育革命后代，支援革命战争的感人故事，深刻诠释了生死与共、水乳交融的沂蒙精神。观影过程中，沂蒙红嫂爱党拥军、甘于奉献的崇高品格和顽强斗争、舍生忘死的精神让现场很多党员热泪盈眶，收到了良好的教育效果。观影结束后，党员纷纷表示，要继承发扬吃苦耐劳、自强不息、无私奉献的沂蒙精神，传承红色基因，激发工作动力，学党史、悟思想、办实事、开新局，不忘立德树人初心，牢记为党育人、为国育才使命，以优异成绩向建党一百周年献礼。本次观影活动，是学院推进党史学习教育的重要内容之一，下步将陆续在师生群体中开展观影活动，推动党史学习教育走深、走实。

潍坊工程职业学院组织开展《长津湖》和《跨过鸭绿江》集中观影活动

为进一步推动党史学习教育走深走实，在全院营造学习党史的浓厚氛围，激发广大党员干部学史明理、学史增信、学史崇德、学史力行的积极性，学院组织开展了《长津湖》和《跨过鸭绿江》观影活动。《长津湖》以"长津湖战役"为背景，讲述了中国人民志愿军在极度严酷环境下，凭着钢铁意志和英勇无畏的战斗精神坚守阵地，奋勇杀敌，扭转战场态势，最终夺取长津湖战役胜利的伟大事迹。电影《跨过鸭绿江》从多个维度全方位呈现出我们为赢得这场伟大战争所做出的牺牲和努力，谱写出了"钢少气多"力克"钢多气少"的人民英雄史诗。观影过程中，全体党员干部沉浸在紧张凝重的战争氛围中，被影片中志愿军战士不畏强敌、视死如归的英雄气概所震撼，被革命先辈们坚不可摧的革命信仰、为国家命运义无反顾的革命情怀所感动，接受了一次深刻的党性教育和精神洗礼。

观影结束后，党员干部们深受感染和鼓舞，更加清楚地认识到今天的幸福生活来之不易，纷纷表示，要继续传承和发扬伟大抗美援朝精神，不忘初心、牢记使命，在今后的工作中，更好地发挥党员先锋模范作用，立足岗位、鼓足干劲、奋力争先，为学院高质量发展作出新的更大贡献。

潍坊工程职业学院纪念红军长征胜利 80 周年大会观看情况

2016 年 10 月 21 日上午，潍坊工程职业学院组织党员干部、教职工和学生以支部为单位观看了纪念红军长征胜利 80 周年大会，并学习了习近平总书记在大会上的重要讲话，重温了那段中国共产党成立以来最壮烈、最惊心动魄、最富有神奇色彩的历史。大家怀着无比崇敬的心情，感悟长征精神，缅怀革命先烈。

红军长征是一部惊心动魄、可歌可泣的英雄史诗，它所铸造的长征精神具有亘古不变的历史价值和光照千秋的辉煌色彩，成为中国人民的精神丰碑和中华民族自强不息的象征。红军将士在中国共产党的坚强领导下，表现出来的不怕艰难困苦、英勇奋斗的精神，紧密团结、一致对敌的精神，舍己为人、自我牺牲的精神，不怕疲劳、连续作战的精神深深震撼了师生们的心灵。

长征是在中国面临亡国灭种空前危机、抗日救国成为中华民族最现实最紧迫任务的情况下发生的，将中国革命引到胜利发展前进的崭新道路上，其特有的伟力不但极大推动了中国革命历史进程，而且给后人留下了宝贵的精神财富。为有牺牲多壮志，敢教日月换新天。红军队伍从 20 万人锐减至 5 万人，是将士们用生命热血谱就的悲壮史诗，矗立起为国家前途与民族命运前赴后继、慷慨赴死的永恒雕像。80年过去，长征依旧是永远不可遗忘的一段峥嵘岁月，是恢弘史诗般的荣耀，是我们获取生生不息的精神力量的重要历史记忆。长征精神在感染每一个中国人的同时，也震撼着世界各族人民，它铸造了人类精神史上永垂不朽的丰碑。长征胜利80年，我们的脚步从未停息。中华民族这条巨龙，秉天地之正气，凝民族之精魂，在红五星的照耀下，长征精神走向未来，走向世界。

八十年过去了，长征亲历者正带着他们刻骨铭心的红色记忆一个个离去，但他们所创造的伟大精神，早已融进中华民族的血液，震惊世界。习近平总书记指出，实现中国梦必须弘扬中国精神。从延安精神、大庆精神、"两弹一星"精神，到三峡精神、青藏铁路精神、载人航天精神，翻看中国精神的动人篇章不难发现，它们的源头，无不来自长征精神。目前，纪念长征八十周年，学习长征精神的活动正在中国大地如火如荼进行着。尽管红军长征已经过去了八十年，但它的丰功伟绩，惊天地，泣鬼神，彪炳史册，万古流芳！长征丈量的不仅是两万五千里的距离，更是一种精神，这就是民族精神和信念。我们要大力倡导艰苦奋斗的精神，引导广大青年在挫折与磨难面前永不言败强化集体主义观念，帮助青年牢固树立大局意识和团队意识。勇于在实践中锻炼成长，培养革命乐观主义精神。

通过这次观看，广大师生深受启发，纷纷表示，在今后的工作学习生活中，学习红军长征中不怕吃苦受累的精神，把自己打造成拥有铜墙铁壁的栋梁之才，更好的为学院发展增光添彩，在国家发展的新征程上贡献自己最大的力量。

4. 实施社会实践项目

把传承红色文化社会实践纳入学院实践教学整体规划，建立健全长效机制。挖掘潍坊市红色文化资源，发挥烈士陵园、博物馆、庙子镇长秋村一门忠烈纪念堂等爱国教育基地和红色基因传承教育基地作用，让学生在社会实践中认识国情、了解党史、增进认同，鼓励引导青年学生走好新时代长征路。

潍坊工程职业学院多支部赴侯志生平展览馆开展主题党日活动：

为进一步推动党史学习教育走深走实，2021年11月4日，建筑工程系党支部、计划财务处党支部、组织人事处党支部组织党员教师赴青州市党性教育基地黄楼街道办事处侯庙村侯志生平展览馆开展主题党日活动。活动中，党员们了解了侯志同志生平事迹。侯志是山东最早的女共产党员之一，她的一生是战斗的一生，革命的一生，她用实际行动诠释了一个普通共产党员的家国情怀。侯志的事迹让党员们深受感动，大家都被革命先驱大无畏的精神所震撼，感慨和平安宁的生活来之不易，他们面对党旗重温了入党誓词。此次主题党日活动是"学党史悟思想 办实事 开新局"的重要一环，全体党员教师深受教育和思想的洗礼，他们表示要不断学习先辈投身革命，不畏艰难险阻、勇于献身的革命精神，继承我党的优良传统和作风，充分发挥共产党员的先锋模范作用，不断提高政治素质和业务能力，推动各项工作落在实处、干出成效、走在前列。

潍坊工程职业学院组织开展"青年学子进基地"活动——参观淌水崖水库纪念馆：

为进一步加强对青年学子特别是学生党员、学生入党积极分子和优秀学生干部的红色教育，培养党性意识，2021年6月9日，潍坊工程职业学院组织青年学子代表赴临朐县淌水崖水库纪念馆开展党性教育活动。在讲解员的引领下，全体人员参观了淌水崖水库纪念馆，了解到上世纪70年代，生活在弥河上游的临朐九山人民深受洪水泛滥和干旱之苦，当地干部与群众在一无资金、二无大型机械设备的艰苦条件下，历时6年，凭借着集体智慧与勤劳双手修建淌水崖水库大坝的艰辛过程及一系列感人事迹，进一步加深了对以"同心同德、艰苦奋斗、自强不息、开拓创新"为主要内容的淌水崖水库精神的理解。随后又实地参观了淌水崖水库大坝、坝底工程，大家纷纷表示，要发扬"淌水崖水库精神"，时刻激励自己不忘初心、牢记历史、团结协作、积极进取，真正将爱党、爱国落实到日常学习和生活中，用自己的实际行动当先锋、做表率。

潍坊工程职业学院举办"百年心向党 奋进新时代"祭英烈特别主题团日活动：

鲜花敬英雄，浩气存天地。2021年3月30日上午，学院团委学生处组织团员、团干部代表前往青州凤凰岭革命烈士陵园，举行"百年心向党 奋进新时代"祭英烈特别主题团日活动。上午8时许，纪念仪式开始。全体师生在庄严肃穆的烈士墓前肃立默哀，向烈士纪念碑敬献花篮，韩振华上前整理挽联，表达对烈士的崇高敬意和深切悼念之情。默哀仪式完成后，学生代表孙毅杨做了发言，表示要珍惜现在来之不易的幸福生活，继承革命遗志，做一个有理想、有抱负的新时代青年。学生王雨阳为大家讲述了青州烈士刘旭东的故事。团员代表李志强带领全体团员重温入团誓词。随后，同学们集体绕革命烈士纪念碑一周，并参观瞻仰了烈士纪念堂，士官学院吕井寨为大家讲述了烈士沈星的故事，同学们深受感动，并纷纷立下了"百年心向党 奋进新时代"的特别承诺。此次特别主题团日活动，不仅让同学们了解了先烈的英勇事迹，也让老一辈革命家的优良传统在新一代学生心中得以继承，时刻提醒同学们要听党话、跟党走，用青年人的实际行动为祖国的社会主义建设贡献力量。

5.实施网络引领项目

遵循网络传播规律，推动德育和思想政治工作传统优势同信息技术高度融合，使红色文化传承联网上线。依托校园网站、微信公众号等，定期创作发布优秀网络作品。定期开展网络文化节活动，通过微视频、微电影等方式向青少年学生讲述红色故事、介绍英模人物，传播革命精神。

6.实施红色教材激励项目

为纪念中国共产党成立 100 周年，赓续潍坊红色文化基因，传承潍坊红色文化，在多方调研、搜集资料基础上，中共潍坊工程职业学院委员会组织优秀党员思政课教师系统整理潍坊红色文化资源，将潍坊党史与红色文化相结合，将传承红色基因与加强青年学生爱国主义教育相结合，编写了《潍坊红色文化读本》。《潍坊红色文化读本》出版后，将作为对在校学生进行爱国主义教育的生动教材，对于加强大学生红色文化教育，激发大学生爱国、爱党、爱社会主义的情感，激励大学生在新征程上不懈奋斗具有重要意义。

《红色丰碑——潍坊红色文化教程》前言（2021 年 10 月）：

潍坊是具有光荣革命传统的地区，是山东省建党较早的地区之一。在长期艰苦卓绝的革命斗争和波澜壮阔的社会主义建设伟大实践中，潍坊地区涌现出了许多可歌可泣的英雄人物、革命事件，留下了许多弥足珍贵的革命遗址。这些革命人物、革命事件、革命遗址记载着辉煌，镌刻着历史，承载着厚重，记录了潍坊党组织和潍坊人民英勇奋斗的光辉历程，是进行爱国主义教育和革命传统教育的重要资源。

为有牺牲多壮志，敢教日月换新天。在 100 年的风雨历程中，在潍坊这片热土上，涌现了一大批信仰坚定、坚持真理、不怕牺牲、英勇斗争的革命战士。他们无论在革命战争年代血雨腥风的严酷考验中，还是在社会主义建设时期热火朝天的艰苦奋斗中，都能始终做到践行初心、担当使命、对党忠诚、不负人民。这些革命同志，在党的领导下不仅开创了宏伟的革命事业，而且给我们留下了极其珍贵的革命优良传统和作风。中共一大代表、中国共产党的创始人之一，山东早期党组织的主要创建者和领导人王尽美，出生在诸城市枳沟镇大北杏村，为革命事业积劳成疾，但他仍然奔走不止，战斗不息，直到生命的最后一刻。山东首位中共县委书记庄龙甲，出生在潍县庄家村，对革命事业无限忠诚，夜以继日地为革命奔波，25 岁英勇就义。另外，还有鞠躬尽瘁死而后已的共产主义战士张玉山、赤胆忠心的红军将领张英、山东最早的女共产党员王辩、"一门九烈"浩气长存刘旭东等等，他们的感人事迹将永远彪炳史册、流芳百世。

雄关漫道真如铁，而今迈步从头越。新民主主义革命以来，潍坊人民在巨大苦难中不屈不挠，不断奋起抗争，为了潍坊的解放，上下求索，千辛万苦，终于在中国共产党的正确领导下，将命运牢牢的掌握在自己的手里。1924 年秋，山东省最早的农村党支部在寿光成立；1926 年 6 月，山东省境内第一个县级地方执行委员会——中共潍县地方执行委员会成立。随后，寿光、高密、益都三个地方执行委员会也相继建立，为全省其他地区党组织的建设提供了宝贵经验和发展方向；在这里，发动了牛头镇起义、蔡家栏子起义、瓦城起义，建立了潍坊地区共产党领导下的第一支抗日武装；五井战斗全歼来犯日军，被大众日报誉为"山东抗战两年来的最模范的胜利战斗。"在这里，打响了气壮山河的临朐战役、胶河战役、华东战场上的第一场城市攻坚战——潍县战役，有力推动了山东乃至全国的解放；同样在这里，战斗的大后方，大军南进逐鹿，势在决战之时，为安置保护随军干部子女和烈士遗孤创办了华东解放军首所保育院，成为解放区保教事业之典范。

长风破浪会有时，直挂云帆济沧海。新中国成立之后，为了从根本上改变潍坊贫穷落后的面貌，中国共产党积极引导人民组织起来，开始有计划、有步骤地找到一条适合潍坊发展的正确道路；改革开放以来，潍坊人民总结历史经验，不断艰辛探索，取得了一系列伟大的成就，经济实力增强，人民生活显著改善，为实现中华民族伟大复兴的中国梦注入了新鲜的活力。在这里，潍坊成为世界风筝文化交流传播中心，彰显了潍坊国际风筝会的"国际性"特色；还是在这里，创造了习近平总书记点赞的"诸城模式""潍坊模式""寿光模式"，为乡村振兴齐鲁样板先行区乃至全国推广提供了典型理论和实践样本。

革命人物与革命烈士篇精选了一百年来潍坊地区49位信仰坚定、坚持真理、不怕牺牲、英勇斗争的革命人物与革命烈士，并按为序记叙了他们在革命战争年代血雨腥风的严酷考验中，在社会主义建设时期热火朝天的艰苦奋斗中，始终保持践行初心、担当使命、对党忠诚、不负人民的本色的事迹。革命事件与革命活动篇精选了新民主主义革命以来，为了潍坊的解放，潍坊人民在中国共产党领导下不屈不挠、奋起抗争的30个著名事件和重要活动，按照时代顺序分奋起抗争篇、艰辛求索篇、沧桑巨变篇三部分进行阐释。革命遗址与纪念场馆篇精选了6个重要历史人物故居、11个重要纪念场馆、9个重要机构旧址。

今年是伟大的中国共产党成立100周年，一百年峥嵘岁月，一百年风雨兼程。在百年革命战争及建设奋斗历程中，潍坊地区党组织带领广大人民群众前赴后继、英勇奋斗，创造了可歌可泣的光辉业绩，谱写了催人奋进的历史篇章。为纪念中国共产党成立100周年，赓续潍坊红色文化基因，传承潍坊红色文化，在多方调研、搜集资料基础上，中共潍坊工程职业学院委员会组织部分优秀思想政治教师及传统文化教师全面系统整理潍坊红色文化资源，将潍坊党史与红色文化相结合，将传承红色基因与加强青年学生爱国主义教育相结合，编写了《红色丰碑——潍坊红色文化教程》。本书以百年来潍坊地方党组织带领广大人民进行革命活动、开展社会主义建设、奋进新时代为线索，采撷中共潍坊历史上一些重大事件、重要人物、重要遗址，以清晰的轮廓、宏大的手法、精准的文字、生动的图片，向广大读者朋友展现了一幅波澜壮阔的革命斗争及社会主义建设历史画卷。

青年兴则国家兴，青年强则国强。青年一代有理想、有本领、有担当，国家就有前途，民族就有希望。《红色丰碑——潍坊红色文化教程》出版后，将作为对在校学生进行爱国主义教育的生动教材，对于加强大学生红色文化教育，引导大学生铭记潍坊共产党人和潍坊人民艰苦卓绝的革命斗争史、创业史，继承红色基因，发扬优良传统，增强对党和人民奋斗历程与辉煌成就的认同，激发大学生爱国、爱党、爱社会主义的情感，激励大学生在新征程上不懈奋斗具有重要意义。

《红色丰碑——潍坊红色文化教程》节选（青州人物篇）：

1. 领导全国多地工人运动的共产主义战士：赵文秀

赵文秀（1904—1927），字俊升，曾化名赵益兰。青州市谭坊镇魏家庙村人。

（1）学霸少年立志 终成共产主义战士

赵文秀自幼聪慧，勤奋好学。在本村读小学时，每天放学回家，仍然争分夺秒地用功学习。假期中有时还请老师来家辅导学习。他的老师康德元曾说："我在魏家庙村教过的学生，没有一个能比得上赵文秀的"。

1919 年，赵文秀考入益都县东关高等小学。当时正值席卷全国的五四运动爆发，作为一名爱国学生，他满怀激情地投入反帝爱国的斗争，积极参加抵制日货等爱国活动。1922 秋，赵文秀考入设在益都县城里的山东省立第十中学。读书期间，山东的中共早期党员王翔千任他的国文教员。在王翔千和其他进步师生的教育影响下，赵文秀思想发生了深刻变化，开始阅读革命书籍杂志，如《觉悟》《晨钟》等，自觉接受马克思主义。赵文秀阅读这些书刊后，思想上有了很大进步。在此基础上，王翔千又介绍他加入团体——山东平民学会青州分会。

（2）组织抵制日货 初步崭露头角

1923 年 10 月，青州的社会主义青年团组织成立后，首先组织和发动益都火车站及城里的小车夫罢工，反对强加车税，声势颇大，迫使县署取消了车税。赵文秀积极参与领导了这一斗争，他的组织、领导才能初次展现，也在斗争中受到了锻炼。团组织还发动省立十中、省立四师、省立甲种农校学生抵制日货。赵文秀常和同学们到各处宣传，劝阻群众不购买日货。夜间在益都火车站监视奸商活动，白天到各商号查禁，查出的日货堆放在一座屋子里，由赵文秀看管。等日货攒多了，他们就将这些货物一起销毁。读书期间，他除任本班班长外，还是新剧社和益都剧团的主要领导人，又是党团外围组织——青州平民学会的组织者和主要领导人之一。

（3）力主"铸铁猪" 揭露贿选丑闻

1923 年 11 月，为反对参加贿选的国会议员郭广恩，赵文秀、王元昌等多次联络山东省立第四师范和山东省甲种农校等校同学开会，商讨给郭广恩铸铁猪的事。赵文秀强忍着颈疮的剧痛，撰写郭广恩的罪恶史。他还到各校、各机关奔走呼号，在城里、北关的主要街道张贴为郭广恩铸铁猪募捐的传单，还编写顺口溜到街上宣传，其中之一是："一二三五七，曹锟不识字，中国人口多得多，哪一个比不上曹三哥？"反对选曹锟当总统。各界开会议决，在益都城北大桥头铸造一铁猪，将郭广恩的名字铸在上面，以惩无耻，泄民愤。赵文秀主张给郭广恩铸猪最为坚决，他说："这正大光明、为民除害的事，应该一直向前，义无反顾"。赵文秀的日记中多次记录为益都劣绅郭广恩"铸猪"活动：

11 月 6 日下午三点同四十余人，同至甲种农校，又约上十余人，乃报告猪仔议员郭广恩，昨日同人等曾给他信，让他将贿选所得拿出，他不但不拿，且说贿选也不错，直视吾等为无能。……明日若不答复，即给他贴传单，铸铁猪，登报声明他的贿选罪状。

晚饭后至石尧楷号讨论为民贼郭广恩"铸猪"事。欲在本城铸，恐地方官干涉；欲往临淄铸，则耗费太大，恐款不足……我以为这正大光明、为民除害的事一直向前进行，义不反顾……

后来，郭广恩买通官府出面阻拦，铁猪没能铸成，但却使郭广恩声名扫地、狼狈不堪。更重要的是，经过他们几个月的广泛宣传，彻底揭穿了曹锟贿选总统闹剧的真相，加深了人们对北洋军阀政府的憎恨。

（4）宣传马克思主义　播撒革命种子

1924 年 4 月，王尽美同志来到青州，在十中向学生演讲，讲述马克思主义基本原理以及苏联革命经验。赵文秀亲耳聆听王尽美的讲演后，觉悟有了很大提高，并积极要求加入社会主义青年团。经王翔千同志介绍，赵文秀的愿望终于实现。根据上级"凡国民党有组织的地方，我党党、团员一并加入"的指示，他又加入了中国国民党。

入团后，他更积极主动参与领导青州平民学会的工作。为了总结中国平民学会的工作经验，并与全国各地交流斗争情况，赵文秀撰写《青州平民学会》一文，刊在团中央机关刊物《中国青年》第 61 期上。该文对青州平民学会的初建和发展情况、会员的信仰以及做了哪些工作，组织了哪些革命团体和最近打算干什么，作了重点阐述。为以后研究、撰写青州平民学会和青州早期党团的初建、发展和工作等情况提供了重要文献。

1924 年 8 月，团中央批准团青州支部改为青州特别支部，直属团中央领导。赵文秀由于工作积极，斗争性强，表现突出，被选为团青州特别支部的组织委员。为了发展革命力量，他广泛接触青年，向他们推荐进步刊物，引导青年走上革命道路。先后介绍王懋坚、冀三纲、吴芳亭、王士秀、刘凤阳等同学多人入团。经过赵文秀和同志们的共同努力,1924 年 10 月,青州特别支部的团员已发展到 20 人。当时的青州是全国范围内团员较多、革命活动最活跃的地区之一。1924 年 10 月,因声援广东的革命运动,团组织在校内领导了学生罢课活动,赵文秀、王元昌等被学校开除。后经王元昌的祖父、地方绅士王保南到学校赔礼道歉,才改为记大过。但这并没有改变赵文秀的斗争意志。

1925 年 1 月,赵文秀转为中国共产党党员,仍参加并领导团的活动。同年 3 月 12 日,孙中山先生逝世,青州各校师生和各界人民召开了追悼大会。赵文秀为召开大会做了许多筹备和组织工作,并对家里人说,要"誓死"继承孙中山先生的事业。

(5)机智与敌周旋 领导青岛工人运动

1925 年 4 月,青岛大康、隆兴和内外棉等纱厂工人陆续举行大罢工,青州党团组织领学生联合会募集捐款,派赵文秀到青岛代表青州革命人民向罢工工人进行慰问。赵文秀被留青岛协助领导工人罢工月余,始回学校。6 月,赵文秀初中毕业后,被派往青岛工作,并被选为共青团青岛地委候补委员。他在青岛工作认真负责,任劳任怨。在斗争中英勇机智,表现了无产阶级大无畏的革命精神。一次开会时被敌密探包围,他却大模大样、若无其事地从门口走。当时正碰上敌探问他:"赵文秀在哪里?"他面不改色,手向门里一指,说:"在里面。"然后从容不迫地离开。还有一次,他被敌人堵在楼上,实在无路可逃,便打开窗子,顺着靠近窗的一根电线杆滑下去,顺利脱险。

后来,赵文秀因身份暴露,不能在青岛立足。1926 年初,被调到津浦路浦口工务段工作。离家前,他对父母说,把土地、东西卖掉,别留那么多东西。当父母问他到哪里去时,他说"远在天涯。"赵文秀到南京后,公开身份是津浦路浦口工务段工会秘书,党内职务是浦口党支部书记,在南京党团地委领导下从事工人运动。

(6)授命转战南京 壮大党团组织

为了熟悉情况,教育、发动工人参加反帝反封建的革命运动,壮大党团和工会的组织,赵文秀到南京工作后不久,就在工务段办起了浦口职工夜校,他既是校长,也是教员。白天,他从事革命工作,处理工会事务;晚上,他到夜校上课。开始,赵文秀在夜校主要教文化,教工人们识字、写字。过了一个时期,除教文化课外,他还用通俗易懂的语言讲明中国工人没文化、受痛苦的原因,并用中国革命的历史和俄国十月革命的成功经验启发工人的阶级觉悟和革命激情。

1926 年 4 月 30 日,已经担任共青团南京地委经委会委员的赵文秀,仍分工负责浦口地区的工作。此后,他注重在工人中发展工会会员。凡热心工会事业、积极要求加入工会的工人,他都及时发展为会员。

当时，南京在军阀孙传芳的统治之下，到处笼罩着白色恐怖气氛。赵文秀把个人生命安危置之度外，扎扎实实工作，受到中共南京地委的好评。1926年7月，中共南京地委《组字报告》第一号第四项谈到浦口工作时，写道："浦口因赵文秀同志甚能守诚，故工作能保持原样，精神亦甚好。"在地委的直接领导下，他更积极进行发展、壮大党的组织的工作。他先后介绍机务段扳道工韩连慧、起重王高学奎、杨桂林，计工员高文瑞，还有该段苏玉祥、余凤标、潘金玉、代长熟、苏扬平等9人入党。在赵文秀的领导下，这批党员积极从事建党工作，又先后发展代兴江、李鸿雁、史意儒等人入党，使浦口的党组织迅速发展壮大起来。

（7）配合北伐顽强斗争　光复南京壮烈殉国

1926年7月，国民革命军出师北伐，进展极为迅速，革命形势大好。南京工人阶级在地委领导下，为迎接北伐军，配合北伐军光复南京进行了英勇顽强的斗争。8月28日下午，南京各业工人代表90余人，在浦口车站附近集会，决定成立南京工人代表大会筹备委员会。赵文秀为会议的顺利召开，做了大量的工作。9月，在中共南京地委职工运动委员会的领导下，成立了南京工人代表大会。为了加强对工人运动的领导，1927年1月，地委决定建立下关、两浦等5个区的职工运动委员会，赵文秀任两浦职工运动委员会成员。

在中共南京地委的领导下，为发展两浦的工人运动，赵文秀同文化震、钟天越、梁永等同志秘密筹建南京市总工会，成立了工人纠察队，以策应北伐军光复南京。1927年初，国民革命军北伐迫近沪、宁时，奉系军阀组成直鲁联军南下，妄图阻挡北伐军北进，抢占了南京。1927年3月21日，国民革命军江右军向南京发起总攻击，23日下午二时攻克雨花台。直鲁联军见大势已去，退入城内，旋由下关退往浦口。24日清晨，北伐军胜利光复南京，败军向下关方向仓惶逃窜。

此时，赵文秀等率领工人纠察队配合北伐军奋勇参加战斗，重创敌军。敌军垂死挣扎，战斗十分激烈。赵文秀毫不畏缩，与敌奋力搏斗。激战中不幸中弹，壮烈牺牲，年仅23岁。

赵文秀是青州市第一批加入中国共产党的党员之一。他舍生忘死，义无反顾地为革命奋勇拼搏。他的生命虽然极其短暂，但却闪耀着璀璨的光辉。他为了中国人民的革命事业做出了很大的贡献，无愧于共产党员的光荣称号，他的英雄事迹和爱国精神值得每一个人学习。他把年仅23岁的生命永远留在了异省他乡的土地上。

2. "一门九烈"浩气长存：刘旭东

刘旭东（1899—1941），原名刘晓亭，为了革命曾化名孙诺夫。

（1）弃文从医　承父业悬壶济世

1899 年，刘旭东出生在益都县（今青州市）南段村一个农民家庭。他的父亲刘裕祥，精通针灸，当年在青州古大道西侧开有"聚祥堂"药铺，乐善好施。刘旭东自幼好学，聪慧伶俐。六岁读私塾，之后考入益都师范讲习所，受新文化运动影响，积极进行革命宣传，带领同学进行反帝、反封建斗争。

1916 年，刘旭东在益都师范讲习所毕业后，一边在朱良高级小学任教，一边跟父亲习医。此时，他为使那些家中贫困的孩子上学而绞尽脑汁。与鲁迅先生相反，他在教书 7 年后弃文从医。他想用医术解脱贫苦大众的痛苦。他行医时，只要听说贫苦农民谁家有病人，便立即登门施医，从不计较报酬。

（2）光荣入党　为抗日投身革命

卢沟桥事变后不久，1938 年 1 月，日军侵占益都县城，烧杀抢掠、无恶不作。刘旭东为国家的前途、人民的命运心急如焚。他早就听说离他家南段村不远的朱鹿村有共产党员活动，也从报纸和有关的传言中得知共产党是真正抗日的组织，便多次借行医之名前往东朱鹿村，寻找党组织。

东朱鹿村有千余年历史，1928 年中国共产党在这里建立了"中共益北特支"，这是党在青州地区成立最早的农村党支部。1938 年，中共益都县委在这里成立，当时全村 200 多户村民脱产抗日的多达 144 人。由此，东朱鹿村成了益北地区抗战的堡垒村和开展革命活动的中心，在当时有"小苏维埃"之称。

1938 年冬的一天深夜，潜居于东朱鹿村的共产党员胡维鲁因得急性肠胃炎，求刘旭东医治。刘旭东药到病除，从此，两个人志同道合，结为好友。在胡维鲁的引导下，刘旭东在段村一带组织起了抗日救亡团，带领村民与官府和豪绅进行了坚决斗争。

在刘旭东的介绍下，赵家营村 21 岁的后生赵治安也加入到"益都农民抗日救亡团"，跟随共产党在益北地区坚持抗日救亡运动，并在"益都农民抗日救亡团"中担任负责人。他带领救亡团成员积极行动，成立宣传队，走村串户，散传单，发表演讲，出板报，画漫画，宣传抗日，谴责日伪政权的卖国投降政策，宣传群众开展抵制日货运动。

当时，刘旭东领导的抗日救亡活动，受到四边县委（即益都、临淄、寿光、广饶四县边区，共产党当时在此活动，并建立四边县抗日根据地）的表彰。1938年经四边县委组织部长胡维鲁同志介绍，刘旭东光荣加入中国共产党。

当时，共产党在益北地区开辟抗日根据地，组建地方抗日武装。刘旭东在益都县第七区担任第一任区委书记，并创建了益北第一个抗日民主政权。为巩固新政权，刘旭东遵照上级关于"积极吸收工农成分和革命学生入党"的指示，把发展党员、建立党组织当作新斗争形势需要的大事，带领区委同志不管盛夏酷暑，还是数九寒天，将个人安危置之度外，走乡串户，发现和培养积极分子，秘密发展党员，建立健全了党的组织。

在刘旭东的努力下，不到一年时间，七区村村有了党员，几乎村村建立了党支部。他还十分关心抗日武装力量的壮大，动员党员干部、青壮年参加抗日游击队，仅段村一个村就有 30 多人参加了八路军十支队三大队。

1939 年，斗争形势日趋紧张，日军不断"扫荡"抗日根据地。盘踞在益北的国民党保安十五旅二团徐振中部勾结日军，妄图消灭抗日武装，益北地区形势更加恶化。敌人派兵抓农夫建岗楼、挖封锁沟，一遍又一遍地对根据地"清剿"，制造白色恐怖。共产党为了保存力量，采取应变措施，主力部队和党政干部向小清河北转移，留下刘旭东等同志隐蔽活动，坚持领导抗日斗争。

刘旭东和留守的同志一起，紧紧依靠群众，白天在"青纱帐"里与敌人周旋，晚上进村活动。由于敌人严密封锁，同志们吃饭、喝水都很困难，只好饿了吃把生高粱、嚼块苇根，渴了喝口河水，坚持组织群众埋地雷、挖陷阱，昼伏夜出，不断打击日军和汉奸，迫使敌人不敢轻举妄动。

（3）舍生取义　斗汉奸壮烈殉国

1940 年 10 月 9 日，八路军清河军区主力部队与徐振中部遭遇，敌人伤亡殆尽。徐振中为报战败之仇，趁我地委组织部长李寿龄、县委组织部长刘旭东等同志到东朱鹿村检查工作的机会，勾结日伪军，制造了一起骇人听闻的流血惨案。

1941 年 1 月 4 日上午，为坚守和扩大抗日根据地，益寿县委在寿五区八户村开会，得到敌人要来"扫荡"寿五区洋河一带根据地的情报，当时正在益寿县视察工作的清东地委组织部长李寿龄，由县委组织部长刘旭东和宣传部长张鲁泉陪同，由县委秘书陈诚一同志带领，傍晚顺着洋河两岸，秘密潜入了东牛鹿村隐蔽起来。

当晚，除县委的八九个同志潜入该村外，还有区县各救会、六大队和区中队的部分同志。前几天搬来的秘密兵工厂的 20 多个人也住在该村。村党支部书记陈庆祥同志亲自在自卫团基干班值班。1 月 5 日拂晓，徐振中亲率汉奸队，带着朱良据点日军熊谷曹长、汉奸杨荆山（外号杨勾鼻子）等 300 多人扑进了村里。当基干班的同志发现敌人时，村子已被包围，他们马上分头通知各部迅速进入地窖。兵工厂的 20 多名同志住在村民王长荣家里。王长荣先把同志们送入新的地窖和村民王怀五家的地窖，自己一家人下了旧地窖。

由于内奸告密，敌人首先就到王长荣家去抓兵工厂的同志。敌人堵住了他家旧地窖的入口，威胁他全家人，若不出来就往地窖里扔手榴弹，他们只得从地窖里出来。敌人对他们全家进行了毒打质问，威逼他们说出兵工厂同志的藏身处，他们一口咬定："他们前晚就出村转移了，不知到哪里去了。"

敌人又抓来陈景堂烈士的父亲陈福开以及群众尹殿昌、尹殿富进行严刑拷打，得到的回答仍然是"不知道"！敌人恼羞成怒，用二齿钩子将陈福开活活打死，并把王长荣的房子烧掉。敌人疯狂地挖刨打砸，翻箱倒柜，但什么也没搜到。就这样，群众用鲜血掩护了兵工厂的20多名同志。

当时，李寿龄、刘旭东、张鲁泉等藏在陈成春家的地窖内。由于叛徒陈劝三出卖，敌人逼着陈成春下地窖抓人，陈成春宁死不屈，被活活烧死。汉奸杨勾鼻子又命其警卫下地窖，被刘旭东开枪打死。

敌人在无计可施的情况下，在洞口点上柴草和辣椒，用扇车往地窖内煽风。在这紧急关头，刘旭东、李连臣为了掩护同志和群众，冒着生命危险上来，一出洞就被敌人捆绑毒打，威逼追问洞里的情况。他俩坚定地说："洞里没有别人了。"

狡猾的日军熊谷曹长不相信，命令继续向洞里吹烟。在地窖内，张鲁泉同志用身体堵住进火口，保护其他同志，腰部左侧被烧烂，因伤势过重，医疗条件极差抢救无效而牺牲，临终手里还紧紧握着打光了子弹的手枪。李寿龄和他的通讯员罗小明，团书记陈岚明，县青年干部卞克己，群众陈文通、陈凤仁等六位同志被呛晕在洞里。后来卞克己、陈凤仁被抢救过来，其他同志壮烈牺牲。

中午，日军和汉奸把抓捕的抗日革命同志和群众，全部押到该村的十字路口。刘旭东被打得鲜血淋漓，昂首挺胸走在被押队伍前面。

汉奸徐振中曾是刘旭东的学生。他向日军熊谷曹长耳语了几句后，走到刘旭东面前，假惺惺地叫了声老师。当即，刘旭东怒目而斥："安儿（徐振中的乳名），你这个狗汉奸，民族的败类，谁是你的老师？我早晚要看到你们这些畜生的灭亡！"徐振中立即露出了凶残的嘴脸，命令汉奸将刘旭东绑在路边的老槐树上，残忍地挖掉了他的双眼。

刘旭东满脸是血，鲜血从棉袄内流到地下，惨不忍睹。对面不少群众眼里噙着泪花，低下了头。但刘旭东始终骂声不绝，敌人又割去了他的舌头，然后将其活活砍死。

鲜血染红了刘旭东遗体周围的积雪。革命群众纷纷向前冲，被一群汉奸用刺刀顶了回来。敌人撤走了，刑场上留下了12具遇难者的尸体。乡亲们站在刘旭东等烈士遗体前肃立默哀，妇女、儿童围坐在烈士遗体旁，哭成一团。

（4）忠烈为国　承遗志各自献身

刘旭东为党奋不顾身地工作，全家在他的教育和影响下，有21人加入了抗日斗争行列，成为当时清河地区有名的革命家庭。在抗日战争和解放战争中，刘氏家族共有九位亲人献出了生命。其余8人分别是刘旭东之三弟刘芝亭、刘旭东之四弟刘观亭、刘旭东之堂侄刘汉玉、刘旭东之独子刘汉鼐、刘旭东之堂侄女刘兰英、刘旭东之儿媳王秀英、刘旭东之堂侄刘汉儒、刘旭东之堂侄刘汉鼎。

（5）浩然正气　烈士祠群英齐荣

1945年抗战胜利后，当时的益寿县人民政府以"益寿县全体人民"名义，赠给抗日英雄刘旭东的后人一面锦旗，上书"群英齐荣"四个大字。

为纪念死难烈士，当地政府在青州城北的段村建立烈士祠，庄严、肃穆。高高的正门上方，"浩然正气"四个镌刻的大字刚劲有力，两扇油漆大门上，"千古壮烈，万世光荣"八个大字闪闪生辉；迎门墙上，当年益寿县府赠献的木制长匾写着"气壮山河，气势磅礴。"祠内古朴、幽雅，苍松翠柏。大厅四壁悬挂着为革命事业捐躯的先烈英名录；大厅中央悬挂着刘旭东一家九位烈士的英名谱，陈放着九位烈士英雄业绩的巨幅画板，不禁令人肃然起敬，催人奋进。

3. 一门忠烈彪炳史册：冯旭臣

冯旭臣（1888—1942），益都县第三区长秋村人。抗日战争时期任益都县参议长。1942年11月10日，在马鞍山保卫战中，他奋力抗敌，为国献身。

（1）书香门第，志在报国

冯旭臣青少年时读过"四书""五经"。1919年五四运动前后，深受反帝反封建思潮影响，关心国家、民族的命运，同情贫苦劳动者，急人之急，救人之难。冯旭臣的次子冯毅之，1930年在济南读书时参加了革命活动，1932年又参加益都暴动，失败后暂回家乡。冯旭臣予以劝慰、鼓励，后益都县长派三区区长赵某到长秋村，企图以会见为名将冯毅之逮捕。冯毅之早有准备，在两人相见时突然一拳将赵打翻，趁机脱险。赵恼羞成怒，抄了冯家的家产。冯旭臣向亲朋借款50元，帮助冯毅之去北京，支持他继续从事革命活动。

（2）坚决抗日　义无反顾

1937年12月下旬，侵华日军攻陷济南，国民党军溃逃。中共山东省委号召各地党组织发动武装起义、组建游击队、奋起抗战。冯毅之也在家乡组织起一支抗日武装。冯旭臣积极支持儿子的抗日救国行动，让长子冯登魁、三子冯登恺、大女婿孙同山参加了八路军新一营，让小女儿冯文秀参加村里的妇女工作。他自己则动员部众，筹划抗战物资，忙碌在抗日救国战线上。

1938年春，廖容标、姚仲明等人率领山东人民抗日救国军第五军（后编为三支队）到了长秋村。群众早就听说过廖容标率部在小清河上打敌艇全歼日军的事迹，便腾出好房，送来粮食欢迎这支抗日军队。冯旭臣看到八路军首长平易近人、官兵一致、严守群众纪律，感慨地说："历史上的高祖刘邦，约法三章，对老百姓秋毫无犯，在历代王朝中就算是好的了，可是远远比不上共产党领导的队伍。"

冯毅之带领新一营活跃在淄河流域，对日伪军造成了极大威胁。日伪军找不到新一营，便对冯毅之的家乡长秋村进行报复。1939年春末一天凌晨，日伪军突然偷袭长秋村因没抓到冯家人，便纵火烧了冯家房舍。群众回村，见冯家一片灰烬，便争相安慰冯旭臣，他却说："国破家亡，古之常理。敌人想用烧杀来挫折我们的斗志，那是痴心妄想，八路军会为咱们报仇。咱不能动摇，要坚定信心，多方支援八路军，打击日本侵略者！"他说到做到，斗志更加坚定，工作更加积极。1939年，冯旭臣被选为益都县参议长。

（3）血染马鞍山　气壮山河

1941年，抗日战争进入最困难的时期。敌伪互相勾结，不断对抗日根据地"扫荡"、围攻八路军、捕杀抗日家属，根据地逐渐缩小。但冯旭臣毫无畏惧，继续奔走在抗日战场上。然而，冯旭臣毕竟年龄已大，还有女儿、儿媳、年幼的孙女在身边，随军活动很不方便，便同意了上级让他去马鞍山上居住的意见。1942年，冯旭臣带着二女儿文秀（中共党员）、二儿媳孙玉兰（中共党员）和3个孙女新年、卢桥、平洋登上马鞍山。在山上，他负责管理守山战士和伤病员的伙食，冯文秀任山上的文化教员，孙玉兰帮伤员缝制衣服。

1942年秋，日伪军对鲁中抗日根据地进行大"扫荡"，因伤致残的八路军一一五师教一旅二团副团长王凤麟也来到了马鞍山。他把山上的三十几人组织起来，准备应战日伪军来犯。冯毅之时任淄、博、临、益四县联合办事处负责人。一天，他上山和王凤麟商讨应战事宜。晚上，大家谈论起敌人"扫荡"中的残暴罪行，冯旭臣气愤地说"我长子和大女婿已经为抗战牺牲，还有老二、老三和二女婿在前线杀敌。日本侵略者想用杀人的办法制服中国，是永远办不到的！"他更加激昂地说"我们要学岳飞、文天祥，流芳百世，不做秦桧遗臭万年"。

11月8日，一支1000余人的日伪军窜到马鞍山附近。日军听伪军说山上有八路军的兵工厂和大干部，还储存着大量物资，于是决定对马鞍山展开进攻。9日，日军对马鞍山的进攻开始了，他们凭着优势兵力，在马鞍山东南方向的孟良台上架起大炮，猛烈轰击马鞍山，并调来3架飞机不停地对山顶扫射、投弹。同时，组织兵力沿着台阶，向山上进攻。随着王凤麟一声枪响，一名日军指挥官应声倒地。山上的其他人员纷纷射击，扔手榴弹，冯旭臣和女儿文秀也奋起参战，向山下掀石头。日军伤亡惨重，黄昏时不得不撤兵下山。

10日，日伪军增加到几千人，飞机增至8架。黎明时，马鞍山上已经战火纷飞，愈战愈烈。王凤麟率领守山人员，利用手榴弹往山下推石头，顽强抗击，将日军多次进攻打退。中午，马鞍山仍然牢牢控制在守山英雄手中。猖狂进攻的日军，在攻山道路上铺下了一层尸体，半天没有恢复攻山的勇气。

黄昏时分，日军再次对马鞍山发起进攻。敌机贴着山峰飞行、扫射、投弹，对山顶狂轰滥炸。随着几声巨响，马鞍山顶上的寨门、矮墙全被炸毁，日军蜂拥而至。此时身上多处负伤的王凤麟当机立断，命令将家属和孩子想办法送下山去逃出一个算一个。于是，他们把做军衣用的布匹撕裂成布条接起来，一头拴在树上，一头垂下山去。冯旭臣的儿媳孙玉兰背着次女、小女抓着布绳下山时，由于负荷过重，布绳断裂，她们坠崖身亡。

此时，冯旭臣冒着炮火四处送水，送手榴弹。他见南天门吃紧，即前往助战。同志们倒下了，他不顾敌人的炮火，和女儿冯文秀一起连忙掀石头砸敌人，突然。一发炮弹落在他父女近旁，冯旭臣受了重伤，但他不让女儿为他包扎，叫她继续战斗，终因流血过多，壮烈殉国。随着山上牺牲人员越来越多，日军终于爬上了马鞍山。冯文秀意识到自己为国尽忠的时刻到来了，神情自若地理了理头发，纵身跳下了悬崖，其他几位幸存的守山勇士人也纵身跳下悬崖。

惨烈的马鞍山一战，日军被击毙100余名。冯旭臣老人全家6口殉难，显示了中国人民宁死不屈的民族气节。

（4）民族光辉　照耀千古

日军投降后，博山县政府在马鞍山建烈士塔，正面题"气壮山河"，侧面刻烈士名单，其中有冯旭臣一家6口。1946年，益、临、淄、博四县民众发起对马鞍山烈士重新安葬。冯旭臣一家烈士迁葬故乡长秋村，建碑纪念。碑上方横书"民族光辉"，碑文题为"旭臣老先生暨其子媳烈士墓碑志"，碑文结尾称："先生可谓抗战中的先进模范，媳女是巾帼的英雄。他们的名字将与日月同在，与马鞍山并存不朽"。同年5月，鲁中军区行政公署参议会向冯旭臣的遗属敬赠金字大匾，上书"一门忠烈"。

《红色丰碑——潍坊红色文化教程》节选（青州人物篇）：

1. 视死如归的革命先行者：段亦民

段亦民（1900—1933），原名段明光，字耿文，化名吴尚，吴浩然、王子健，早期中共党员，革命烈士，临朐县山旺镇黄山店村人。1923年齐鲁大学毕业后参加工作。1926年秋加入中国共产党。1931年冬，他深入农村，开展恢复建立农村党支部的工作，至次年春，在益都县建立起20多个支部，党员发展到160多人，各进步群众组织成员发展到1000余人。1932年7月被捕。1933年8月18日在济南英勇就义，是"泺口九烈士"之一。

（1）弃医从文　胸怀报国志的青年学子

段亦民8岁入本村私塾读书，成绩优秀。1914年春，以优异成绩考入青州英浸礼会崇实中学（后改为守善中学）。1917年考入青州共和神道学堂医学预科，后并入济南齐鲁大学，转入文学院。1919年五四运动爆发后，受新思想的影响，弃医学文，开始致力于新文化、新思想的学习和研究。

（2）一身正气　拒乘胶济铁路的爱国志士

1919年，第一次世界大战爆发，德国忙于参战，日本趁机出兵从德国手中夺得青岛和胶济铁路。同时迎合袁世凯复辟，诱迫袁世凯签订丧权辱国的条约。日本取得在山东的权益后，以保护日商民为借口，在胶济铁路沿线商埠和工矿等驻扎军队，无端干涉中国内政，倾销日货，掠夺资源，激起了铁路沿线人民的无比愤慨，也在段亦民的心里埋下了仇日的种子。血气方刚的段亦民，积极参加到"力争山东主权，废除二十一条卖国条约，严惩国贼，抵制日货"爱国运动中来。这年夏天，学校放暑假，段亦民为抵制日本的侵略，坚决不坐日本管辖的胶济铁路火车回家，与同学张伯怀（临淄灯笼村人，其父为基督教牧师）、吴烈秋（益都城里人）甘愿绕道小清河坐民船回家。当时，胶济铁路济南至益都段全长160公里，从济南到益都坐火车需要个4个小时。而改道发源于玉符河岔流及济南诸泉，东北流经历城、章丘、邹平、博兴、广饶等县的小清河，距离远了70多公里，用时增加了好几倍。他们坐民船沿小清河而下，在广饶县的石村登岸，然后，徒步行至广饶县以前曾在齐鲁大学执教的聂重生老师任教的小学过夜；第二天，步行到临淄县灯笼村张伯怀家吃中午饭，下午，段亦民与吴烈秋再步行到益都城里住下；第三天，段亦民独自步行回到临朐家中。这虽然舍近求远，又费时费力，但是他们"感到能经过考验而享受了抵抗日军侵略的精神胜利之欢乐"。

（3）一心向党 万国储蓄会里的"地下工作者"

1923年，段亦民齐鲁大学毕业后到济南万国储蓄会任职员。此间，他广泛结识进步人士，阅读各种进步报刊，提高了对"只有马克思主义才能救中国"的认识。1926年秋，加入中国共产党，从此他以满腔热情投入革命洪流，白天忙于储蓄会的业务，晚上广泛接触各阶层人士宣传革命道理，多次参加张贴标语、散发传单的活动，他的寓所成为党员活动和隐蔽的处所。1927年下半年，他随万国储蓄会迁至青岛，并同青岛的共产党组织接上关系。他被晋升为万国储蓄会总会计师，以此合法身份进行革命活动。

1929年春，中共山东省委组织部长王复元叛党投敌，使济南、胶济铁路沿线和青岛的党组织遭受严重破坏。党组织在段亦民家里召开会议，不慎被敌人发现。当国民党宪警到储蓄会搜捕时，段亦民等同志乘机跳楼逃脱。脱险后，他回到济南，继续从事党的地下工作。

（4）勇于斗争 领导抗日救国的益都书记

九一八事变后，段亦民在益都发动抗日请愿运动，起草了《告同胞书》，广为散发、张贴。同时，领导东关小学400多名师生举行罢课、游行，到国民党县政府请愿。他还组织省立十中、省立第四师范、师范讲习所、商校的进步师生轮流上街集会演讲，迫使国民党益都县党部在天齐庙召开了"抗日大会"。

1931年冬，他多次深入农村，从事恢复和建立农村党支部的工作。至次年春，益都县建立起20多个支部，并在城区和郑母一带建立党的区委，党员发展到 167 人，各进步群众组织发展到 1000 余人，受到省委表扬。同年 5 月，中共益都县委建立，他任书记。1932 年春，他组织发动师范讲习所学员，掀起反对国民党益都县党部执行委员、捕共队长兼该所训育主任赵若谦的学潮。同年夏，他领导部分党团员和互济会员，在国民党县党部举办的乡镇长训练班上，与县党部进行了面对面的斗争。

（5）含冤忍辱 以教学为掩护的地下工作者

1932 年 5 月，中共山东省委派张鸿礼在中共益都县委扩大会议上传达省委指示，要县委做好准备，在青纱帐起时举行暴动，并指定段亦民任益都暴动总指挥。7 月上旬，在县委扩大会议上，张鸿礼宣布省委关于武装暴动的决定。段亦民在会上陈述了准备还不充分，特别是缺乏军事指挥干部的实情。张批评他右倾，两人发生争执。最后张宣布撤销段县委书记职务。段亦民被撤职后，与爱人汤佩琛到临淄县南仇村，以教学为掩护，继续秘密开展党的工作。省委对他十分关怀，派曹金言到南仇村找他时，夫妇俩已被逮捕，押往国民党济南法院看守所。

（6）誓死不屈 英勇就义的泺口九烈士

1933 年 8 月 18 日，段亦民与被捕的中共济南市委书记李春亭、中共青岛市委书记李伟仁、共青团山东特委代理书记孙善帅、中共山东省委巡视员张福林、中共郯城县委组织委员孙善师、中共鲁南特派员唐东华、中共益都县委书记郑心亭、中共青岛市委秘书王常怡 8 名中共党员领导干部，被国民党反动派在济南泺口刑场残忍地枪杀了，史称泺口九烈士。段亦民、李春亭、孙善帅等 9 人被捕后，在狱中不畏敌人严刑拷打，始终严守党的机密，同敌人展开了多种形式的斗争。面对国民党的酷刑，段亦民坚贞不屈，进行了绝食斗争。段亦民等 9 人以钢铁般的意志，不屈不挠的斗争精神，在生与死的考验面前，始终保持了共产党人的气节。临刑前，他们手挽着手，高呼"打倒国民党反动派""打倒日本帝国主义""中国共产党万岁"等口号，表现了共产党人英勇不屈的革命气节和视死如归的爱国主义精神。

2. 智勇双全的县委书记：高奋

高奋（1919—1956），原名高启节。临朐县赵家楼村人。

（1）少年立志 赤心向党

高奋出身农民家庭，从小酷爱读书，但因为种种限制，只读过小学就辍学了。高奋的母亲心地善良，乐于助人。高奋自幼受母亲影响，在心里早早播下了奋斗进取的种子。高奋的少年时期，正是临朐县匪盗横行、祸乱迭起、民不聊生的时期。17 岁那年，二哥高启孝被土匪绑架并折磨致死，对高奋心灵触动很大，他强烈地感受到旧中国的黑暗无道，内心渴望曙光来拯救这些受苦受难的生灵百姓。为此，高奋经常到早年参加过反帝反封建斗争、参加过北伐革命军的老师郭景宪那里接受教育、聆听教诲，听老师讲讲三民主义和北伐革命，有时候也跟着老师学学武术、练练拳脚。这时候的高奋，已经立下了将来有所作为、拯救苍生、报效祖国的志向。

1935年至1936年间，高奋的族兄高启芳（即高启云）是济南乡村师范学生。每逢放寒暑假，高奋即请高启云讲革命道理，讲国家前途，拿他的《人众哲学讲话》《读书生活》等进步书看。由此，高奋很快接受了马克思主义的革命思想，并认识到，只有社会主义和中国共产党能够救中国的道理。

1936年夏，经高启云介绍，高奋加入中国共产党。不久就担任了赵家楼村党支部书记。从此，他带领党员，积极从事地下革命活动。他组织青年办起了"青年识字夜校"，经常利用晚上学习《大众生活》《文化报》《世界知识》《中国农村》等书籍、报刊，启发、提高青年农民的思想觉悟。利用创办青年识字班夜校的机会，他团结教育了一批人，为后来拉队伍打下了基础。他还经常发动群众伐地主的树，收地主的庄稼，救济贫民。

（2）身先士卒 凝心抗日

七七事变后，抗日战争全面爆发。高奋经常以推盐为名奔走于寿光、益都、临朐之间，了解抗日救亡形势，寻找党的组织。1938年1月，日军侵占临朐。2月15日，高奋带领本村及邻村数十名青年农民，参加了八路军十支队，后改编为三支队，转战于胶济线南北，打击日伪势力，破坏敌人交通，出生入死，屡建战功，受到领导的多次表扬。1939年10月，高奋率独立营配合山东纵队第一支队，参加了五井战斗。全歼日军40余人，打死打伤伪军120余人，受到了主力部队首长的嘉奖。

1940年夏，日、伪军进行"扫荡"和"强化治安"，临朐形势恶化，党政机关转移至沂南。为使临朐根据地不致沦陷，高奋受命率领20余名战士返回临朐，开展武装斗争。在日军重兵压境，难以立足，又一度与上级失去联系的情况下，他率队果断地镇压了赵家庄的铁杆汉奸"憨蛋"，为民除去了一大祸害。之后，他又率领部队击溃高家庄伪军班，缴获其全部武器，打击了日伪嚣张气焰，初步立住脚跟。然而，革命的道路是不平坦的，就在高奋转战南北，连连获胜的节骨眼儿上，不幸于行军途中与敌军遭遇，因寡不敌众，身受重伤，流血过多，晕倒在豆地里，直到第二天夜里，才被战士聂恒庆、李彤云等人发现，将他转移到衣家庄子共产党员衣光荣家。高奋在衣光荣家里，经过衣光荣夫妇的精心护理，伤势逐渐好转。还没等伤口愈合，他就又忍着伤痛投入到新的战斗去。12月，高奋即奉命任益都县大队教导员并代理中共临朐县委书记。

1941年，日伪频繁"扫荡"，临朐被"蚕食"将尽，加之县长冯少伯叛党投敌，带领日、伪军到处搜捕共产党员，环境十分艰苦。高奋不顾身体的伤病，带领武工队转战于临朐、益都南部山区及昌乐境内，一直坚持到 1943 年上半年。

（3）菩萨心肠　善心助民

1943 年 9 月，中共临朐县委改称中共临朐县工委，临朐县政府、临朐县大队相继成立，高奋任工委书记兼县长、大队长。当时，在敌、伪、顽的残酷压榨下，把临朐变成了骇人听闻的"无人区"，瘟疫流行，饿殍遍野。全县 38 万人，境内只有 8 万人，十室九空，蒿草遍地，炕上"抱"狼羔，路有冻死骨，人民群众挣扎在死亡线上。

当时，共产党和人民政府的主要任务是：发动群众，生产救灾。高奋领导全县党政军干部一面开辟解放区，一面组织医疗队防疫治病，组织群众以工代赈、生产互助、重建家园。在战斗间隙，高奋经常光着肩膀、挽着裤腿帮助群众拉犁、开荒、种地。还为孤寡老人挑水、煎药。高奋日以继夜地工作着。他拖着带伤的腿，走门串户，访贫问苦。

一次，白沙村有一老大娘病了，儿子逃荒东北，孤独一人，无人照料。高奋亲自服侍，煎药服药，送汤喂饭，一连几天，守护在老大娘身边。在高奋的精心护理下，老大娘的病好了。她拉着高奋的手激动地说"你比俺的亲生儿子还亲！"在旁的同志介绍说："这是高县长！"老大娘两手握着高奋的手说："你是俺的好县长！"说着热泪顺着脸颊直流。

高奋经常和群众一起刨地拉犁、挑粪。有一次，王家庄的一位大爷有事找高奋，高奋正和群众一起挑着粪上山，凑巧大爷与高奋相遇，大爷问："你见到高县长在哪里？"高奋说："大爷有事吗？""我有事要找高县长，你知道他在哪儿？""有事你就说吧。""你办不了，我要亲自和高县长说。"

高奋已看出这位老大爷不认识他，而且非要见到本人不行，便说："我就是高奋，大爷有事，尽管说吧。"大爷上下打量着高奋，见他头戴苇笠，光着上身，肩上搭着条披布，穿着带有补丁的粗布裤子，系着结有疙瘩的腰带，穿着草鞋，就半信半疑地问："你真是高县长吗？"在旁的同志插话说："他真是你要找的高县长。"大爷这才相信了，忙向前两手握着高奋的手说："俺的好县长。"说着把高奋拉到一边，攀谈起来。

（4）土改先锋　忠心为民

1943 年至 1947 年，他领导全县开展减租减息、土地改革运动，并亲自指挥地方武装，多次打退从昌乐入境的国民党反动武装，保证了土改工作的顺利进行。1947 年，国民党重点进攻山东，临朐形势恶化，中共鲁中三地委决定临朐的党政干部暂时转移。高奋主动要求留在临朐，他对地委领导说："我是县长和县委书记，不能扔下临朐人民不管！"经地委同意，他留下带领武工队同国民党还乡团进行斗争，解放区群众相互转告"高县长没走"。高奋在极其险恶的环境里带领全县人民浴血奋战，终于迎来临朐全境解放。

1948年3月，高奋调到中共鲁中三地委任委员、财委副书记，为支援前线，他带病坚持工作。同年9月升任副专员。

（5）南下报国　痴心不改

1949年，高奋随军南下，任山东干部大队代理政委。途中病重，他依然躺在担架上召开会议，坚持工作。1950年2月，任浙江省委纪律检查处处长，被选为浙江省第一次党代会代表。1951年，在上海华东医院治病期间，高奋仍然坚持帮助医护人员学习"三反""五反"文件，被称为"医生的医生"。1953年6月，高奋调华东医院任党组书记兼副院长，不久，又调任上海市机关党委书记。1955年冬，肝病复发，再次住院。病危时，他向组织嘱托把自己的躯体交给医院解剖，供医学研究之用。高奋与疾病作了顽强的斗争，终因医治无效于1956年病逝，年仅37岁。

3.艰苦奋斗　忘我工作：高启云

高启云（1914—1988），又名高启芳，临朐县冶源镇赵家楼村人。中国共产党临朐县地方组织的创建者之一，中国共产党的优秀党员，忠诚的共产主义战士，原中共山东省委书记，全国第六届人民代表大会代表，于1988年9月3日因病在济南山东医科大学附属医院逝世。

高启云的一生是革命的一生，战斗的一生。他几十年如一日，艰苦奋斗，忘我工作，把毕生精力都奉献给了中国人民的解放事业和社会主义建设事业。

（1）勤奋刻苦　少年励志

高启云，1914年3月10日出生于临朐县赵家楼村一个农民家庭。父亲高乃恭一生务农，吃苦耐劳、忠厚老实。母亲于氏，勤俭持家，爱好劳动，对子女要求很严格。高启云8岁被送进本村小学读书。11岁丧父，14岁的哥哥和母亲支撑家庭。高启云15岁高小毕业后又考入临朐县师范讲习所学习。在求学期间，高启云就表现出刻苦勤奋、自尊自强的性格。那时，生活艰苦，经常往返30多里路回家背煎饼，常年吃咸菜，油花不见。放了寒暑假，他回家推粪垫栏，什么农活都干。有一年清明节放了三天假，他去打了三天短工，每天管三顿饭，挣一毛二分钱。他富有正义感，在校内见不平的事敢于出来说话。有一次，一个学生依仗家庭是土豪劣绅欺侮同学，高启云当面怒斥这个学生说："你不要认为依仗你父亲的势力可以为所欲为，不知悔改，同样可以揍你。"又一次，得知同村的一个贫苦农民在城内靠卖煎饼为生，被一个富人诬告偷了自行车，并起诉到法院，高启云为此打抱不平，几次怒骂这种诬陷好人的行为，并为这个穷苦乡亲出谋划策，最后打赢了这场官司。

1932年，18岁的高启云从师范讲习所毕业后回乡教学。教学不到一年，他听说济南山东第一乡村师范招生，便对母亲和哥哥说要去报考。母亲说："现在一斗麦子（60斤）卖3块钱，咱家没有粮食，上哪折腾点钱啊！"他便与哥哥找到他的伯父。伯父做点小生意，硬是挤出10元钱，给他赴济南考试。大约20天后，学校发榜，他被正式录取，1934年夏入校学习。

每当放假回来，高启云就脱下长袍子帮助母亲和哥哥干活。他对母亲说："我上学今后花钱少了，每月写稿子能挣3元钱，一袋子面粉两元八，生活有保障了。"母亲听了，倍感欣慰。高启云热爱书法，从16岁起就为乡亲们写春联，到了春节，他就自己花钱买上蜡烛和墨给左邻右舍写对联，有时写到鸡叫也不说累。在济南乡师学习的日子里，他与进步师生一样，对时事政治很关心，如当时对东北沦亡、华北危机，国民党蒋介石只打内战不御外侮等问题，常常你一言我一语，谈得慷慨陈词、义愤填膺。对于读书学习，经常互相介绍一些进步刊物、书籍，如《大众哲学》《读书生活》《世界知识》《中国农村》和其他社会科学书籍等。他还经常参加举办的各种座谈会，如中国农村的出路、乡村建设派的改良主义、日本法西斯对中国的侵略等都是座谈会的内容。围绕这些题目，或即席发言，或专题讲演。这些方式使高启云学习了马列主义，逐渐懂得了无产阶级革命的道理、中华民族的前途，以至后来坚定地走上革命道路。

在抗日救亡运动风起云涌之际，蒋介石为首的国民党反动当局对乡师的青年学生加紧思想控制和进行镇压。高启云在学校党组织领导的反控制斗争中，站在前列，勇敢而坚强。为了对付频繁的考试，乡师学生从平时不断地进行抵制，发展到全校罢考事件。当时，校长肖采瑜即将赴美留学，同学们认为这次考试可能放松，普遍没有认真准备，临考发现考试更严格了，同学们都惶恐不安。怎么办？"罢考""交白卷"在同学间自发地酝酿起来。党支部决定支持同学们的行动。于是，先由六级一班、二班对1936年暑假前的公民课考试实行"罢考"。高启云所在的六级二班共有学生38人，其中党员21名，他们连同一班的学生组织"交白卷"。这件事立即在全校沸腾起来，一下子把校方制造的考试紧张空气打破了，使学校的教务处、训育处处于尴尬孤立境地。

（2）义愤填膺 投身革命

1935年九一八事变前，山东省主席韩复榘命令严禁集会纪念九一八事变。乡师进步师生极为愤慨。高启云等作为骨干，积极组织了纪念九一八事变大会。这天下午，以学校打铃上课为号，学生纷纷从教室涌入礼堂。学校当局事先将礼堂门窗加了锁，同学们一拥而上，将礼堂门打开，全校七个班的学生全到齐。这次行动爱国师生又取得了胜利。

同年12月9日，北平爱国学生冲破国民党政府的阻挠，举行了声势浩大的抗日救国示威游行。在北平一二·九爱国学生运动的推动下，济南高中、乡师、一中等校学生举行罢课，成立了"济南市学生抗日救国联合会"。高启云在这次爱国运动中积极奔走，被同学们推选为学生代表，参加全校的学生抗日救亡委员会。当时，山东国民党当局对学生运动是采取压制态度，以提前放假的手段，把学生赶出学校。这时高启云与临朐籍的学生被迫返回原籍，在赵家楼村及邻村农民中进行抗日救亡宣传。他曾和孙毅民一起到临朐县西山跟下的天井村进行宣传，该村小学教师孙传伦是他的同学，孙传伦召集了学生会，高启云作了鼓动性的宣传讲话。这件事不胫而走，很快传到了国民党区政府，区政府通过村政权提出警告，说反对国民党政府就要治罪。但这一切并没有吓倒高启云，他继续在赵家楼、孙家小崔村一带宣传抗日，影响颇大。

1936 年 3 月，高启云加入中国共产党。从此，他以一个无产阶级先锋队战士的姿态，在革命斗争中发挥着先锋模范作用。同年 6 月和 9 月，乡师党组织的负责人姚仲明和山东省委负责人赵健民先后被逮捕，但乡师的活动照常进行，而且工作日趋活跃。高启云曾担任乡师党的支部书记，他立场坚定，旗帜鲜明，团结所有进步师生积极开展党的工作。高启云和同学孙毅民在乡师求学时，就与家乡的进步青年保持着密切的联系，并通过大量细致的思想工作，发现培养了一批党员发展对象。1936 年夏，他发展本村青年高奋入党，以后高奋又发展几个党员，于同年 7 月建立了赵家楼村党支部，高奋任党支部书记。这个党支部和孙家小崔村党支部是临朐县最早建立的党组织，在济南乡师党组织的直接领导下，他们积极传播马列主义，秘密发展党的组织，从事党的地下活动，为壮大党的队伍，扩大中国共产党的影响，在全县起了重大作用。

1937 年 7 月，全面抗日战争爆发，济南乡师被迫停办，许多同学到各地去了，剩下的 100 多人由学校组织流亡南迁，经过济宁，到了巨野等地。下半年，高启云到济宁乡农学校校长训练班学习。当时学校有个临时党支部，他任支部书记。1938 年元旦，中共山东省委派白子明同志去单县组建湖西特委，他到济宁后，将高启云和周序五调出，派他们到郓城、鄄城、菏泽、濮县、巨野一带组建郓城中心县委，并指定高启云任中心县委书记。

1938 年 1 月 2 日，白子明、高启云、周序五、孙志谦一行 4 人到了郓城。当时，郓城中心县委只高启云 1 人，工作只能以秘密方式进行。白子明、周序五、孙志谦去单县工作，高启云便以流亡学生的名义，暂住洪王庄梁仞仟家中。梁仞仟原是济南高中的学生党员，这时在家养病。高启云利用梁仞仟的同学关系和原来的工作基础开展活动。他白天除做一些同志的工作外，还通过他们联系贫雇农，向劳苦大众讲形势，讲劳动人民受穷受苦的原因，启发他们的抗日情绪和阶级觉悟。

1938 年 3 月初，郓城中心县委逐步健全起来，周铭三负责组织，李宜之负责宣传，智乃耀负责统战，梁仞仟虽未分工，但重要问题都与他商议。经过县委同志的努力工作，到 1938 年 10 月，大约发展党员七八十人，建立了智垓、张寨、郓城的窦垓、仁怀、樊家坞、徐桥、盐场、赵楼等 10 余个村党支部。由于工作进展较快，群众抗日情绪日益高涨。为了培养干部，县委决定在飞哲集举办抗日自卫团训练班，由各党支部动员党员和群众中的积极分子参加，每期二三十人，时间 10 天左右，训练班由高启云等同志主办。教材自己编，生活靠募捐。那时吃高粱、豆饼做的窝窝头，喝白开水，连咸菜也没有，但大家学习积极性很高。县委办了个名为《燎原》的油印刊物，费用都由高启云所借的 20 元垫支了。训练班先后训练了两三批骨干，自卫队发展到几百人，掌握了部分武装。此外，他们还搞了一些统战和宣传工作。这一切都为鲁西郓城一带抗日高潮的形成和一大批军事政治干部的成长起了重大作用。

1938 年 10 月，高启云离开郓城中心县委到山东分局学习。年底，他奉命回到原籍临朐，先后任临朐独立团政治处主任、政委等职。临朐独立团初建时有 3 个中队、140 余人，它既是战斗队，又是宣传队，在全县有重大影响。由于环境恶化，独立团转移到沂水县悦庄，因当时部队成分复杂，人员思想混乱，根据上级指示，高启云主持对独立团进行了整顿，清除了不纯分子，提高了部队的素质，为这支抗日武装的成长和壮大奠定了良好的基础。

1939 年春，高启云调离临朐独立团后，先后任新泰县委书记、县大队政委、鲁中区党委一地委委员、宣传部长兼莱芜县委书记等职。这时，抗日战争开始进入最艰苦的时期，从 1941 年春开始，日军对共产党领导下的抗日根据地发动了多次残酷的"扫荡"和"治安强化运动"，妄图消灭我领导机关和主力部队，摧毁抗日根据地。与此同时，国民党顽固派不断挑起事端，制造摩擦，使我处于腹背受敌的境地。在泰安、莱芜一带，由于日军和国民党顽固派的摧残，革命力量受到严重损失，仅莱芜一个县党的基层干部，被捕、被杀、被赶的就有 101 人，数千名党员失去联络。加上连年灾荒，死于病、饿、战争的群众达 5000 余人。在这种极端困难的形势下，高启云无所畏惧，依靠党的坚强领导，率领根据地人民，努力发展抗日武装，建立民主政权，坚持对敌斗争，屡次挫败敌人的封锁、"蚕食"和"扫荡"的阴谋，为创立、巩固和发展抗日根据地做出了重要贡献。

在长期的对敌斗争中，高启云表现了英勇顽强、有勇有谋、不怕牺牲的革命斗争精神。1942 年 10 月 17 日，敌伪军 5000 余人突然袭击莱北山区，驻茶叶口一带的泰山区党政机关遭敌合围。在吉山战斗中，泰山军分区政委兼地委书记汪洋及干部、战士 200 多人壮烈牺牲，数十人被俘。高启云带领部分同志奋勇杀敌，终于突出重围。在地委和军分区领导下，他们处理善后事宜，掩埋了烈士遗体，安定了干部、群众的情绪。

解放战争时期，高启云先后在华东局党校、华东局、山东分局组织部做组织工作。他工作勤恳扎实，作战英勇无畏，无论何时何地都圆满地完成了党交给的各项任务。

（3）勤勤恳恳 任劳任怨

新中国成立后，高启云历任中共济南市委常委、工业部部长，市委副书记、书记，山东省人民委员会秘书长，省工业交通生产委员会副主任、主任，省计划委员会主任，省经济委员会主任，副省长，淄博市委第一副书记、市革委第一副主任，省计委党的核心小组组长、主任，省革委生产指挥部党的核心小组成员、副主任，省委常委、省革委副主任兼省科委党组书记、主任，省委书记等职。曾多次被选为省人大代表。

在 50 年代和 60 年代，高启云从事经济工作，担负着繁重的任务。他勤勤恳恳，任劳任怨，善于钻研，敢于决断，为我省国民经济的恢复和发展，特别是工业生产的迅速发展做出了重要的贡献。

新中国成立初期，党的工作重心转向经济建设。大批干部进城后，普遍缺乏管理现代化工业的知识和经验。俗话说"隔行如隔山"，身为济南市委工业部部长的高启云深知这个道理。为了适应形势的需要，他牢牢抓了两条：一是孜孜不倦地攻读理论，刻苦学习党的各项指示，吃透上级精神；二是深入调查研究，抓点跑面。他抽调干部，组织两个工作组，曾经深入济南机床二厂和成大纱厂（即现国棉一厂）蹲点，创造经验，总结经验。这两个点由他亲自领导，不仅一周听取一次汇报，而且定期或不定期地到点上听、看、议，经常从点上发现问题、提出问题，指导面上的工作。由于他工作抓得紧，指导具体，济南市的工业生产很快得到恢复和发展。

1957 年，中央颁发了《试办小型工业示范县的决定》，这时高启云已调省经委工作，他对中央的这一决定心领神会。当时山东工业基础相当薄弱，绝大多数县属于空白。从发展经济的比例顺序讲农、轻、重，但从战略上讲，没有工业，农业就得不到充分发展。要发展工业就需从零开始，从群众性的小型工业做起。高启云对这一点十分清楚。因此，在抓小型工业示范县以及以后的"五小"工业上，他严肃认真，脚踏实地。当时，省委、省政府确定以沂源、章丘、高唐作为三个不同的试点县。他不仅亲自帮助这些县研究规划，制定措施，而且发现经验，积极推广。章丘试制成功了石灰烧粘土水泥、高唐用麦穰制成了油光纸，他都视为珍宝，极力推广。对各县兴办的小水泥、小钢铁、小煤窑、小化肥、小五金等厂矿，他也总是极端关心，从多方面给予支持。特别是在支持山东陶瓷工业的发展上，倾注了大量心血。他多次到淄博陶瓷厂蹲点，与工人、技术员反复研讨，决心创出自己的特点、风格，生产出自己的新瓷种。有一次，在省博物馆发现了一件古瓷器，激发了他的灵感。中国古瓷世界著名，是祖国的瑰宝，如取其精华融于我省陶瓷之中，定会取得突破性的进展。他遂与有关部门协商，在不违背文物保护规定的情况下，借出这件古瓷器，为研究工作创造了条件。如今，山东已成为全国四大陶瓷工业基地之一，整个工业也形成了门类齐全、具有较大规模的完整体系。这一切都渗透着高启云大量的心血和汗水。

新中国成立以来，我国经济建设有两次大的调整，每次都是由于经济过热、速度过快而被迫采取的措施。山东省的两次调整都是高启云亲自抓的。1958 年掀起的"大跃进"，由于违背了客观规律，致使工、农业生产遭到了损失，人民生活遇到困难。为了扭转这一严重形势，中央决定从 60 年代初在全国范围内进行调整，提出"调整、巩固、充实、提高"的方针。对如何贯彻好这一方针，高启云以高瞻远瞩的姿态，提出："要依据山东的实际，统筹规划，区别对待，保住重点，以利发展。"为省委制订方案提出了切实可行的建议，并在具体实施中，本着能并则并、能转则转、能缓则缓，实在没有办法再关停的原则，从而保证了我省工业生产走上良性循环的道路。党的十一届三中全会以后，党中央再次提出在全国范围内进行调整，方针是："调整、改革、整顿、提高"。这时，高启云是省委分管工交工作的书记，他将这次调整与上次调整进行了认真分析对比，认为这次调整的重点是解决经济比例失调的问题，调整行业、企业、产品结构，使整个国民经济能够持续、稳定、协调发展。在这段工作中，他废寝忘食，终日操劳，及时解决调整中的问题，保证了经济的健康发展。

在第一次调整期间，党中央决定压缩城市人口，山东要压缩 120 万，这是一个非常艰巨的任务。高启云与省政府的其他负责同志一起，在抓调整工作的同时，日以继夜地召开紧急会议，分部门分行业进行造册登记，在一个月内，完成了规划和动员工作。当时，他主持省经委的工作，一方面安排经常性生产，一方面抓城市人口的压缩和安置工作，常常工作到深夜，最后顺利地完成了各项工作任务。

（4）年近花甲 勇担责任

在 1973 年到 1974 年间，"四人帮"在全国发动了"批林批孔"运动，迫害老干部，煽起新的派性斗争，很多厂矿企业停工停产。山东的煤炭生产，由原来的日产七八万吨下降到二三万吨。火车运输和发电用煤到处告急，工业生产和群众生活用煤更为短缺。国民经济遭到严重摧残，形势十分严峻。这时，高启云分管工业生产，看到被"四人帮"破坏的情景，心情非常沉重，万分焦急。他在省委的统一安排下，虽年近花甲，仍不辞劳苦，跑遍全省所有的矿务局和煤矿，召开党员干部座谈会，听汇报，作动员，发动煤矿职工，排除干扰，战胜困难，恢复生产。在他的奔走呼号下，山东的煤炭产量逐渐上升到正常水平。粉碎"四人帮"后，他衷心拥护和坚决贯彻执行党的十一届三中全会以来的路线、方针、政策，在思想上、政治上、行动上同党中央保持高度一致。这期间，省委分工他兼任省科委主任，尽管他长期搞经济工作，对科技并不是很熟悉，但省委做了决定，他就不折不扣地一抓到底。从健全机构到制定规划和搞基建，他都抓得很紧，很快使全省科技事业初具规模。他抓科技工作从不蹲在办公室里发号施令，而是深入基层，抓点带面。有一次他到临沂地区的郯城、莒南农村，发现了群众办沼气的致富典型。他认为，如果这项科技成果能在全省农村推广，将是农村燃料结构的一场革命。在他的推动下，全省农村的沼气事业迅速发展起来。由农村发展到县、社、机关、企事业单位，很快发展到 30 多万处。

后来，他在分管组织工作期间，认真贯彻党在新时期的组织路线，主持公道，认真落实党的干部政策和知识分子政策，大力平反冤假错案，调动了干部和知识分子的积极性，促进了安定团结的大好形势。在贯彻执行干部队伍革命化、年轻化、知识化、专业化方针，加强党的基层组织建设方面，做了大量的工作。为了推进新老干部的合作与交替，扶持年轻干部的成长，他身体力行，带头从领导岗位上退下来，树立了很好的榜样。

高启云性格直率，是非分明，敢说敢做，勇于承担责任，从不随波逐流，具有坚强的党性和革命原则性。1954 年"向明事件"时，他和济南市委书记董琰同志受到错误处理，面对不公正的对待，他除向组织陈述自己的意见外，在行动上无条件地服从组织决定，仍然以党的事业为重，兢兢业业地工作。1957 年、1958 年，在"左"的路线影响下，"反右"斗争和反右倾运动犯了扩大化的错误。当时，山东省政府办公厅已有 15 人受到错误批判，而斗争仍有继续扩大的趋势。面对这种情况，高启云光明磊落，为了维护党的利益，敢于说话，从而缓和了事态。难能可贵的是，他不仅自己直言不讳，有话说在当面，而且对个别人物当面一套、背后一套，耍两面派，深恶痛绝。他一身正气，不随波逐流，冒着"包庇右派就是右派"的风险，实事求是地阐明自己的立场、观点和看法，力排干扰，保护同志。

1958 年和 1959 年，社会上刮起了一股"共产风"，经济建设盲目追求大计划、高指标。山东也提出了在工业战线开展"一、二、五、十"运动（即日产一万吨铁、二万吨焦炭、五万吨矿石、十万吨煤炭），按当时的生产能力，这个指标已很难完成，可是后来又有人提出指标更高的"一、二、五、十"计划（即日产 10 万吨铁、20 万吨焦炭、50 万吨矿石、100 万吨煤炭）。面对这种严重脱离现实的高指标，高启云认为，如不坚决抵制，将对社会主义建设事业造成无法弥补的损失。于是，他旗帜鲜明地提出了反对意见，并据理有力地说服了一些人，避免了"浮夸风"的进一步蔓延。有一次，他去看望一位从国外回来的同志，谈话间，这位同志把国外吹得天花乱坠，把国内说得一无是处，高启云当时沉重地说："母亲再丑也是母亲"。后来他又就这件事对人说："我们要看到自己的不足，这正是激励自己发愤图强的根据，绝不能把这种不足作为看不起祖国的把柄。当今社会上仍有一股以侮辱祖国为时髦的不良风气，这种人自恨生为中国人，他们最好学伯夷、叔齐'耻食周粟'。"他的一腔爱党爱国热情溢于言表。

（5）俭以养德 艰能砺志

高启云具有吃苦耐劳、一丝不苟的工作作风，许多和他一起共事的同志都有同感。一次，他从生建铁厂去新泰，当时已是深夜，寒风飕飕，冷气逼人，路径生疏，有人劝他改日再去，但他工作心切，硬是坐上拉煤的卡车，连夜赶到，顾不得休息又抓工作去了。还有一次，他去菏泽棉纺厂考察，在车间他见陪同的厂长手中拿着烟，便以询问的口气婉转地问道："厂里有防火的规定吗？"这一温和的询问，不仅使这位厂长立即意识到自己不对，而且使其受到很大启迪。从此，这个厂长重视和加强了各种制度的建设。

高启云很讲究文字，凡他经手的文稿，都要亲自修改，反复斟酌，力求文理通顺，表述准确。文稿起草前，他总是认真思考，形成总体轮廓后，再把文中的思想、路子、结构、内容安排，向拟稿人做详尽阐述。文章草成后，他还要反复修改，逐字推敲，甚至连一个标点也不放过。对下面送来的报告，他都反复阅读，内容不清时，总要询问清楚；需要答复的问题，也都事先提出明确的意见，做出答复。

在生活上，几十年如一日，他廉洁清苦，公私分明，艰苦朴素。他常以"俭以养德，艰能砺志"自勉，对自己要求十分严格。每逢出发到基层，他总是向随行人员交代，不赴宴，不收礼，不买廉价东西。1953年秋天，他到一个工厂了解情况，午饭时间已过，厂里准备了酒菜，他婉言谢绝，并语重心长地说："此风不可长，廉才能清正，俭才能育德。不然，人民就会唾弃我们。"1960年前后，国家暂时困难时期，他家人口多，客人往来频繁，口粮不足，做行政工作的同志瞒着他每日给他家补贴几斤粮食。高启云知道后，十分生气，立即把多领的粮食全部退回。

他在淄博市任市委书记时，家乡的一些亲戚和退休的老同志不断去找他帮忙买化肥，他都严词拒绝了，还批评说："买点肥料是小事，破坏了党的纪律，违犯国家政策，败坏党的作风是大事。化肥是按指标分配的，你们买去了，人家用什么！"

他对亲属子女也非常注重教育，从严要求。他的大侄女高延龄1956年在济南一中毕业后，便送她去青海支援边疆建设。二侄女高延美1960年在蚕校毕业，曾请求叔父帮助找工作，高启云耐心地动员她回乡做一个新式农民。其侄子高延庆在农村当民办教师 20 多年，想通过叔父的关系转为公办教师，高启云对侄子说："咱们绝不能破坏党的纪律，要相信党和人民会给你合适待遇的。"高启云的专车，从来不准自己的子女和亲戚乘坐。他的五个子女结婚时，没有一个动用轿车的。就连他的哥嫂、母亲去济南时，也没用轿车接送过一次。

高启云虽然长期从事党务和经济工作，但他多才多艺，兴趣广泛。早在1950 年，他随全国组织工作代表团赴苏联参观，临别时，代表团致苏共中央的感谢信，要求用正楷书写，大家推举高启云，他握管挥毫，大幅长篇楷书一气呵成，留赠苏联领导人，深得好评。几十年来，他在繁重的工作之余，热心翰墨丹青，而且成为一位有成就的书法艺术家。

（6）鞠躬尽瘁 兢兢业业

1983 年，高启云离休家居，不顾年高体弱，仍继续关心着两个文明的建设，积极从事各项社会活动。他关心计划生育工作，他为青少年教育事业、妇女儿童事业、残疾人福利事业的发展，特别是文化艺术和文物保护事业而长期奔波、操劳。他在自撰《无题》诗中写道："不是解甲告归田，革命生涯启新篇。伏枥不忘千里志，四化岂敢惜残年。学书学画平生愿，种菜养花乐怡然。愿与同志齐努力，齐鲁形势更灿烂。"他潜研书画，博采众长，逐渐形成自己的风格，其书法作品刚健雄浑，质朴端庄，苍劲圆润，洒脱自如，所画竹石、山水等，格高韵雅，意趣超然，多次参加省、市和全国的展览，各类报刊亦多有登载，并流传海外，赢得国际友人的喜爱。平日，求书者接踵而至，无论职位高低，皆有求必应。他为名胜古迹和企业、机关、商店、学校书写匾额，为工人、军人、学者、机关干部题词，其词必激励先进，鼓舞斗志，为群众所欢迎。

高启云除热爱诗、书、画外，还对文物管理、工艺美术非常热爱和支持。一次，他到东阿县，见到鱼山曹植墓遭到破坏，十分痛心，不仅直接向当地政府提出建议，而且回济南后，立即向有关部门呼吁，引起了重视。他去泰安徂徕山，发现"建安七子"遗迹，周围的古树遭到砍伐，也立即提出了加强保护的措施。另外，青州白驹谷刻石的保护、桓台县新城王渔洋纪念馆的文物充实、山东省文物店的修建及淄博陶瓷工艺美术的发展等，他都提出了许多好的建议。他极端尊重知识，重视人才。制作人民大会堂山东厅泰山饰金大屏风的中年画家、研究木片烙画的青岛高级工艺美术师、研制鲁砚的石刻家，都是埋没在全省各地各行各业的有一技之长的人才。高启云得知后，穿针引线，千方百计把他们挖掘出来，充分发挥了他们的聪明才智。

高启云为党为人民鞠躬尽瘁，兢兢业业奋斗了半个多世纪，业绩斐然。他将永远活在齐鲁人民的心中。

潍坊工程职业学院隆重举办音乐党课：

6月29日下午，潍坊工程职业学院在青州市广电大剧院举办了"两优一先"表彰大会、"光荣在党50年"纪念章颁发仪式暨音乐党课。表彰仪式后，肖明胜、高立伯、"光荣在党50年"党员代表王月梅、党员代表张荣斌、赵凤卿等5个主讲人为全体党员上了一堂生动的音乐党课。音乐党课采用党史知识与音乐节目互融的形式，分《开天辟地 星火燎原》《山河浩荡 峥嵘岁月》《改天换地 旭日东升》《改革开放 春风浩荡》《不忘初心 筑梦前行》五个篇章，共计12个节目，展现了中国共产党成立100年来的光辉历程和伟大成就。在介绍相关党史知识的同时，穿插情景剧、歌曲、舞蹈、微视频等节目，通过多重的艺术形式再现党史中震撼人心的动人记忆。音乐党课将"四史"教育融入到音乐党课之中，用音乐上党课，用艺术讲政治，以师生喜闻乐见的方式，开展党性和革命传统教育，引导全体教师学党史、知党情、跟党走，为学院教育事业发展贡献力量，献礼中国共产党成立100周年。

第三节 潍坊工程职业学院精实文化育人成效

近年来，潍坊工程职业学院坚持以习近平新时代中国特色社会主义思想为指导，根据中共中央办公厅、国务院办公厅《关于实施中华优秀传统文化传承发展工程的意见》、中共山东省委办公厅山东省人民政府办公厅《山东省传承发展中华优秀传统文化工作方案》和教育部《完善中华优秀传统文化教育指导纲要》《关于开展中华优秀传统文化传承基地建设的通知》《关于深入开展文明校园创建活动的实施意见》等文件要求，坚持社会主义先进文化前进方向，坚持以文育人、以文化人，服务于一流高职院校的办学目标定位，紧紧围绕学校办学定位、办学思路及总体发展战略，进一步加强以"精实"文化为核心的文化育人体系建设，建设优良的校风、教风、学风，形成完整的"一核、双线、四轴、八元"的精实文化育人格局。

以"做精做实，创业创造"为核心（"一核"），通过开展传统文化育人活动培育学生的人文精神，开展职业文化活动培育学生的工匠精神"双线"推进，以环境推动、课堂驱动、校企联动、师德支撑为"四轮"，打造具有鲜明特色企业文化、工匠文化、书院文化、非遗文化、传统文化、红色文化、军营文化、孝德文化"八元"文化，努力打造具有潍工院特色的校园文化品牌，培养德智体美劳全面发展的高素质技术技能人才，培养德技并修的时代工匠，为推动学院改革与发展提供强大精神动力。

一、文化育人背景:实施"SQC"一体化培养模式,全面提升学生综合素质

《中共中央关于深化文化体制改革推动社会主义文化大发展大繁荣若干重大问题的决定》提出了建设社会主义文化强国的战略目标。所以,在文化大发展、大繁荣时期,加强高职院校文化建设,坚持育人为本的理念,不仅有利于促进高职教育内涵式发展,实现高职培养目标,而且有利于实现高职院校在文化传承创新中的担当,提升文化自觉、增强文化自信,实现文化自强。

学院以"为了学生的就业和可持续发展"为办学宗旨,将"专业突出、技能过硬,素质全面"作为人才培养目标,以"劳动光荣"为培养理念,继续积极推进以专长培养为主的"一项专长、两种素质、三个能力"的"SQC"一体化培养模式,使"劳动光荣,劳动伟大,劳动美丽"的观念深入人心。"一项专长"即"一生一专长",要求学生在校期间必须熟练掌握一项专业特长,即一技之长、"绝活",没有专长的学生不能毕业,目的是确保学生成功就业和在社会安身立命;"两种素质"是专业素质和科学文化素质,要求学生学好专业知识的同时,加强科学文化素质的培养,目的是为学生参与社会竞争打基础;"三种能力"是创业能力、创新能力和职业生涯规划能力,确保学生未来持续发展。该模式将"劳动光荣、技能宝贵、创造伟大"的时代精神融入其中,注重学生专业技能、综合素质、创新创业能力的培养。

《潍坊工程职业学院关于进一步加强和改进新形势下学院宣传思想工作的实施意见》中第二条"推动中国特色社会主义理论体系进教材进课堂进头脑",也对文化育人明确提出要求"增强大学生思想政治教育针对性实效性,启动大学生思想政治教育质量提升工程,深入开展中国特色社会主义和中国梦教育,加强党史国史和形势任务政策教育,把社会主义核心价值观融入教育教学全过程,完善中华优秀传统文化教育,高度重视民族团结教育,积极开展马克思主义民族观宗教观、党的民族宗教政策和相关法律法规的宣传教育,组织开展形式多样的专题研讨、报告和文化讲座等活动。针对高职生特点,进一步提高"大学生心理健康教育"课、"职业人文基础课"和"大学生创新与创业教育"课程的课堂教学质量。邀请职场成功人士或知名经理人为学生举办就业与创业专题报告会,端正学生的就业态度,激发学生的创业意识。"

二、文化育人保障

作为山东省人才培养特色名校和山东省优质高等职业院校,学院高度重视文化育人工作。在政策、经费、平台、人员方面给予了大力支持。

（一）组织保障

成立文化育人领导小组。学院将"文化先行"作为重要办学理念，制定出台《文化育人实施方案》。成立由党委书记、院长任组长，其他院领导为副组长，相关职能部门负责人为成员的文化育人领导小组，定期研究文化育人体系建设工作中的问题。

成立优秀传统文化教育中心。中心具体负责统筹文化育人方案设计、教研教改、课程开设、师资培训、活动组织、服务开展等，统筹开展文化素质教育工作；成立培真书院文化研究院。书院下设古琴研究所、国学研究所、书画研究所、陶艺研究所。每个研究所设所长1名，研究所广纳人才，在优化组合校内教学研究人员的基础上，邀请校外知名专家学者担任研究所兼职研究人员。书院的主要职责是开展中华优秀传统文化教育教学研究、开展非遗教学研究、举办非遗传承交流活动、展示学院办学成果和非遗传承成果、开设"培真书院讲坛""培真书院文化论坛"。

建立文化育人教育教学团队。团队制定了"完成一批教学科研成果，带动一批优秀教师队伍，培养一批优秀人才"的奋斗目标，致力于在教学科研、示范带动、人才培养、文化传承、社会服务等方面取得更大突出性成绩。重点加强文化育人专项科研课题，包括文化育人体系、评价、路径研究，加强文化育人实效性研究。致力于将精实文化打造为省内外有影响力的文化育人品牌。

加强师资队伍建设。引培并举，打造师资。引进大师、非遗传承人等入校园，分类建立人才信息库，聘请非遗大师授课，构建"专任教师＋国艺讲师＋讲座教授＋非遗大师"多元化师资团队，开展传承人传习工作，建立梯次培养机制。开展传统文化师资培训，分批次组织专任教师外出参加传统文化师资培训，不断提高优秀传统文化教师的文化认识能力、理论学习能力、知识识别能力、教学设计能力、教学评价能力组织。

（二）政策支持

1. 制定出台《校园文化建设方案》《校园文化建设计划》，从经费使用、人员配备、管理机制等方面给予支持，保障"精实文化"育人工程顺利健康实施。

2. 实行"校园文化建设"专项计划、总结制度。结合实际对"精实文化育人工程"的实施制定出专项工作计划，每学年年底在工作总结中详细对"精实文化育人工程"实施情况进行总结。

3. 实行"精实文化育人工程"建设工作定期总结。学院每学期听取一次宣传部、团委学生处、教务处、后勤服务处等部门针对精实文化建设工作实施情况的汇报，将精实文化建设工作实施情况纳入学院的年度工作目标管理。

（三）经费保障

学院对精实文化育人工程实施过程所需经费纳入年初经费预算，保证整个实施过程的必要经费支出。将相关专业人员的培训、教育、交流访学等纳入整体的人才培养和队伍建设。在硬件、软件和人才队伍建设上加大支持力度，确保文化育人体系建设各项工作顺利开展。

三、文化育人成效

（一）大学生思想道德素质全面提升

学院实施"5412"素质教育体系（即构建思想政治素质、身心素质、人文素质、职业发展素质和创新创业素质5个素质教育课程模块；构筑活动、文化、网络、职场4维育人环境；建立党、政、工、团分工负责，学校、家庭、社会相互配合，全员育人、全过程育人、全方位育人的1个素质教育网络；完善学生素质提升评价和素质教育工作评价2个考核体系），促进了学生的全面发展和综合素质提升，学生的创新能力、创业能力和职业生涯规划能力进一步增强，就业竞争力逐年提高。

学校文化育人，素质教育的成果广受关注，中央电视台《新闻联播》《中国教育报》《大众日报》、山东电视台、中国高职高专教育网站等相关媒体先后对学院院的教育成果进行报道，学院的文化育人经验得到了推广，社会影响力不断提升。中央电视台新闻联播报道了学院开展"让青春献给祖国最需要的地方"主题实践活动，彰显了学院加强文化育人，重视大学生素质培养的办学特色。中国教育报《我光荣，我是一名劳动者—潍坊工程职业学院改革人才培养模式加快内涵发展纪实》重点介绍了学院"SQC"人才培养模式的优势和特点，注重绝活教育、文化育人大学生创新创业、绝活教育等内容及其在助推名校建设中的作用。大众日报刊发了《秉承"先于企业，高于企业，严于企业"的办学理念—开发优质课程助推创新创业》《校园涌起"创业潮"—潍坊工程职业学院完善人才培养模式鼓励创新创业》《创建"一园区多中心"潍坊工程职院助力学生创业》《潍坊工程职院优秀传统文化进校园》等，介绍了学院文化育人成效等建设成果。中央电视台新闻联播报道了学院开展"让青春献给祖国最需要的地方"主题实践活动，彰显了学院加强"SQC"一体化人才培养，重视文化育人，提升学生综合素质的办学特色。中国教育报《我光荣，我是一名劳动者—潍坊工程职业学院改革人才培养模式加快内涵发展纪实》重点介绍了学院"SQC"人才培养模式在重视学生专业教育，打造学生绝活的同时，重视文化育人和创新创业教育，不断提升学生综合素质的优势和特点。

（二）大学生创新创业水平显著提升

学院把创新创业活动作为教育教学改革的一项重要工作来抓。鼓励学生刻苦钻研、勇于创新，组织、吸引学生积极参加创新创业训练计划活动，使学生在活动中受到教育，在创新中增长才干，在科研中提高素质，在创业中实现学生的人生价值，为学生全面发展搭建服务平台，涌现了以山东省"双创之星"、潍坊市优秀大学生创业者和潍坊市政府创业奖获得者为代表的一批优秀创新创业典型，在社会上引起了强烈反响。2014 年毕业生夏三洋自主创业成立映霜红农业合作社，被评为"潍坊市十大创业者"，获得 2 万元奖励，青州电视台作了专题报道；2013 级在校生齐琛琛创业成立山东煜辰地理信息科技有限公司，于2015 年 8 月 21 日在齐鲁股权交易中心挂牌上市，他个人被评选为山东省"双创之星"。2016 年 7 月 30 日，齐琛琛率领的创业团队在"建行杯"山东省第二届"互联网＋"大学生创新创业大赛中以项目"山东煜辰地理信息科技股份有限公司"获得实践组亚军，夺得金奖，并代表山东省参加国赛。2016 年 6 月 3 日，学院被全国高职高专创新创业教育协作会评为"2015 年度全国高职院校创新创业教育先进单位"。

（三）育才之路星光璀璨

围绕"专长突出、技能过硬、素质全面"的人才培养目标，完善课程体系、实践教学体系和素质教育体系，修订课程标准，推进课程建设和教学模式改革，人才培养质量明显提高。学生在各级各类技能竞赛中摘金夺银，多人获山东省道德模范、山东省"双创之星"、潍坊市优秀大学生创业者等称号，人才培养质量明显提升在社会上引起了强烈反响。

1. "山东省道德模范""高原上的格桑花"——马广超

马广超，男，山东省泰安市岱岳区人。潍坊工程职业学院 2003 级机电一体化技术一班学生，班级卫生委员。曾获"优秀学生干部"、"三好学生"、"优秀毕业生"等荣誉称号，并获"2005 年山东省大学生机电产品创新设计竞赛"一、二、三等奖各 1 项。毕业后，志愿到青藏高原腹地青海省玉树州囊谦县偏远山村的 8 所小学义务支教 6 年，克服了恶劣环境、语言不通、水土不服、通信不畅、疾病等艰难险阻，不要一分钱的工资和补助，生活费、差旅费全部自理；学会了藏语，当起了"土医生"，做起了"维修工"，免费为当地群众服务，得到当地藏族同胞的爱戴和赞誉；2010 年 4 月，两次写下遗书，奋顾不身投入到的青海玉树大地震救援当中去，将无私的爱留在了青藏高原。被人们称为"最美志愿者""高原上的格桑花"，先后获得十大"玉树好人""感动泰安"人物、"岱岳最美共产党员""泰山文明使者""最美泰安人""玉树地震救灾先进个人""山东最美乡村教师""山东省道德模范""山东省五四青年奖章""中国网事感动山东"2013 年度网络人物、"全国百名优秀志愿者"等诸多荣誉称号，光荣当选为共青团十七大代表。2018 年 5 月荣获"全国向上向善好青年"称号。

2. 山东省"双创之星"——齐琛琛

齐琛琛，男，汉族，1993 年 10 月生，共青团员，潍坊工程职业学院 2012届建筑工程系学生。在校期间曾任潍坊工程职业学院 2013 届学生会主席、建筑工程系团总支副书记等职务，现担任聊城市煜辰信息技术有限公司董事长，兼任山东致远中信不动产评估有限公司（聊城）总经理、中国青年创业国际计划（YBC）成员、聊城电子商务与信息协会会员、德州中信国土资源发展研究中心成员。

（1）在校期间专长突出，技能过硬，素质全面

2012 年 9 月，他被潍坊工程职业学院建筑工程系录取，在各项学习和活动中表现突出，学习成绩优异，思想积极向上，创新能力强。2013 年，在学院学生会竞聘中，他凭借良好的威信和工作能力，脱颖而出，成功担任学院学生会主席。通过院学生会这个平台，他的组织协调能力得到进一步锻炼和提升。同时，他还担任建筑工程系团总支副书记，在承担大量学生活动和学生管理工作的同时，他注重活动形式的创新，注重创业创新活动的组织开展，综合素质得到全方位的提高。

在校期间，齐琛琛积极参加寒暑期社会实践活动，抓住各种校外实习机会。2013 年 4 月，由 17 家设计院联合设计的雅安—武汉特高压交流线路工程中，国家核电（山东院）提供实习平台，该生积极参与实习，在四川省安岳市从事三个月的雅安—武汉 1000 千伏特高压线路的塔基测量工作。通过这次实习，该生测绘专业知识和技能显著提高，实践能力和职业素养的积淀为选择做地理信息测绘工作奠定了良好的技能基础。

（2）面对机遇，深思熟虑、大胆创业

2014 年开始，他开始关注有关国家和省市关于全面推进创新创业教育和自主创业工作的新闻信息，他了解到国家和各省市地区都有许多鼓励大学生创业的扶持政策，并且从中央到地方将进一步加大对大学生自主创业资金支持力度，高校也将逐步建立弹性学制，允许在校学生休学创业，这让他萌生了创业的想法。2014 年暑假，聊城市"省级大学生创业示范园"在山东汇通国际金属物流园挂牌运营，面对越来越多的机遇和有利政策，他创业想法逐渐开始迸射火花。在进一步加强了企业发展前景的分析调查论证，深入研究过聊城市对于大学生就业创业的扶持政策后，结合自身专业情况，他决定开始自己的创业之旅。

利用假期和课余时间，他深入山东省多个地理测绘公司进行深入调研学习，得到了很多业内前辈的大力支持，特别是在山东致远中信不动产评估有限公司的王董的指导下，进一步明确了公司发展方向和业务范围，确立了以土地数据处理和数据库建设为基础，结合国土、工程测绘，创建全方位、多领域的综合性测绘公司的发展思路。经过几个月的艰辛调研和筹备，2014 年 10 月 24 日，他牵头成立的煜辰信息技术有限公司正式挂牌营业，成为第一家入驻聊城市"省级大学生创业示范园"的企业。

（3）创业带就业，发展惠民生

为更好的经营公司，提高自己的经营能力和创业水平，2014 年 12 月，他加入中国青年创业国际计划（YBC），在一对一导师创业指导下，煜辰公司业务逐步开展并走上正轨。公司承接了德州市、聊城市等多个县市共约 90 平方公里的农村宅基地数据入库项目，承接了山东省多个县的农村土地承包经营权、使用权数据建库、打印、发证项目，承接了河南省灵宝市约计 200 平方公里的农村集体土地使用权确权登记、测绘、权属调查、发证项目，承接了潍坊市多地高压立塔放线项目，完成了德州市农村土地承包经营权确权登记发证项目。2014 年 12 月，聊城市委市政府领导多次莅临公司指导工作，提出聊城市政府与公司进行建设聊城智慧城市相关项目，逐渐提升了公司知名度，短短几个月时间，公司在聊城同类行业中已逐步站稳脚根。公司的创立和发展，得到了同行业前辈的帮助和国家、省市政府的大力支持，在公司发展的同时，通过公司的就业平台，为部分优秀大学生提供了合适的就业岗位，为缓解社会大学毕业生就业压力贡献了微薄之力。2014 年，公司 80 余名大学生，并提供公寓住宿，一日三餐等待遇，部分员工自 2014 年 12 月开始缴纳社会保险。

如今，我国测绘业的整体存在的现有大量的陆地测绘信息产品急待更新、快速高精度大比例尺测图技术急待完善、测绘产品更新周期太长、地图新品种较少和印刷质量较低、测绘信息应用开发环节很薄弱，以及高精度测绘仪器的生产能力较差等现状，面对这样在未来具有广阔发展空间的产业，齐琛琛充分利用所学的工程测绘专业知识，不断扩大公司业务，本着为客户负责的原则，提出了做精做实、创新创效的公司理念，与国内知名地理信息导航公司进行合作，兼任山东致远中信不动产评估有限公司（聊城）总经理，共同设立数据生产基地，2015 年目标全年产值为 1 千万。

齐琛琛作为大学生创业的典型代表，用他的经历和成绩告诉我们，大学生创业的路程是艰辛的，但同时也是快乐的，是大学生实现人生价值的一条有利途径。

3. 乡村振兴中展翅翱翔——温浩东

温浩东，男，1997 年出生，毕业于潍坊工程职业学院计算机应用技术专业。

温浩东是出生于青州市五里镇温南裕村一个农民家庭。小的时候就常常跟随父母下地。每年到 11 月的时候，地里的柿子就成熟了，村民们都在采摘柿子。采下柿子，去皮，挂柿，晾晒，制作成柿饼。如果风调雨顺，村民们就能得到一份收入，但是如果遇上接连的下雨天，柿饼干度达不到，再加上销售渠道不多，家里一年的收入就大减折扣。2011 年，柿子丰收，村民喜上眉梢，采摘，去皮，忙的不亦乐乎，但是 11 月却一直是连阴天，柿子得不到很好的晾晒，都被捂坏了，大家心疼不已，但也只能望柿兴叹，辛勤劳作也就泡了汤。温浩东一向乐观的父母愁眉不展，他第一次感受到父母的苦楚，感受到村民生活的艰辛。后来，生活好一些了，温浩东父母开了个小店，通过自己加工，收集村民们的产品，经营柿饼一类的食品，本本分分地在当地售卖，从未想过这种土产品可以往外面销售。

2012 年温浩东考入潍坊科技工程学校，2014 年进入了潍坊工程职业学院计算机应用技术专业，课程里有网店美工、网店运营等课程。在这些课程里，他知道了，身边所有的资源，都可以充分利用起来，开设网络店铺。

想起父母的小生意，父母店里的柿饼、小零食，是不是也可以在网上出售？温浩东把想法和老师一提，马上得到了老师的支持，并且在老师的指导下，开始学习拍摄图片、处理、上传产品，店铺装修，2015 年 10 月，温浩东开起了第一家店铺——惠群干果。先是卖一些小零食，从一开始的 1 单，2 单，到后来的几十单，感觉自己还是小有成就。

转眼到了 11 月，又到了柿子的丰收季节，但是等休假回到家里的时候，温浩东父母却和他说今年的柿饼卖不了一个好价钱，柿饼多了，收购价也低了下来。一年到头来，一斤柿饼一块钱的收购价，让村民苦不堪言。

回到学校，打理自己的店铺时，他就想，是不是可以把柿饼传上来卖？但是搜索了一下，网上卖柿饼的并不多，于是，抱着试试看的心态上传产品，没想到效果出奇的好，因为柿饼这个产品，地域性很强，好多地方是买不到的，但是吃的人还是不少，导致线下门店卖的价格偏高。因为都是自己村里晒的，货源有优势，价格卖的也实惠，好评不断，就这样在淘宝卖，父母在家里打包，不到一个月的时间，就卖了 4000 多斤柿饼，好评不断。也为家里增加了收入，父母做了一辈子农民，经营了一个小店铺，万万也没想到竟然有一天可以从网上把自家的农货销往全国各地。

消息很快在村里传开了，温浩东父母也电话联系说今年村里都不太容易，乡里乡亲的都互相帮助一下，他也加大推广力度，各种营销活动全部挂上，到2015 年底累计销售了 8 万多斤柿饼，销售了自己村接近三分之一的产量，帮销的同时也帮助村民抬高了收购价格，不至于让收购商一味的去压低收购价。大家都很兴奋，没有想到在网上蹚出了这样一条路。

创业第一年，电商销售渠道广，销量大，不但帮助家里增加了收入，同时也帮助了村子里难销货，渠道少这一痛点。于是他决定一定要在这条路上闯出个名堂来，带动村民，并辐射周边更多的乡亲们，让村民有自己的话语权。

2016年，温浩东和几个同学共同开始创业，分工明确。有负责货源把控的，有负责美工、装修的，有负责运营管理的，有负责渠道拓展的。尽管创业这条道路并非易事，但是经过团队成员们夜以继日的努力，他们的小团队不断取得新的成绩，随着业务的进一步拓展，在专业老师的指导下，以及家庭的支持下，所在的创业项目取得了一定成果，2017年9月，创建了公司——潍坊九鲤湖商贸有限公司。同时申请注册商标"大脸丹丹"，主营以柿饼为主的零食类产品。目标明确后，定位也逐渐清晰。

创业过程中，有过欢笑，有过泪水。第一个双十一销售破万时，熬红双眼的他们激动相拥；在收购的产品出现问题时，他们心急如焚；在因种种原因被买家刁难时，我们艰难取证……发货量暴涨时，人手不够，他们就吃睡在仓库，匆匆吃几口，就继续干活；累到睁不开眼，就趴在纸箱上眯一会儿。那段日子辛苦并快乐着，他们的成绩，也一点一点好起来，公司业绩，稳步增长。

截止到2019年7月，潍坊九鲤湖商贸有限公司累计销售柿饼1500吨以上，累计销售额2180万元，该类目线上销售全网行业第一，行业占比15%，拥有1家天猫店铺，3家淘宝皇冠店，3家拼多多店铺。公司积累二十余家B端客户，进货量超多10吨的有9家，为山东省80%的同类网店提供货源，拥有31.5%C端客户，复购率达到20%。同时在2019年第五届大学生互联网＋创业大赛中获得省赛金奖，国赛铜奖的好成绩。

良好的创业项目带来的不仅仅是经济效益，还包括社会效益。公司通过这几年的发展，稳住了柿子的收购价格，带动了约2500家农户从事柿饼的加工行业，人均增收3800元，带动了电商行业就业600余人，带动身边商户和在校学生电商创业团队80余个，取得了丰硕成果。

目前，温浩东团队正在加大创新力度，积极拓展海外市场，相信不远的将来，他们的团队，乘借乡村振兴的东风，能够振翅翱翔，飞向更加广阔的天空。小小的柿饼，更多的农产品，将带着乡亲们的梦想，带着创业者的殷切希望，飞遍五湖四海，奔赴更加美好的明天！

4."中国大学生自强之星"——康蕾蕾

由共青团中央、全国学联指导，中国青年报社、新东方教育科技集团联合开展的2020年度"中国大学生自强之星"获得者名单揭晓。经济管理系2017级电子商务五年一贯制班学生康蕾蕾荣获2020年度"中国大学生自强之星"荣誉称号及奖学金。

康蕾蕾同学在校期间勤奋好学，刻苦钻研，克服种种困难，在电商直播实践实训过程中，她勇于突破自我，三个月的实践积累近万名粉丝，并助力乡村振兴，在一周内累计销售生姜 20 余万斤。

5. 士官生参加国庆大阅兵

2019 年 10 月 1 日上午，在庆祝中华人民共和国成立 70 周年阅兵式上，学院 10 名士官生参加了阅兵，接受习总书记和祖国人民检阅。2015 级定向培养士官顾宇杰、顾宇豪毕业于学院信息工程系，在校学习期间多次被士官学院评为军事训练标兵、优秀士官及专业训练先进个人；2017 年 12 月毕业入伍，2018 年 3 月分配至火箭军云南、海南驻地。2015 级定向培养士官生李亚俊，在校曾担任机电工程学院学生会主席、士官学院纠察督查队指导员。"没有任何力量能够撼动我们伟大祖国的地位，没有任何力量能够阻挡中国人民和中华民族的前进步伐！"走下阅兵场，激动的李亚俊与在校士官通话，表达喜悦之情。另外，还有孙梓涵、王震、刘马彪、季爽、巩伟东、赵知浩、女士官韩欣等也在不同的战位，接受习总书记和祖国人民的检阅。士官生参加国庆阅兵式，充分展示了学院近年来"三结合""三进入"模式，即"课内与课外相结合""校内与校外相结合""线上与线下相结合""系统进教材""生动进课堂""扎实进头脑"定向培养士官的成果，以优异成绩向新中国成立 70 周年献礼。

文化育人品牌进一步提升

经过近十年的创新发展，"精实文化"已成为学校文化育人的品牌标志，获得了良好的社会声誉。2019 年 7 月，潍坊工程职业学院被山东省教育厅确定为 2019 年山东省中华优秀传统文化传承基地，是全省 20 所获此殊荣的高等院校之一。学习强国 APP 和齐鲁网发布《山东省青州市：非遗进校园 实现"造血式"活态传承》，专题报道学院在非物质文化遗产传承方面的做法和成绩。学院文化育人方面的典型做法《根植校园文化沃土，创新特色育人机制》，被《改革开放潍坊卷》大型史志类丛书收录，获得了业内人士一致好评。学院文化育人典型案例《扬五强合作共赢之帆，走职业文化育人之路——潍坊工程职业学院"校政行企军"全员合作育得桃李满天下》获得山东省大学生思想政治教育优秀工作案例。"回首那份爱"感恩教育主题活动获得"全国高校校园文化建设成果二等奖""山东省高校校园文化建设成果一等奖"。

1. "做精做实、创业创造"的校训精神进一步彰显

经过十几年建设，"做精做实、创业创造"的校训精神和"崇文崇理崇工、尚技尚能尚德"的校风精神深入人心，"为人师表、敬业奉献"师德师风建设全面提升，"勤奋严谨、求实创新"的学风全面培育，培养适应区域经济社会发展

的"有绝活、有素养、善合作、能创新"的技术技能人才。

2."培诚明德,至善至真"的校园文化氛围更加浓厚

建成"培诚明德,至善至真"为核心文化特色的校园人文景观。主流政治文化、中华传统优秀文化、现代职业文化深度融入校园,以优美的校园文化环境、优良的校风教风学风、健康向上的文化活动、精益求精的工匠精神、浓厚的学习氛围带动和促进师生素质的提升,感恩教育品牌影响力进一步扩大,各专业文化特色进一步凸显,营造尊重知识、尊重劳动、尊重技能、尊重创造、尊重学生的校园文化氛围。

3.百年书院文化进一步传承

提升培真书院文化研究院平台功能,完善其组织机构,设立"培真讲坛""培真书院文化论坛",举办"培真"文化教育交流活动,开展课题研究,在现代大学文化建设中传承与创新书院文化,逐步形成培真书院的学术文化品牌和"教书育人、励志成才"的教育精神。

4.文化育人作用进一步凸显

融合"精实"核心文化、企业文化、工匠文化、非遗文化、传统文化、书院文化、孝德文化、军营文化、工匠文化的精髓,推动文化意识与文化实践紧密结合,知识育人与文化育人形成合力,将社会主义核心价值观内化为师生支配自身行动的文化自觉,促进师生全面发展。

四、文化育人成果转化

(一)文化传承普及力度进一步增强

与青州文化馆、青川古城管理委员会、青州市非物质文化遗产保护中心等单位定期开展非遗文化进单位、进社区系列活动,不断扩大传承教育工作的受众面,培养古琴艺术传承人才和爱好者,引导社会各界人士关注、支持古琴艺术等非物质文化遗产的传承和保护工作。

(二)文化艺术交流力度进一步加大

依托学校美育资源与中晨艺术小镇书画艺术资源建立美术馆。承担学术交流展、毕业展、教学成果展、教师作品展、艺术创作以及社会展览等,向社会公众、学院师生、集团员工开放,具备文化交流、收藏展览、学术研究、公共教育、公益性社会服务等重要基本功能;收藏展示艺术精品,满足社会艺术爱好者、学院师生、集团员工审美需求,组织学术研究,开展公共文化服务,进行对外文化交流;拓展美育教育,促进社会艺术爱好者、学院师生、集团员工参与文化艺术活动和相关知识的传播,加强地域间文化艺术的沟通和交流,实现美育资

源的共享。

（三）非遗文化宣传活动影响进一步扩大

借助传统民俗节庆等节点，举办保护文化遗产活动周、非物质文化遗产校园巡展等系列活动，组织非遗名人名家报告会、非遗项目展演、图片展览、非遗相关纪录片播放、戏剧表演艺术家专场讲座、民间传统手工制作技艺代表性传承人现场表演、保护文化遗产签名、非遗知识竞答等多种活动，让学生近距离接触了解非物质文化遗产，学习非物质文化遗产保护的法律法规和有关知识，激发学生认知、探讨、传承非物质文化遗产的兴趣和积极性。

（四）文化交流展示活动进一步开展

与青州市非遗中心合作，在每年的"文化和自然遗产日"，在校园内举办一系列非遗展演、展示、交流和非遗宣传普及活动，让师生们参观花毽、挫琴、青州八角鼓、抖空竹、扑蝴蝶、鼓书等丰富的非物质文化遗产项目。

（五）文化育人实践教学进一步开展

传统文化方面，重点收集管仲、晏子、李清照、范仲淹、赵秉忠、郑板桥、刘墉等与青齐文化有关的文献资料，并适时带领学生到档案馆、博物馆、故居等地参观考察，为校外实践教学活动的开展提供有力支撑。与档案馆、博物馆、文化馆、电视台、大众日报、潍坊日报等文化单位建立了长期合作关系，从这些单位查阅和获取了相关的文史资料，合作从事传统文化理论研究与实践应用工作。红色文化方面，与党史研究院合作开展红色文化方面的研究，即将出版《潍坊红色文化读本》。下步，还要计划与诸城市有关文化部门合作开展东坡文化，与临淄市有关文化部门及齐文化研究院等单位合作开展齐文化研究工作，更深层次挖掘精实文化的根基，为精实文化的做大做强服务。

五、文化育人及其成效（以非遗文化育人为例）

近年来，学院高度重视非物质文化遗产保护与传承工作，大力推进优秀传统文化、非遗文化进校园工作，认真贯彻落实国家、省、市关于加强非物质文化遗产保护与传承等工作的指示要求，按照"党建引领、文化先行、改革驱动、师德支撑"的发展思路，确定了"完成一批教学科研成果，带动一批优秀教师队伍，培养一批优秀人才"的奋斗目标，创新发展，大胆实践，积极发掘、整理、研究、传承非遗文化项目，广泛开展非遗文化育人工作，成立了山东省首所非遗产业学院，建成了"海岱非遗文旅空间""鲁班工坊""古琴博物馆""美术馆"，建有古琴坊、陶艺坊、风筝坊等"十二工坊"，成立了培真书院文化研究院和优秀传统文化育人中心，获批省中华优秀传统文化传承基地、省级古琴制作与演奏技艺技能传承创新平台。出版《齐鲁琴文化探微》专著1部，荣获山东省高等学校人文社会科学优秀成果奖三等奖1项、古琴制作外观设计专利4项。2个项目入选第六批潍坊市非物质文化遗产代表性项目名录，1名教师入选"2020山东非遗年度人物"，7名教师成为市级以上非遗项目代表性传承人。

学院借助百年书院的历史资源优势，充分发掘优秀传统文化资源，自觉担负起为国弘文、以文化人的使命，坚持创造性转化、创新性发展，已逐步发展成为非遗传承与人才培养重要阵地。学院在历史文脉延续、教学活态传承、文化旅游融合、文化交流互鉴、服务区域经济、文化强国担当等方面均取得了显著成效，实现了非遗文化传承与职教高地建设相结合的发展新气象与新飞跃。其典型经验做法被《人民日报》、新华社、学习强国、《大众日报》等多家国内主流媒体给予广泛关注和重点报道，打响了非遗文化育人的"潍工"品牌，走在了全省同类院校前列。

（一）历史文脉

非物质文化遗产是一座城市留存的特殊记忆。青州，在古代是《禹贡》"九州"之一，大体指泰山以东至渤海的一片区域，有7000余年的发展史，5000余年的文明史，十二年的国都辉煌，先后存在过广县城、广固城、南阳城、东阳城、东关圩子城、旗城等六座古城池。大禹治水，九分天下。青州在远古时为东夷之地，传说大禹治水后，按照山川河流的走向，把全国划分为青、徐、扬、荆、豫、冀、兖、雍、梁九州，青州是其中之一。中国最古老的地理著作《尚书·禹贡》中称"海岱惟青州"。海即渤海，岱即泰山。据《周礼》记载"正东曰青川"，并注释说："盖以土居少阳，其色为青，故曰青州。

为延续古九州文脉，保护历史文化，弘扬优秀传统文化，打造地方特色非遗文化，近年来，学院凭借位于青州古城腹地的独特优势，引进古琴、花键、风筝、威风锣鼓、霸王花棍、挫琴等二十多个非遗项目进校园，建成4000余平米的非遗空间、鲁班工坊等非遗实训基地，打造了集教学、传习、保护、研发、展示于一体的为传承优秀传统文化，教学科研和社会服务的传习平台。探索形成了"一专业、一非遗项目、一工坊、一社团"的非遗传承特色道路，现已打造完成斫琴坊、陶艺坊、扎染坊、风筝坊、装裱坊、花艺坊、茶艺坊、制砚坊、葫芦丝坊、皮雕坊、古籍坊、烙画坊、篆刻坊等非遗工坊。引进国家、省市地区的非遗传承人，聘为学院客座教授，建立18个非遗传承人工作室，挂牌成立海岱琴院和海岱非遗文旅空间，建成培真书院文化研究院、衡王府清英斫琴坊、古琴文化博物馆、陶艺研究所、古琴研究所、书画研究所、国学研究所等及建立4个校内非遗传习体验坊。一系列举措赋予了青州古城更多的文化内涵，进一步擦亮了城市品牌，提升了城市凝聚力，助力城市新发展，为青州古城平添了一道靓丽的风景线。

（二）活态传承

在潍坊工程职业学院，吸引大学生走进非遗课堂的除了丰富多彩的非遗文化课程外，还有躬身践行的非遗体验活动。通过将非遗文化融入国民教育体系、构建非遗文化育人体系、搭建研究平台、引进非遗大师、培育工匠精神等方式，使学院成为非遗传承阵地，促进了中华优秀传统文化创造性转化、创新性发展。

1. 融入国民教育体系

对大学而言教书育人固然重要，但文化传承也同样重要。专业知识决定了技术型人才能飞多高，而人文素养和家国情怀却决定了他能走多远。非遗融入国民教育体系是国家十分重要、意义深邃的思想文化战略，其目的是为了培养与建设一支专业的非遗管理人才队伍、一支保护与弘扬中华传统文化的骨干力量。

近年来，学院不断将非遗保护传承融入学校教育中，持续开展非遗进校园活动，让非遗种子不断在校园生根、生长，同时推动非遗理论与实践、现代与传统的深度融合，让非遗文化育人研究更加深入实际，将学生培养成能够发现美、鉴赏美、感受美、体验美、创造美的适应新时代发展要求的优秀人才。

2. 育人体系初步形成

遵循"传承与创新融贯、教学与研究融通、技能与精神融汇、学校与地方融合"的4个原则，构建"非遗项目为载体，课程建设为支撑，课堂教学为阵地，科学研究为引领，师资队伍为保障，师徒传艺为手段，工匠精神为核心，文化育人为目标"的8个维度，开设非物质文化遗产保护相关专业和课程；加大非物质文化遗产师资队伍培养力度，支持代表性传承人参与学校授课和教学科研；建设一批非物质文化遗产传承教育实践基地，实施非遗文化育人的多元评价，形成完整的"四融八维"非遗文化育人体系。共打造相关专业课程68门；编写非遗相关教材16部；开展省级相关课题及项目研究7项。

3. 研究平台日趋完善

以培真书院文化研究院为依托，整合校内外学术资源，逐步形成培真书院的学术文化品牌。组建专兼职相结合的研究队伍聘请校外知名专家学者为名誉院长、特邀研究人员；充分发挥在智能制造方面的优势，在古琴制作工艺中引入现代精密加工技术、数控技术等，创新研究古琴的槽腹结构、制式及声音特色，将古琴制作技艺的研究推向更高水平，制作古琴近百张，独创"清和""清泉""清韵""清晖"4种古琴新制式并获国家外观设计专利。

4. 大师引领活态传承

学院坚持"走出去、请进来"的方式，构建多元化师资队伍。一方面，聘请了一批国家、省级传承人来校任教，先后聘请国家级非物质文化遗产古琴艺术项目代表性传承人丁承运为学院特聘教授，聘请中国古琴制作大师朱振立，江苏省非物质文化遗产代表性传承人、广陵琴派非物质文化遗产传承人朱正海，中国古琴诸城派第六代传人马荣盛等为学院客座教授，引进古琴教师张良杰、赵梓皓、朱季等为兼职教师，引进非遗代表性项目花毽、空竹、挫琴、茶艺、烙画、陶艺等代表性传承人为兼职教师，为非遗文化的"活态"技艺传承与创新提供必要条件；另一方面，加强对学院专职教师的培养，以文化传承为核心，开展教师教学科研工作，真正做到了技艺传承与教育教学相结合。

（三）文旅融合

学院大力推动区域非遗传承和文旅产业的大力发展。在多方努力下，地方的非遗传承、保护与传播取得了较好的成绩，激发了民众对非遗的热情，促进了优秀传统文化的创造性转化和创新性发展，形成包括海岱非遗文旅空间、古琴文化博物馆、海岱琴院、鲁班工坊等集传承、体验、教育、培训、旅游等功能于一体的传承体验空间。每年举办非遗展演700余场，接待兄弟院校师生和研学中小学生5000余人，接待社会游客20万余人。

（四）交流互鉴

学院将非遗文化育人工作放在重要位置，在全省率先开展"非物质文化进校园"活动，多次邀请业界知名大师、专家、演奏家、代表性传承人进校园举行非遗展演，专题文化讲座及学术文化交流活动；聘请非遗文化传承人每周来院3次传授演奏（表演）技艺，让学生感受我国优秀传统文化的魅力；工作室和文化育人中心的教师们开设《古琴文化》《古琴演奏》《古琴制作技艺》等多门课程。协助开设了挫琴社、空竹社、古琴社、花毽社、威风锣鼓社、太极拳社、陶艺社、剪纸社、烙画社、茶艺社、安塞腰鼓社等传统文化研究传习社团，参加社团学习和兴趣小组的学生达到2000余人，充分发挥学生团体在非物质文化遗产传承工作中的重要作用。其中，在第三届山东省大中专学生社团节传统文化类社团优秀成果竞赛中，我院报送的《古琴》《挫琴》两个项目获二等奖。

注重联合相关部门共同开展宣传交流活动。与青州市古城管理委员会、青州市非物质文化遗产保护中心联合举办"弦弹阳春调，花染赤英霞"听琴活动；举办"百年银杏下，静听七弦鸣"古琴雅集活动，学院部分师生和来自济南、东营、临朐、青州等地的30多名古琴爱好者参加活动；邀请著名摄影师中国艺术研究院董建国教授来院做题为《传统古琴的品鉴》的专题讲座；邀请中国陶瓷设计艺术大师、江西省陶瓷工艺美术职业技术学院艺术设计研发中心主任朱辉球教授对学院非遗传承尤其是陶艺传承提出具体指导意见；邀请斫琴家胡渭清先生为学院 100 余名师生作"古琴木胎制作工艺"报告等等；加强非遗文化国际合作。如 4 月 27 日，组织越南学院国际学生中国文化培训班开班。国际学生们在非遗产业学院国际古琴博物馆、斫琴坊、篆刻坊、陶艺坊等"十二工坊"，亲身体验了陶瓷注浆和宋代点茶技艺，在青州古街、青州府贡院亲身感受古城深厚的历史文化底蕴。他们表示，此次文化培训班为他们呈现了一场看得见摸得着的文化盛宴，激发了他们对中国历史文化的浓厚兴趣。

（五）社会服务

引导社会力量参与非物质文化遗产教育培训。广泛开展社会实践和研学活动，实现高职院校的专业教育与非遗项目深入结合。其中，以古琴演奏和制作为代表的非遗传承项目产生了巨大的社会效应。举办古琴雅集、古琴艺术沙龙、古琴演奏和制作技艺报告会等活动 20 余场，涉及古琴爱好者和学生近 8000 余人。培养古琴演奏和古琴制作爱好者 800 余人，辐射青岛、济南、潍坊、寿光、临朐、青州等多个地区。

建立校内非遗传习体验坊，组织社会人员和在校学生接受非遗项目制作技艺培训，体验非遗文化，创新活动内容和形式，定期开展古琴雅集音乐会、专家报告会、陶艺制作、花键展示等活动，让更多的人了解非遗，保护非遗。面向全校学生，依托各二级系（院）的共青团、学生党支部、学生会等组织，组织非遗兴趣小组，利用课余时间走出课堂开展非物质文化遗产传承、展示活动。

各级政府和领导高度重视文化育人工作。原文化部非遗司司长王文辉，潍坊市委常委初宝杰，青州市市长宋伟伟等领导同志先后来工作室检查指导工作，潍坊市人民政府补助我院非物质文化遗产传习中心项目建设 50 万元，青州市人民政府补助我院海岱琴院和海岱非遗文旅空间项目建设 25 万元，推动了我院文化育人工作更好更快发展。

（六）国运担当

文化是民族之根，是城市之魂。习近平总书记指出，党中央支持扶持非物质文化遗产，要着力培养好传承人，一代一代接下来、传下去。非物质文化遗产承载着人类的文明精华，它代表着人类文化遗产的精神高度，是地域文化软实力的重要资源，具有重要的历史和现实价值，对传承中华文明具有不可替代的作用。

学校历来就是传承中华民族优秀传统文化的主要阵地。近年来，学院深入贯彻潍坊市委"一一二三四五"工作思路，聚焦文旅主战场，以推动非物质文化遗产的创造性转化和创新性发展为己任，开展非遗文化育人工作，全力推进非物质文化遗产创造性转化创新性发展，非遗文化育人工作实现新的突破。

学院"海岱非遗文旅空间""鲁班工坊"的正式启用，将进一步提升非遗的群众知晓度和社会呈现度，进一步担当起挖掘和传承非遗的重任，在传承中华民族优秀传统文化的道路上迈出坚实步伐，将文化软实力转化为硬支撑，推动非遗文创特色产业发展，推动非遗与文创、研学深度融合，成为齐鲁文化（潍坊）生态保护区建设的又一重要创新性成果，也是实现非物质文化遗产系统性保护的重要实践。

（七）未来展望

下步，学院将结合国家重大战略中的非物质文化遗产保护传承工作，结合国家级齐鲁文化（潍坊）生态保护区建设工作，建立区域保护协同机制，加强专题研究，举办品牌活动。加大对丰富多样非物质文化遗产资源的传承利用。

进一步做好非遗传统工艺振兴工作。加强非遗工坊体系建设、非遗产品创意研发营销等工作，助力经济发展。在加强对非物质文化遗产保护和传承中，注重发挥市场机制的作用，对具有市场开发潜质的传统手工技艺和民间艺术，合理开发利用，让非遗文化实现在产教融合实践中得以传承。充分发挥非遗的社会功能，推动非遗融入、对接和服务经济社会协同发展。

进一步做好非遗文化产业聚集工作。强大的产业集群能够为非物质文化遗产传承奠定了物质基础，非物质文化遗产又能够为产业兴旺凝聚更加厚重的文化底蕴。非遗传承人不用再担心手艺失传。基于此，学院将对非遗文化资源进行更加深入的挖掘、提炼，围绕重点非物质文化遗产项目，延伸产业链、拓宽产业幅、打造产业群，推动形成一、二、三产业融合发展格局，真正把文化资源变成文化财富。如建立"古琴文化创意产业园""陶瓷产业园""烙画产业园""剪纸产业园"等，力争打造几个有规模的产业发展集群，将非遗产业学院建设成为集产业、文化、旅游、体验、教育于一体的机构。

进一步引导非遗文化促进乡村振兴。结合学院拥有乡村电商学院的独特优势，在实施乡村振兴战略和新型城镇化建设中，充分发挥非物质文化遗产服务基层社会治理的作用，将非物质文化遗产保护与美丽乡村建设、农耕文化保护、城市建设相结合，保护文化传统，守住文化根脉。

第四章 高职院校文化育人典型案例

第一节 融合优秀传统文化培育学生工匠精神

中国工匠精神精髓是从中华优秀传统文化中提炼出来的，所以，作为高职院校，要培育学生工匠精神，应该先结合工匠精神的历史渊源，深入分析工匠精神的深刻内涵，并全面解读其与中华优秀传统文化的关系。培育工匠精神首先应该立足于传承和弘扬中华优秀传统文化，从中华优秀传统文化当中提炼和发展工匠精神，服务于实现中华民族伟大复兴的伟大实践。

一、古代工匠文化与工匠精神（以隋唐为例）

工匠精神在中国自古有之。早在4300年前，工匠精神就开始逐渐形成。相传舜"陶河滨，河滨器皆不苦窳"，详细记载了早期舜在黄河边制造陶器时追求精益求精的精神，同时以此方式来引导人们研发陶器。从舜帝时期开始，到夏朝的"奚仲"，商代的"傅说"，春秋时期的"庆"，很多书籍中都出现了关于工匠及其工匠精神的概述。中国经典古籍中有许多关于工匠诗句的描述，像《道德经》中有"治大国若烹小鲜"，《诗经·卫风·淇奥》中有"如切如磋，如琢如磨"，这些诗句都体现了中国古代工匠精雕细琢，追求卓越的精神面貌。"匠"是一个会意词，外面的"匚"是一个可以用来打开右边木工器具的盒子。里面的"斤"是用于木工的斧头，所以在古代，只有木工可以被称为"工匠"。之后匠人才慢慢演变成指某些有特殊技能的人，只有熟练的人才能称之为"工匠"。

以唐代为例，作为六部之一的工部，是唐代官府手工业的首脑机构，而中央官府手工业的具体管理机构，则是少府监、将作监、军器监等。工部设尚书、侍郎之职"掌天下百工、屯田、山泽之政令"。工部名义上是手工业的最高官署，但实际上主要侧重于公共工程。实际操作都交由少府监、将作等部门负责。唐代政府通过政治、经济等各种手段控制着大量民间个体工匠，以此为官府手工业提供了优秀工匠，保障了技术骨干力量。官府直接控制的工匠人数之多，仅少府监有工匠 19850 人，将作监有工匠 15000 人。唐代官府手工业工匠的主要来源还是民间的个体工匠。虽然政府直接控制了大量工匠，但数量上就整个民间工匠而言还是少数。民间大量工匠家族经过若干代的经验积累，都各怀绝技，为了保持社会竞争力绝不会轻易对外泄露。唐代国势强盛，对外政策较为开放。外籍人在赋税徭役上比本地人要轻，这为他们的贸易也提供了一定便利条件，优厚的待遇吸引了更多工商业外籍人士来唐，外籍工匠更是接踵而至。

唐代手工业可粗略的区分为：中央政府在京师直营手工业、建筑及公共工程手工业、地方政府经营手工业、中央政府在地方经营的手工业。除了这四种还有军事手工业和一些分散而又特殊的官府手工作坊。唐代京师手工业的生产单位是"作"，仅织染署就有 25 座，包括纺织品生产的各个方面及每个环节。正是因为唐代京师经营的手工业分工如此之严密，所以唐代手工业产品精美至极。

唐代工程建设以京师与其他城市的建筑业为基本内容。唐代长安和洛阳两都的建设，是古代建筑史上的盛举，其宏伟程度在世界前列。不仅有两都工程，也有其他地方建筑，同时还有一些特殊内容的工程。另外各台省监寺、学校、陵墓等建筑的修缮，也是其经营的内容。王公贵族对自己的宅院往往也是"土木之工，不舍昼夜"，动用大量官府工匠。包括一些重要的栈道、漕运等工程，也是由政府直接经营。唐代公共工程建设在整个官府手工业中占有相当重要的地位。与京师直接经营相对应的地方手工业，是为了维护当地的统治。地方手工业，帮助筹集当地政府的日常开支，也满足了地方官吏的奢侈欲望，也能够为中央上供地方的一些手工业精品。

唐代也存在着大量临时的私家工匠。史书记载"凡诸行宫与监牧及王公自应给者，则割司农户以配"。这些临时工匠不属于少府监管理，而是临时从司农户中分割。司农寺掌根粮积储、仓廪管理及京朝官之禄米供应等事务，成为了唐代京师临时性官工匠的基本来源。在唐代皇帝宠爱的文武大臣还有公主后妃等，往往也能临时得到数量可观的官工匠。如唐高祖李渊曾赐秦王世民、齐王元济各 3 炉铸钱。这些铸币匠，当属于赏赐给他们个人。

唐代工匠管理有着鲜明特点。一是明确工匠职责制。唐政府规定，凡官府工匠的生产，"四季以令丞试之，岁终以监试之，皆物勒工名"。不论地方还是中央的手工业品都需要标记工匠或监官的名字，在考古发掘中也印证了这一事实。二是实行工匠征集制度。为了保证官府工匠都是身强力壮、技能工巧者，规定地方州县的工匠以"团"、"火"为单位，在官府服役时不许隐巧补拙，避重就轻。虽然到唐中后期"和雇"的形式普遍存在，但官作坊里的技术骨干不许只交钱不出力。这就保证了唐代不论是前期还是后期，都可以拥有足够数量的优秀个体工匠在官府从事生产。三是实行工匠培训制度。根据《唐六典·少府监》记载，隋唐时期官府已经建立了工匠培训制度，规定官府工匠要接受严格的专业技术培训，规定技艺高明的工匠对新来的工匠进行集中培训，根据情况制定了为期40天到4年不等的专门培训。为了达到培训效果，培训期间的产品必须标明负责培训者的名字，并且"四季以令丞试之，岁终以监试之"，也就是说还受到官吏的监督。四是唐朝匠作制度与技艺已日趋完备。唐代在纺织、陶瓷、建筑、造船、矿冶和金属工艺方面都得到长足的发展。唐代出现了民间制作工艺组织的手工业行会，民间手工业行会和朝廷的专业培训对促进手工艺的规范发展起到了积极的作用。五是在大型工程中实行工头责任制。经过官府工匠的辛勤劳动，创造了无数争奇斗艳、琳琅满目的手工业品，使唐代的手工业达到了崭新的水平。

二、现代工匠精神与培育大国工匠

党的十八大以后，特别是供给侧结构性改革的提出以及五大发展理念的形成以后，社会开始关注工匠精神，工匠精神成为了热门话题。国家开始从以下四个方面推进工匠精神建设。一是道德上的认同。各级政府不断强调工匠精神的重要性，加大对技术性人才的引进和奖励力度。全社会提升对工匠精神的认同感，提倡勤俭为荣懒惰为耻的社会风气。二是营造精益求精的良好社会风尚。工匠精神要成为整个制造业的发展准则，甚至是整个社会的价值导向，需要将其精髓融入到整个社会的方方面面。习近平总书记为核心的党中央不断强调敬业执着、脚踏实地、精益求精的个人价值追求，塑造精神领域的共同价值观念，让其成为个人和各行各业自觉的精神追求，努力为工匠精神厚植土壤，并内化为每位公民安身立命的精神气质，要在全社会弘扬劳动光荣、技能宝贵、创造伟大的时代风尚，形成"崇尚一技之长、不唯学历凭能力"的良好氛围。三是制度的规范。2016年伊始，全国各高校掀起了制度建设的浪潮，高职院校将工匠精神的塑造纳入到学校本身的制度建设上，开始提倡工匠精神元素的制度化。四是教育上的重视。高度重视职业教育，开始把工匠精神的培养纳入国民教育。工匠精神要从娃娃抓起，从观念抓起，从细节抓起，贯穿到义务教育、基础教育、高等教育、职业教育和成人教育等各层次各阶段教育之中。

新时代，劳模精神和工匠精神成为党和国家高扬的精神旗帜。中国制造2025是建成社会主义现代化强国的重要方略。2016年两会期间，李克强总理在政府工作报告中第一次正式提出"工匠精神"这个概念。他强调，要"大力弘扬工匠精神，厚植工匠文化，恪尽职业操守，崇尚精益求精，完善激励机制，培育众多'中国工匠'。"当前，服务我国"中国制造2025"和"一带一路"发展战略，必须加快发展高职教育，培养更多富有工匠精神的高级技能人才中国要实现制造大会向制造强国的转变，就必须依靠工匠精神的培养。我们要大力弘扬工精神，厚植工匠文化，恪尽职业操守，崇尚精益求精，完善激励机制，培育众多"中国工匠"，打造更多享誉世界的"中国品牌"，推动中国经济发展进入注重质量时代。

（一）"中国制造"呼唤工匠精神

国务院印发的《中国制造 2025》中对制造业明确指出，制造业在国民经济中的作用不言而喻，世界上任何一个国家的实体经济都离不开制造业的发展。自工业革命以来，中华民族的制造业发展步履维艰，也印证了中华民族一段兴衰的屈辱历史，事实已经证明，国家的强大与否，与制造业息息相关，没有制造业的强大，就没有国家和民族的强盛。当下，中国制造业正努力走在转型升级的路上，需要大批具有高超技艺，能够体现中国水平的工匠，能够推动"中国制造"前景的大国工匠，他们是中华民族伟大复兴梦想的筑梦人；要培育这样的逐梦人就需要工匠精神的内在支撑，需要每一个工匠对工作耐心专注、执着坚守和对产品精雕细琢、精益求精。

1.改造提升传统产业离不开工匠精神

传统产业是指产业结构完整，已经处于产业生命周期成熟阶段的产业，它们在工业化过程中起曾经起到了支柱与基础作用的产业。例如，工业经济时代的支柱产业是纺织、钢铁、机电、汽车、化工、建筑等物质生产工业。"中国制造"历经数十年发展，形成了门类齐全、完整独立的制造业体系，产品遍布全球，享有"世界工厂"的美誉。在 500 余种主要工业产品中，有 220 多种产量位居世界第一，全球 80% 的空调、70% 的手机、60% 的鞋类产自中国，是名副其实的制造业大国。但长期以来，制造业的高速发展是以高污染、高投入、高消耗等粗放型的发展方式为代价。产业普遍存在技术装备落后，产品技术含量低、市场竞争力弱，单位生产能耗高等一系列问题。传统产业要实现跨越式发展，不仅产品要从低质走向精品、从低价走向高端，技术从模仿走向创新，都需要匠心精神的一以贯之。

2.升级的消费需求呼唤工匠精神

消费升级实质就是消费结构改变，是指在消费总支出中消费支出的结构升级和层次提高，它是一个国家消费水平和发展趋势的直接反映之一。现代经济学认为，经济结构与总需求结构决定着产品总供给结构和消费结构，同时经济结构和总需求结构还受到产品总供给结构和消费结构的变化影响。事实证明，通过消费结构的调整也能够起到扩大内需，拉动经济增长的作用，我国已经开始通过调整消费结构的方式，来拉动经济增长和内需。

据商务部统计，中国公民境外消费的购买力主力是中高收入阶层，选购的物品也在悄然发生变化，奢侈品牌、高档品牌逐渐退出消费的主体，转而开始向高质量的、性价比合适的日用消费品。随着经济的发展，我国居民的收入阶层在改变，过去金字塔式的收入结构正在向着更为稳定的橄榄型的居民收入结构转变，中高层收入者增加，特别是中产阶级在不断增加，随之消费结构和消费主体也在发生变化。功能型、大众化的消费转向体验型、个性化需求。过去那种以中低端、大众化的商品和服务已经很难满足中产阶级的消费需求。

消费结构在变化，但是中国的制造业结构不均衡，中高端制造业严重不足，而最能够体现"工匠精神"影响力的恰恰就是中高端制造业，我们有消费群体，有经济势力也有购买欲望，但是却在国内买不到中意的产品，所以我们的国人出国大包小包的出现在纽约、东京、巴黎疯狂购物也就不足为奇。因为欧美、日韩等国垄断了中高端制造业。更为令人担心的是中国制造业长期缺乏工匠精神导致产品低端化，现有产品生产依靠的是人力与成本优势，现在这样的优势也正在丧失。在这种背景下，中国企业必须发扬工匠精神，要培育工匠精神就必须从源头的职业院校开始，从培育工匠的教育开始，不断培养职业人臻于至善地追求品质，以赢得消费者的青睐。

3. 发展新经济、培育新动能呼唤工匠精神

发展方式向集约转型需要"工匠精神"。实现发展方式由粗放向集约转型，需要一种追求精致、耐得住性子的一丝不苟和甘于奉献不走捷径的"工匠精神"来引领。过去那种依靠劳动力成本和资源环境优势的经济增长方式正在衰减，习近平总书记在处理经济增长方式时强调青山绿水就是金山银山，在这样的要求下，我们必须依托"工匠精神"来提升产品质量、树立品牌意识等方式塑造新经济的增长点；产业结构的调整需要"工匠精神"提供内生动力。中国经济需要以"工匠精神"为产业结构调整提供内生动力，淘汰粗制滥造的落后产业和"僵尸企业"，加快产业转型升级；增长动力向创新驱动转换需要"工匠精神"。"工匠精神"的不断追求品质与创新精神持续追求的新技术、新服务、新标准和新品质的内在精神来源高度一致，它们进而推动经济发展动力向创新驱动转换。

（二）工匠精神助力制造强国

1. 工匠精神是推动企业发展的强大支柱

"工匠精神"是贯穿一个企业长寿发展始终的强大支柱。主要表现在以精益求精的追求塑造企业诚信的品牌形象，树立"中国制造"追求品质不断追求完美的新形象。精益求精的追求恰恰是工匠精神的精髓所在，同时也是打造"中国制造"质量品牌的关键。弘扬工匠精神能够从全方位打造新的中国企业形象，在产品制造上追求质量为先，在企业经营中追求诚实守信，在企业文化中提升自主品牌意识。工匠精神的塑造就是要支持企业提高企业所有员工、管理层精品意识

和素质，通过对质量意识、规则意识、流程严格、标准统一的坚守，提高全球消费者对"中国制造"的品牌认可度和忠诚度。弘扬工匠精神，能够引导企业树立"十年磨一剑"的专注精神，并结合自身所长走"专精特新"发展道路。此外中国经济发展的特殊性对国有企业的发展尤其重视，工匠精神能够推动大型国有企业特别是一些具有核心竞争力的国有企业，集中优势资源，整合关系国民经济命脉的关键领域向中高段产业链集中，使其成为世界一流企业。

2. 工匠精神是推动品质革命的动力源泉

品质革命，就是一场倒逼品质全面升级的革命，其核心的导向是以消费者的需求为中心，通过精益求精的工匠精神、工艺与服务创新，满足消费者不断提升的消费需求。推进"品质革命"，需要所有劳动者的共同努力，需要在全社会大众创业、万众创新的支持。只有每一个劳动者都发扬"工匠精神"，抓住每个细节，才能生产出消费者满意的优质产品，以"品质革命"才能推动"中国制造"赢得市场附加值。

"中国制造"要成功突围并迈上发展新台阶，需要创新型人才的支持，其中就包含大量技艺精湛的能工巧匠以及具有工匠精神的大国工匠。从这一点看，我们必须秉承工匠精神，在产品质量上下足功夫，提升产品质量的稳定性、精度的保持性、消费的安全性，真正满足日益增长的中产阶层的需求，通过持续提升"中国制造"的基础能力与核心竞争力的方式，让工匠精神真正成为推进中国制造业"品质革命"的精神动力和力量源泉。

3. 工匠精神是推动供给侧结构性改革的内在要求

供给侧结构性改革是当前推动经济发展的主要动力之一，是当前政府找到的经济发展新出路，供给侧结构性改革，其根本上是通过内部结构的变化来提高供给体系的质量和效率。而工匠精神的精髓就是不断追求精益求精、追求完美、专注耐心的精神来提升工作、产品的质量和效率。可见，"工匠精神"与供给侧结构性改革有着共同的精神追求。用每一个职业人的对待工作、产品的工匠精神追求，才能提升产品的质量与效益，关注产品生产、销售每一个环节的细节，扩大中高端供给，同样是问题的关键。实现供给侧结构性改革，需要技术创新、体制机制创新、管理创新的驱动。而工匠精神本身就意味着要有技术含量，在技术日新月异的时代更是显得十分重要。只是更多的时候，工匠精神表现为一种气质和追求，对产品质量精心打磨，对品牌的价值就像对待生命一样精心呵护。这种精神是推进供给侧结构性改革的基础和前提。

"工匠精神"要求工匠们真正把消费者放在第一位，以仁者之心来对待产品和客户，以道家无为之心来面对产品制造的过程，追求心里的宁静和专注，想方设法为消费者打算，只有这样才能真是实现供给侧结构性改革的真正突破。

三、融合优秀传统文化培育工匠精神

中华优秀传统文化中蕴含着涵养工匠精神的丰厚养料,优秀传统文化融入工匠精神培育有利于更好地弘扬工匠精神。新时代,弘扬社会主义核心价值观,培育和塑造当代中国工匠精神,应以历史文化的宏观视角从自己的文化命脉中去寻找工匠精神的根基和力量,推动自身文化的创造和发展。

(一)思想上立匠德:以优秀传统文化厚植忠诚报国、居利思义的道德品质

爱国精神是支撑中国制造 2025 的国家战略、托举民族复兴的强大动力,也是当代中国工匠最重要的道德品质。中华优秀传统文化中"大道之行、天下为公"的大同理想,"天下兴亡,匹夫有责""先天下之忧而忧,后天下之乐而乐"的爱国精神、家国情怀;"天行健,君子以自强不息"的奋斗精神;"言必信,行必果""仁者爱人"的仁义行动,反求诸己、自律利他,孕育了以爱国主义为核心的伟大民族精神,是工匠忠诚报国、忘我奉献精神的源泉。

立匠德要培养工匠忠诚报国、自强不息的爱国精神和尽忠职守、忘我奉献的敬业精神,以及对国家民族社会的使命担当。"志不立,天下无可成之事""持志如心痛",爱国精神必须转化成立志为国的强烈愿望,专注无邪的纯洁心念,求知为学、奋发有为、磨砺技艺、攻克难关的意志行动。格物致知是指探究事务的原理法则,从中获得对事务本质规律的把握、心得感悟与知识智慧,与马克思主义世界观在自然界规律和人类社会实践经验的认知规律有内在逻辑上的一致性。"博学之,审问之,慎思之,明辨之,笃行之""盈科后进""弗学弗措",彻底掌握行业技艺所涉及的所有知识,对事物表里规律和精微粗浅认识到极点(高度、深度、广度);磨砺技艺,精益求精,久久为功,攻坚克难,坚忍不拔、追求卓越,不断实现技艺的创新超越和对国家社会的卓越贡献。"苟利国家生死以""虽九死其犹未悔"的爱国奉献精神,"率性""修道"的自我革命、自我完善精神是工匠的应然品格。像地球物理学家黄大年、"中国天眼"之父南仁东,放弃优越条件到祖国最亟需的领域,带领科研团队只争朝夕、顽强攻关,为国家事业奋斗至生命最后一息,他们都把个人价值和生命意义与祖国民族的命运紧密相连,铸就了最伟大的爱国奉献精神。神州揽月、蛟龙入海、北斗导航、墨子传"信"、高铁动车、港珠澳大桥、大兴机场等一批批领先世界的国之重器,无不凝聚了大批尖端科学家们的爱国热情、创新创造,也沉淀着高凤林、管延安、胡双钱、顾秋亮等数以万计的工匠们的家国情怀和忘我奉献。

另外,中华优秀传统文化中的"居利思义""去利怀义"等道德原则,成为了匠人们的职业守则,这些道德原则不断发展演变,成为"匠心"的一部分。孟

子、荀子、董仲舒都曾进行过"义利之辨","义"实际上指的就是集体利益，"利"指的是个人利益，"义利之辨"的实质就是集体利益与个人利益之争。管子将"诚工"作为工匠伦理的基本要求，诚信于所从事的职业，设定工艺指标，强调质量必须上乘，还要求工匠对自己所制造的器物负责，类似于现在的售后服务。"诚工"规则要求工匠不断地钻研技术、突破革新，在制作器物的过程中，体现出一丝不苟的劲头。中华优秀传统文化中的"义利之辨""诚工"为培养"匠心"奠定了理论基础，"诚工"规则有利于明确工匠精神的道德原则，有利于促进工匠精神的培养。中华优秀传统文化中的匠心情怀，能够帮助工匠更好地明确职业守则和职业理想。一方面，工匠精神蕴含的始终如一的专注，对技艺无止境的追求有助于推动理想信念的形成，把对技艺的完美追求融入日常的生活、学习和工作中，形成内心的信念，最终形成道技合一的人生境界；另一方面，工匠精神包含"干一行、爱一行、钻一行"的敬业、乐业的职业操守和职业理想，有助于提升个体的职业认同感，把所从事的工作当成人生追求的事业。

（二）观念上铸匠魂：以优秀传统文化铸造虔敬恭恪、做精做实的职业信守

《论语·子路》有言"居处恭、执事敬、与人忠"，工匠对于职业的敬畏感与对待他人的忠诚应当是一致的。《列子·汤问》的"纪昌学射"、《庄子·徐无鬼》的"斧斤斫垩"，都说明只有工匠对职业充满热爱，忠于职业、忠于顾客，从内心深处敬畏职业，才能制作出璀璨夺目的文化艺术精品，因此工匠的职业理念直接影响工匠的技术水准，工匠的职业理念是至关重要的。工匠的职业理念、职业技能集中内化为工匠的匠魂，匠魂更像一种引领规范，规范匠人做好、做精，恪守虔敬恭恪的职业敬畏。匠魂更是一种引领示范，示范匠人协作、突破、各尽其职的责任坚守，在分工协作中完成工艺制作的各个环节，一丝不苟、精益求精。在突破中不断提升技艺水平，不断创新加工创造的方式方法，革新工艺水准，使得整个社会制造业水平得到提高。因此，铸匠魂所体现的是工匠精神中恪守虔敬恭恪的职业敬畏和各尽其职的责任坚守。

（三）心理上育匠心：以优秀传统文化孕育心技合一、精益专注的创造能力

精益求精、心无旁骛、专注创新是工匠技艺创造时的心灵状态，是工匠精神的最本质特征。在极致专注时，工匠的心灵达到宁静致远、心技合一、主客融合、物我两忘的创造状态。一方面通过实践行动达到对事物极致的认识境界，格物致知、下学上达、诚意正心、至诚不息；另一方面也修炼"至诚"的心灵境

界，由尽心知性知天达到觉悟智慧的境界，用以指导"困知勉行"的实践行动。自明诚、自诚明，最终殊途同归。两千多年前孔子力行道德理想，穷困潦倒却矢志不渝、"知其不可而为之"，同时孔子也肯定"虚己以听""离形去知"的修心作用。孟子主张民本思想和仁政行动，也追求尽心知性、"养浩然正气""万物皆备于我矣。反身而诚乐莫大焉"。王阳明强调知行合一，"知之真切笃行处便是行，行之明觉精察处便是知"，也坚持"省察克治""致良知""默坐澄心，看喜怒哀乐之未发时作何气象"。尤其是儒家既坚持反身而诚、惟精惟一、允执厥中；更坚持知行合一、下学上达、力行渐修，强调通过道德践履和修齐治平来达到尽己性、尽物性、化育天地的境界。

（四）情感上守匠情：以优秀传统文化氤氲尊师重道、至善至美的职业操守

工匠精神不仅是规范匠人的行为准则，还是匠人们的价值标准。中国传统文化重视人的道德要求，如"尊师重道""至善至美""藏礼于器"。传统文化强调工匠只有尊重规律，才能不断发挥主观能动性，进行创新创造。现代工匠精神更强调职业道德规范，而中华优秀传统文化中的道德要求对于现代工匠精神的培育可以起到一定的促进作用，例如中华优秀传统文化中的"尊师重道"促进现代工匠精神的师徒培育制，中华优秀传统文化中的"至善至美"有利于现代工匠精神中精益求精的培育，优秀传统文化中的"藏礼于器"有利于现代工匠精神中一丝不苟的培养。因此中华优秀传统文化中的守匠情，能够促进工匠职业道德的培育。

（五）行动上铸匠行：以优秀传统文化铸就道技合一、百折不饶的实践意志

中国古代匠人的成长有"技""艺""道"等三个阶段："技"是指匠人所拥有的最基本的技能；"艺"是在"技"的基础上的创造、创新，匠人不仅追求技术的精湛，还追求器物背后蕴含的文化理念；"道"是对天地规律的触类旁通，即"技可进乎道，艺可通乎神"。工匠不仅要有技能，还要有求真务实和能干肯干的职业态度、勇于创新的职业理念。从工匠精神的培育的目的而言，工匠精神的培育主要是为了发挥共匠精神的激励引领作用，使得工匠更好地为社会大众创造产品。因此，"践匠行"尤为重要。中华优秀传统文化融入工匠精神培育，有利于发挥榜样的引领示范作用，通过古代各行各业优秀工匠的事例学习，引导学生传承工匠精神，以优秀工匠为榜样，发挥匠人的榜样示范作用，促使学生们加强自律、遵守工匠精神，实现传统工匠精神的创造性转化、创新性发展，焕发传统工匠精神的新的生命力。

（六）身体上养匠身：以优秀传统文化涵养明志进取、德技双馨的乐观态度

习近平总书记强调，实现中国梦需要铸就"爱岗敬业、争创一流、艰苦奋斗、勇于创新、淡泊名利、甘于奉献"的劳模精神。工匠精神应含纳"中和"的人生态度，因为产品是工匠自由意志的表达，技艺创造表达和传递着工匠对世界的理解与认识，因此工匠生涯是一种投入、愉悦、创造的生命状态。在古今中外很多优秀工匠身上都能感受到高尚、坚守、宁静、致远的高尚境界，具有感人的精神力量。当工匠志存高远、脚踏实地，胸有成竹、矢志不渝，在道德上修己正德、利益天下，在工作中严谨实干、精益求精，在生活上节制自律、完善人格，把自身技艺创造的能力贡献于祖国、民族、社会的需要，荣辱不惊，淡泊明志，"大德，必得其位，必得其禄，必得其名，必得其寿"，方可达到自由创造、身心和谐，实现圆满的人生。

四、非遗文化培育学生生工匠精神的"潍工"实践

非遗文化是中华优秀传统文化的重要组成部分，是中华文明绵延传承的生动见证。针对高职院校而言，非遗文化传承对于培育高职学生工匠精神、劳动精神、劳模精神更具有重要价值。基于此，以下总结潍坊工程职业学院近年来传承非遗文化培育学生工匠精神的实践经验，以期为同类院校提供参考和借鉴。

文化是民族之根，是城市之魂。高职院校是传承非遗文化的重要阵地，也是培育学生工匠精神的重要场所。位于国家历史文化名城青州的潍坊工程职业学院高度重视非遗文化保护与传承工作，大力推进工匠精神、非遗文化进校园，认真贯彻落实国家、省、市关于加强非物质文化遗产保护与传承等工作的指示要求，聚焦文旅主战场，以推动非物质文化遗产的创造性转化和创新性发展和培育学生工匠精神、劳动精神为己任，开展非遗文化育人和工匠精神培育工作，全力推进非物质文化遗产创造性转化创新性发展，非遗文化育人工作和工匠精神培育工作实现新的突破。

（一）非遗文化：探赜城市的历史文脉

为延续古城青州文脉，保护历史文化，弘扬优秀传统文化，打造地方特色非遗文化，学院借助百年书院的历史资源优势，充分发掘优秀传统文化资源，自觉担负起为国弘文、以文化人的使命，坚持创造性转化、创新性发展，已逐步发展成为非遗传承与人才培养重要阵地。近年来，共引进古琴、花键、风筝、威风锣鼓、霸王花棍、挫琴等二十多个非遗项目进校园，建成非遗空间、鲁班工坊等非遗实训基地，打造了集教学、传习、保护、研发、展示于一体的教学科研和社会

服务传习平台，形成了"一专业、一非遗项目、一工坊、一社团"的工匠精神培育特色道路。现已建成斫琴坊、陶艺坊、扎染坊、风筝坊、装裱坊、花艺坊、茶艺坊、制砚坊、葫芦丝坊、皮雕坊、古籍坊、烙画坊、篆刻坊等十二个非遗工坊。引进国家、省市地区的非遗传承人，聘为学院客座教授。建立18个非遗传承人工作室，挂牌成立海岱琴院和海岱非遗文旅空间，建成培真书院文化研究院、衡王府清英斫琴坊、古琴文化博物馆、陶艺研究所、古琴研究所、书画研究所、国学研究所等研究所，建立4个校内非遗传习体验场。通过传习这些古艺实现"展览、教学、传承、交流"的目标，继承发展中华民族的优秀传统文化，形成了融特色化、地域性、传承性于一体的系列非遗文化品牌，进一步擦亮了古城青州的城市品牌，提升了城市凝聚力，为青州古城平添了一道靓丽的风景线，也为学生工匠精神培育搭建了多样化平台。

（二）非遗活态传承：深耕特色工匠精神培育之路

在潍坊工程职业学院，吸引大学生走进非遗课堂的除了丰富多彩的非遗文化课程外，还有躬身践行的非遗体验活动。通过搭建研究平台、建设传承平台、引进非遗大师、培育工匠精神等方式，使学院成为非遗传承阵地，为学生躬身践行工匠精神创造了良好条件。

1. 搭建工匠精神研究平台

学院成立了培真书院文化研究院，书院下设古琴研究所、国学研究所、书画研究所、陶艺研究所等四个研究所，组建了专兼职相结合的研究队伍，逐步形成培真书院的学术文化品牌。

一方面，培真文化研究院聘请校外知名专家学者为名誉院长、特邀研究人员。重视整合校内外学术资源，进行专题性、项目化传统文化与美育研究及教学实践，开展区域性、国际化文化教育交流活动。另一方面，开展了非物质文化遗产相关课题研究，获批山东省人文社会科学课题《齐鲁文化与古琴艺术关系研究》、山东省艺术科学重点课题《古琴形制的传承与创新研究》、潍坊市科技发展计划项目《基于逆向工程的古琴制作技术创新与研发》等科研课题，并结合曾在青州为官或定居并酷爱古琴艺术的范仲淹、欧阳修、李清照等文化名人事迹，积极开展《齐鲁文化与范仲淹古琴思想关系考论》等相关研究。

2. 聘请非遗大师引领匠艺传承

学院邀请非遗传承人和技能匠人进校展示精湛技能技艺，让学生亲身感受工匠精神。先后聘请国家级非物质文化遗产古琴艺术项目代表性传承人丁承运为学院特聘教授，聘请中国古琴制作大师朱振立，江苏省非物质文化遗产代表性传承人、广陵琴派非物质文化遗产传承人朱正海，中国古琴诸城派第六代传人马荣盛等为学院客座教授，引进古琴教师张良杰、赵梓皓、朱季等为兼职教师。引进非遗代表性项目花毽、空竹、挫琴、茶艺、烙画、陶艺等代表性传承人为兼职教师。为非遗文化的"活态"技艺传承与创新提供必要条件。同时，加强对学院专职教师的培养，以文化传承为核心，开展教师教学科研工作，真正做到了技艺传承与教育教学相结合。

3. 搭建非物质文化遗产传承名家讲坛平台

近年来，先后邀请著名古琴演奏家茅毅、广陵派非物质文化遗产传承人扬州七星古琴制作研究所所长著名斫琴家朱正海、中国昆剧古琴研究会古琴专业委员会主任古琴艺术项目代表性传承人丁承运、中国艺术研究院董建国、著名斫琴家朱振立等古琴界学者教授为师生作了《古琴文化与其操缦艺术》《传统古琴的品鉴》《古琴槽腹就结构与音色之关系》及古琴斫制、古琴演奏等方面的专题讲座，使广大师生加深了对古琴艺术和工匠精神的深层次理解。

朱振立是我国著名斫琴家，从事古琴斫制研究和实践二十多年，是运用现代 CT 技术研究古琴结构的第一人，尤其对古琴槽腹结构的研究非常深透，其斫制的古琴声音宽厚深沉，清亮圆润，余韵悠长，为国内外古琴爱好者所推崇。2020 年 9 月，朱振立在学院举办斫琴技术讲座，他从古琴的用材、外形、槽腹结构、设计理念、制作工艺等方面，结合自己多年斫琴经验，深入浅出地讲解了唐宋以来不同时期的古琴槽腹结构和古琴不同音色的辨识方法，将自己多年斫琴所总结的经验做了分享，使在场师生现场体验了斫琴技术的精湛及其蕴含的深厚工匠精神。

4. 建设非遗文化工匠精神传承平台

近几年来，学院引进地方非遗项目二十余项，开设了十多门非遗特色选修课，建立 6 个非遗传承人工作室，分别是：山东省非物质文化遗产挫琴传承人——赵兴堂工作室，青州市古琴制作技艺代表性传承人和古琴艺术代表性传承人——肖明胜工作室，青州花毽代表性传承人——李红工作室，青州剪纸代表性传承人——孙丽萍、葛建华工作室，烙画制作技艺青州代表性传承人——张学强工作室，青州府陶艺代表性传承人——崔鸿志工作室。将高职院校的专业教育与非遗项目有机结合，形成了极具特色的校园文化品牌，使学生和教师素质得到提升，大学人文精神逐步形成，学生文化品格、教师文化品味、校园文化品质有效提高。

5. 工匠精神培育成效彰显

学院按照"党建引领、文化先行、改革驱动、师德支撑"的发展思路，确定了"完成一批教学科研成果，带动一批优秀教师队伍，培养一批优秀人才"的奋斗目标，创新发展，大胆实践，积极发掘、整理、研究、传承非遗文化项目，广泛开展非遗文化育人工作。另外，学院通过一系列举措积极推动非遗文创特色产业发展，推动非遗文化与工匠精神、研究学习深度融合，成为齐鲁文化（潍坊）生态保护区建设的又一重要创新性成果。

（三）专业匠造：深耕非遗传承特色育人之路

一是提出一个新理念，即"非遗＋专业"相融合的育人理念。融合工匠精神、劳动精神传承非遗文化，依托高水平"非遗＋专业"平台，校政企协同培养文化素养深厚、技术技艺精湛、工匠精神凸显、创新能力强的复合型人才。

二是建立一个新体系，即"三融合"复合型育人体系。通识教育体系与非遗知识体系相融合、专业实训体系与非遗技艺项目相融合、创新创业教育与文创产品研发相融合。

三是构建一个新模式，即"一平台、一体化"人才培养模式。一平台指与青州市文旅局、山东华艺雕塑艺术股份有限公司、山东大易文化发展有限公司等共同成立山东省首家非遗产业学院，引进30余个非遗项目，实行实体化运作，建成非遗传承与专业培养相融合的"非遗匠造培训基地"，下设具有欣赏与体验等功能的非遗传习坊、技艺传承与专业技术培训相结合的鲁班工坊、非遗传承创新研究和文创作品研发的非遗研究所；一体化指非遗传承人与名师协同开展"依托非遗传习坊进行与专业相结合的非遗项目感知体验、依托鲁班工坊开展与非遗技术技艺项目相结合的专业实训、依托非遗研究所进行融入文创作品研发的创新创业教育"的一体化培养。

四是打造一个新的资源库，即"传统技艺＋现代科技"虚实结合的教学资源库。校政企合作共建线上线下相结合的《青州花键》等70余门非遗课程，开发《古琴斫制与数控加工技术》等40余门"非遗＋专业"融合课程，编写教材30余部；深挖非遗技艺与专业技术的结合点，开发"隆盛糕点制作技艺"与"食品加工技术"相融合的实训项目60余个；开发山楂白兰地果酒技术等多项非遗创新技术；牵头制定全国山楂酒行业标准，开发柿子酒、装饰摆件等100余种文创产品。

五是创建一个新机制，即"一学院、两原则、三主体、四保障"的体制机制。一学院指围绕齐鲁文化生态保护区建设，成立山东省首家非遗产业学院，下设优秀传统文化教育中心和非遗匠造培训基地；两原则指紧密对接区域优势非遗产业，以"资源共享、责任共担"为原则，共担人才培养、非遗传承、专业建设、师资队伍建设和社会服务等工作；三主体指学校出标准，政府出场地，企业出设备和技术，校政企协同推进"非遗＋专业"的人才培养和产业发展工作；四保障指围绕人才培养和非遗产业发展，校政企协同建立平台运行有序、教学管理规范、质量监控到位和协同创新服务有力的四个保障机制。

（四）交流互鉴：在非遗文化共享共建中传承工匠精神

非遗不能"冻"起来，要"动"起来；只有"动"起来，文化才能"活"起来。学院注重搭建非物质文化遗产传播活动平台，建成面积约 200 余平方米的古琴文化博物馆，实现以艺术作品为载体，实践以美润德、以美启智、以美育才。面向全校学生，依托各二级系（院）的共青团、学生党支部、学生会等组织，开设了挫琴社、空竹社、古琴社、花键社、威风锣鼓社、太极拳社、陶艺社、剪纸社、烙画社、茶艺社、安塞腰鼓社等传统文化研究传习社团。此外，学院每年举办非遗展演 700 余场，接待兄弟院校师生和研学中小学生 5000 余人，接待社会游客 20 万余人。在交流互鉴中，学生工匠精神培育渠道进一步拓宽，实现了工匠精神培育从校内到校外，从第一课堂向第二课堂、第三课堂学习空间的转换。

学院注重联合相关部门共同开展宣传交流活动。与青州市古城管理委员会、青州市非物质文化遗产保护中心联合举办"弦弹阳春调，花染赤英霞"听琴活动；举办"百年银杏下，静听七弦鸣"古琴雅集活动；邀请著名摄影师中国艺术研究院董建国教授来院做题为《传统古琴的品鉴》的专题讲座；邀请中国陶瓷设计艺术大师、江西省陶瓷工艺美术职业技术学院艺术设计研发中心主任朱辉球教授对学院非遗传承尤其是陶艺传承提出具体指导意见；邀请斫琴家胡渭清先生为学院 100 余名师生作"古琴木胎制作工艺"报告等等。学生在现场聆听非遗专家授课，并在非遗大师实际操作中更加深入地了解了博大精神的非遗文化，同时，提升了技能水平，升华了工匠精神境界。

（五）社会服务：在非遗文化的社会效应中传递工匠精神

学院依托非遗传承基地，引导社会力量参与非物质文化遗产教育培训，广泛开展社会实践和研学活动，实现高职院校的专业教育与非遗项目深入融合。建立校内非遗传习体验坊，组织社会人员和在校学生接受非遗项目制作技艺培训，让更多的人了解非遗，保护非遗。举办古琴雅集、古琴艺术沙龙、古琴演奏和制作技艺报告会等活动 20 余场，涉及古琴爱好者和学生近 8000 余人。培养古琴演奏和古琴制作爱好者 800 余人，辐射青岛、济南、潍坊、寿光、临朐、青州等多个地区。

（六）非遗特色品牌：古琴文化进校园彰显工匠精神

学院北校区校址位于明代衡王府故地上。衡王朱佑楎为明宪宗朱见深第七子，1487 年（成化二十三年）封为衡王，1499 年（弘治十三年）就藩青州。1538 年（嘉靖十七年）逝，谥"恭"，葬于今青州市王坟镇王坟村北三阳山前。史料记载，衡王亦是一位精通琴棋书画，尤其在书法、琴艺等方面有突出造诣的藩王。衡王在青州传六世七王，其中四王精通古琴制作。尤其是高唐王朱厚烘成绩较为突出,著有《一弦琴谱》《瑟谱》等书。衡王琴中比较有名的有衡恭王朱祐楎"清英"、衡庄王朱厚燆"太古遗音"、衡藩高唐王朱厚煐"一天秋"琴等。虽然衡王府已经被夷为平地,但制琴技艺被传了下来。

传承衡王府厚重的古琴文化历史底蕴,学院建成面积 2000 余平的非遗传承中心,成立了"衡王府清英斫琴坊""培真书院古琴文化研究所""古琴博物馆""古琴传习中心",研究传承以古琴制作技艺为代表的非遗项目,从古琴斫制技艺和古琴弹奏技法方面进行传承和创新,开展斫琴材料与古琴音质研究、古琴造型设计与斫制工艺研究、组建古琴斫制教师团队、举办多场古琴艺术报告会、古琴雅集音乐会,开设古琴选修课、兴趣班,将古琴文化再次发扬光大,成为非遗文化育人的特色品牌,在古琴艺术保护和传承中,发挥了重要作用,作出了积极贡献。"古琴传统制作技艺"项目获批山东省中华优秀传统文化传承基地,是山东二十个传承基地之一。

搭建古琴教学平台。学院组织专家、教师,开发《古琴斫制技法》《古琴演奏技法》《古琴流派比较研究》等课程并编写教材,利用信息化手段建设教学资源,建成在线开放课程。根据教学目标的不同,通过客座教授或购买服务等形式,面向各专业学生开设若干门古琴选修课,学生在教务系统中选课,实施学分制,纳入学生学业考核,每门课程设置 36 个学时,2 个学分,比如古琴与中国文化、古琴弹奏、古琴斫制等。整合古琴斫制和演奏相关领域的专业人才,聘请著名古琴演奏家、教育家、琴学大师丁承运,广陵琴派非物质文化遗产传承人朱正海,中国民族器乐学会诸城派古琴艺术中心常务副主任赵梓皓,东营市古琴协会会长张良杰,武汉市非物质文化遗产古琴艺术(泛川派)代表性传承人朱季为客座教授,聚集古琴斫制资源,大力加强专兼职结合的师资团队建设,形成古琴文化传承与创新的强大力量。

开展现场实践体验活动。由学院党委宣传部、团委学生处等部门牵头,重点建设大学生古琴艺术协会。邀请知名古琴专家、演奏家进校园举行古琴演奏、专题文化讲座及学术文化交流活动,开设古琴斫制和古琴演奏培训班,举办古琴艺术沙龙,在青州古城建设"六一琴堂",吸引师生积极参与古琴斫制技艺学习传承,推动古琴斫制技艺实现代际传承。

完善古琴斫制环境和条件。学院进一步建设衡王府清英斫琴坊,扩大斫琴场所面积,更加清晰地区分琴材储藏间、琴材开料间、制作槽腹木胚的操作间、髹漆间等区域;添置斫琴工具,除曲线锯、刨光机、砂带机、手工刨、槽刀、电钻、凿子等斫琴必备的设备外,购置数控雕刻机、数控铣床、音频分析仪、超声波测厚仪等设备,能够同时满足多名学生斫制古琴和创新研制的需要。为了使古琴演奏和斫制技艺更好地传承和发扬,学院党委书记肖明胜采众家之长,深入研究古琴的结构、制式及其声音特色，反复研究古法制琴工艺，结合现代精密加工技术，现制作的古琴槽腹结构严谨，声音控制把握准确，形成了独特的古琴斫制技艺。近年来，经过不懈努力，已立项省市课题4项，成功制作了几十张古琴，并举办了琴展。难能可贵的是，创新研制了"清和""清泉""清韵"三种古琴新形制，并取得国家外观设计专利。教授古琴制作和弹奏学员200余人，辐射周边多个城市。经过几年研制，已成功制作了几十张成品和半成品古琴。

开展古琴传承与创新研究。近年来，开展了中国古琴文化精神内涵的传承及当代意义下的审美重构、儒道学说对立统一背景下的中国古琴文化、古琴文化中的和合思想、诸城派古琴的美学思想、山东诸城派古琴艺术的发展现状及调查保护等等科研项目。另外，还有针对现代化检测手段，分析木材种类、选材部位、材料湿度、密度等因素与古琴音质的关系等方面的研究级斫琴材料与古琴音质的相关性研究。开展传统制作工艺与现代技术的结合、古琴造型设计与斫制工艺研究，探讨古琴斫制技术和造型艺术的审美规律以及对古琴音色的影响因素等。

建设古琴展览馆。在北校区临近青州古街沿街房的区域建成古琴展览馆，以收集实物为主，采用形象化、立体化的展示形式，收藏和展示各种古琴。带动区域内学校和社区开展古琴文化传承普及。与潍坊文化馆、青州古城管理委员会、青州市非物质文化遗产保护中心等单位定期开展古琴艺术文化进单位、进社区系列活动，不断扩大传承教育工作的受众面，培养古琴艺术传承人才和爱好者，引导社会各界人士关注、支持古琴艺术等非物质文化遗产的传承和保护工作，进一步面向广大社会弘扬古琴文化，传承工匠精神。

开展了古琴文化展演系列活动，举办20余场活动，其中古琴演奏、斫制和古琴音乐会等共14场，在社会和校园中很好的宣传普及了古琴艺术；举办多场公益讲座，宣传古琴艺术，将古琴艺术毫无保留的讲授给讲座听众，揭开了古琴神秘的面纱，让众多人对古琴演奏和斫制产生了浓厚兴趣，取得了良好效果。

（七）继往开来：非遗文化"双创"发展成就工匠精神

为深入学习贯彻习近平总书记关于工匠精神传承及非遗保护的重要论述精神，"十四五"期间，学院将进一步提升非遗文化的群众知晓度和社会呈现度，坚持创新驱动，整合校内校外资源，进一步担当起挖掘和传承非遗的重任，在传承中华民族优秀传统文化的道路上迈出坚实步伐，将文化软实力转化为硬支撑。继续全面深入非遗保护和传承工作，力争打造几个有规模的产业发展集群，将非遗产业学院建设成为集产业、文化、旅游、体验、教育于一体的机构。同时，把非遗文化传承与工匠精神培育工作做细、做扎实，在将文化软实力转化为硬支撑，推动非遗文创特色产业发展，为培育新时代大国工匠，服务区域经济社会发展作出新的贡献。

第二节 全面构建"七育人"立德树人工作机制

高职院校做好立德树人工作，以社会主义核心价值观统领大学生的思想与言行，是提升大学生思想政治教育成效的重要途径。针对高职大学生的立德树人工作既是思想政治教育学的理论问题，更是思想政治教育学的实践问题。归纳起来讲，立德树人教育，最终目的是要达到内化于心、外化于行的预期效果。

一、立德树人的历史渊源与基本内涵

2012年，党的十八大明确提出：立德树人是社会主义教育事业的根本任务。2014年，党的十八届三中全会再次重申了立德树人的现实价值。立德树人不仅指明了教育事业发展的方向，还指明了人才培养目标的方向，为高等教育事业持续发展提出了新要求。2016年12月，在全国高校思想政治工作会议上，习总书记特别强调，只有培养出一流人才的高校，才能够成为世界一流大学。必须牢牢把握人才培养能力这个核心点，并以此来带动高校其他工作。要坚持把立德树人作为中心环节，把思想政治工作贯穿教育教学全过程，实现全程育人，全方位育人。2017年2月，中共中央、国务院印发了《关于加强和改进新形势下高校思想政治工作的意见》，指出"坚持社会主义办学方向，扎根中国大地办大学，以立德树人为根本，以理想信念教育为核心，以社会主义核心价值观为引领，全面提升思想政治工作水平"。党的十九届五中全会进一步指出，要全面贯彻党的教育方针，坚持立德树人。2018年5月2日，在与北京大学师生座谈时，习总书记进一步指出："要把立德树人的成效作为检验学校一切工作的根本标准，真正做到以文化人、以德育人，不断提高学生思想水平、政治觉悟、道德品质、文化素养，做到明大德、守公德、严私德。要把立德树人内化到大学建设和管理各领域、各方面、各环节，做到以树人为核心，以立德为根本。"这次重要讲话，为我国教育工作坚持立德树人根本任务提出新要求，也为高校在新时代牢牢抓住理想信念铸魂这个关键环节完成立德树人根本任务指明了方向。此后，习近平多次在考察高校时重点强调立德树人根本任务。如，五四青年节前夕，习近平总书记在中国人民大学考察时提出：中国人民大学要落实立德树人根本任务，传承红色基因，让听党话、跟党走的信念成为人大师生的自觉追求；5月22日，习近平回信勉励南京大学留学归国青年学者：在坚持立德树人推动科技自立自强上再创佳绩。

建设教育强国是中华民族伟大复兴的基础工程，必须把教育事业放在优先位置，实现高等教育内涵式发展。高校的立身之本在于立德树人，以立德树人为抓手，办好人民满意的高职教育，培养新时代需要的高素质技术技能型人才，努力在中华民族伟大复兴的历史进程中作出贡献是时代赋予高职院校的神圣使命。

（一）立德树人的历史渊源

立德树人理念可以追溯到先秦时期"三不朽"的人生理想以及管仲的教育思想，其中蕴含着深刻的理论内涵、清晰的逻辑层次以及全新的时代特征。在传承优秀传统教育理念的基础上，结合社会发展需求，将立德树人确立为教育的根本任务，这为我们重新审视教育的性质、功能、任务、目标，以及深化教育改革提供了基调，指明了方向。立德树人的基本内涵可以分为"立德"和"树人"两个层面。对于这两个层面，我们可以从数千年的中华民族文明史中分别找到发展脉络。

"立德"思想可以追溯到先秦时期提出的"三不朽"。《左传．襄公二十四年》记载，晋范宣子与鲁叔孙豹讨论何为"死而不朽"的问题，即"身死而名不朽灭"。范宣子认为，他的祖先世代为贵族，家世显赫，香火不绝，这就是"不朽"。叔孙豹却认为，这只能叫做"世禄"，算不上"不朽"。以鲁国大夫臧文仲为例，人虽然死了，"其言立于后世"，这可以叫不朽。他进一步提出："大上有立德，其次有立功，其次有立言。"这三者成为人生追求的"三不朽"。"立德"是从道德操守的角度，强调具有高尚的道德修养，成为后世效法的榜样，便能人格不朽；"立功"是从事业功绩的角度，强调为国为民建功立业，使社会和人们长久地得到好处，便能事业不朽；"立言"则从思想言论角度，强调著书立说，为后世留下具有真知灼见的文字，便能思想不朽。这三者都具有崇高的人生价值，不会因为生命的终结而朽灭，因而能够昭垂永远，成为超越有形生命实体的永恒价值追求。

"树人"概念最早出现于《管子·权修》。"一年之计，莫如树谷；十年之计，莫如树木；终身之计，莫如树人。一树一获者，谷也，一树十获者，木也，一树百获者，人也。"这段话集中体现了管仲对培养人才的重要性和长期性的深刻认识。管仲的树人思想有着非常丰富的内涵，其中包含着以道德培养、教化百姓为宗旨的道德教育，以促进生产、稳定社会为目的的职业教育，以及废私立公、德法并重、"百年树人"的终身教育等具有重要意义的教育理念。首先，在道德教育方面，管仲提出了以"礼义廉耻"为核心的教育内容，形成了统一的社会道德标准。"礼义廉耻"是国之四维，"四维不张，国乃灭亡。"道德教育关系到国家的存亡，具有特殊重要的意义。其次，在中国历史上首次提出职业教育思想，即以士农工商"四民分业"，以家庭教育和行业教育形式培育专业化人才，注重实践性，从而达到促进农业生产、工商业发展、社会稳定、富国强兵的目的。再次，认识到道德与经济的相互作用，提出"仓廪实则知礼节，衣食足则知荣辱。"他认为，道德教化要有一定的经济基础作为前提，两者相辅相成。在这些教育思想中，虽然夹杂着一定的功利性和局限性，但其继承了先秦时期注重道德教育的优良传统，提出了更为全面的教育内容、更贴近实际的教育目的，以及更先进的教育理念，从而有效弥补了立德思想的缺失，是对立德思想的极大丰富和拓展。

（二）立德树人的深刻内涵

从词源的角度来看，"德"是一个会意字，其构型最初表示做人做事要正直向上，不偏离道路，直达目标。后来又加了一个"心"字，也就是"直心为德"，强调不仅要按通行的准则去行，还要这样去想。可见，"德"字从一开始就包含两方面的意义。一方面是内在的品格、德性，是涵盖诚信、仁义等一切美好品德的道德范畴；另一方面是外化出来的行为规范，即要求人们恪守基本的操守、品行，遵从一定的社会规范。关于"德"的具体内容，可以概括为"仁义礼智信"这五常德，但在不同时代、不同学派那里又各有侧重。

"立德"即树立德业，强调要有所"立"。有所"立"就必须有所行动、有所实践，不能停留在口头，这也是"德"本身的应有之义。同时，行动之后还要有成效、有成就，要对国家、对他人有所贡献。"立德"意味着我们首先应该作为一个人而活着，应该有志向、有尊严、有成就的活着。个人要克己修身，德行高尚，追求人生之"不朽"；对社会、对国家，要能够担当道义，仁爱民众，为后世树立做人的榜样。"立德"，可以说是中国人做人的根本指归。

"立德"强调的是人之为人的根本，"树人"强调的是人才培养目标的全面性，将两者结合在一起，才能形成符合现代社会需求的人才培养目标体系。这一体系的内在逻辑可以概括为："树人为本，立德为先"。教育的根本是要树人，欲树人先立德，树人要以立德为基础，而立德又会促进树人。立德树人所要培养的应该是德才兼备的人。

在这个培养目标体系中，首先要求培养有德之人。要成才，先成人。大多数青年人并不缺乏必要的知识和获取知识的途径，但却有很多人缺乏作为一个人所应有的良知、同情心、社会责任感以及担当意识。越来越高的考试分数和文化水平，却对应着越来越低的能力素质和道德水准。专业知识的教育当然重要，但这只是学校教育的一部分。我们需要的是德才兼备的人，这样的人"必须对美和道德上的善有鲜明的辨别力"。所以，我们要强调立德为先，要首先培养学生正确的世界观、人生观和价值观，让他们懂得最基本的做人之道，这是树人的根基。

二、构建高职院校立德树人"七育人"体系

关于"立德树人"的具体实施路径，自 2016 年以来形成了多种方案。2016 年 2 月，中共中央国务院印发的《关于加强和改进新形势下高校思想政治工作的意见》中指出的"把思想价值引领贯穿教育教学全过程和各环节，形成教书育人、科研育人、实践育人、管理育人、服务育人、文化育人、组织育人长效机制。"提出立德树人"六育人"机制。中共山东省委、山东省人民政府《关于加强和改进新形势下高校思想政治工作的意见》（鲁发〔2017〕19 号）以及《山东高校德育综合改革指导纲要（试行）》（鲁高工委通字〔2016〕58 号）也有类似提法。随后，教育部又提出扎实细致地开展"教书育人、科研育人、实践育人、管理育人、服务育人、文化育人、组织育人"（简称"七育人"）工作。在《普通高等学校"三全育人"综合改革试点建设标准（试行）》中进一步提出"十全育人"理念，即课程育人、科研育人、实践育人、管理育人、组织育人、服务育人、文化育人、网络育人、心理育人和资助育人。通过走访调研，结合高职院校特点，我们提出"七育人"体系，即思政育人、专业育人、实践育人、组织育人、服务育人、文化育人、心理育人。

（一）深化思想政治理论课教学改革，实施思政育人工程

1.优化思想政治理论课教学内容

（1）坚持思想引领，精化理论主线和教学重点

高职学生作为未来大国工匠的重要组成部分，作为社会的重要群体，必须对其强化中国特色社会主义理想信念教育、强化价值观教育，使其认同国家层面的价值目标，明确社会层面的价值取向，找准个人层面的价值准则，进而才能自觉践行价值观，为实现伟大复兴中国梦做出贡献。要强化思想理论教育和价值引领，把党的十九大精神、习近平总书记系列重要讲话精神和新时代中国特色社会主义思想作为课程的教学重点，推动社会主义核心价值观和习近平新时代中国特色社会主义思想进教材、进课堂、进头脑，引领青年学生增强中国特色社会主义的道路自信、理论自信、制度自信、文化自信。加强国家意识、法治意识、社会责任意识教育，加强民族团结进步教育、国家安全教育、科学精神教育，加强社会公德、职业道德、家庭美德、个人品德教育，提升师生道德素养。

（2）坚持"三贴近"原则，重构高职特色的教学体系

紧密结合高职学生的特点和高职教育的培养目标，以贴近专业、贴近学生、贴近生活"三贴近"为原则，构建内容上相对独立、主题鲜明突出的若干教学专题，加强党史国史教育，形成思想政治理论课教育与国情省情社情教育相结合的教学模式，将国家统编教材学科化的教材体系转化为高职特色的专题化教学体

系。坚定学生对中国共产党的领导和社会主义制度的信念、信心。培养学生团结互助、诚实守信、遵纪守法、艰苦奋斗等良好品质，使学生在做人方面做到正心修身，理想信念方面牢固树立姓党、信马、为民的政治理念，行动方面为实现中华民族伟大复兴的中国梦而努力。

2. 深化思政课实践教学改革

（1）依托实践基地扎实开展教育

要为学生开展德育实践创造机会，积极建立实践育人基地。一是利用校外实践育人基地、思政类社团、公益类社团开展丰富多彩的课外活动加强教育引导，如爱国主义教育、社会主义教育、爱党教育、传统文化教育、感恩教育、道德教育等，为学生开辟课外"课堂"，加深对中国特色社会主义理论体系的理解和对党的路线方针政策的认识，帮助学生树立坚定的理想信念，认识当前基本国情和社会形势，了解社会，拓展能力，培养品格。二是利用校企合作实习基地将社会主义核心价值观融入其中，在学生顶岗实习的同时了解企业文化，培养吃苦耐劳的职业教育精神，并在实践锻炼中培养学生爱岗敬业、无私奉献、勤学苦练等优秀品质。

（2）以项目为引领，深入实施思想政治理论课实践教学

建立适合不同专业群特点的思想政治理论课教师包靠制度，思想政治理论课教师重点包靠某个院系，参与院系的教研活动和专业人才培养方案的制定，深入院系的校内外实践基地见习、锻炼，开发适用于不同专业群特点的实践教学项目。基于不同专业群特点在《实践教学项目任务书》和《顶岗实习手册》内容中增加思政专项模块。每学年按不同专业群收集、整理行业道德和职业榜样案例，为学生提供本课程丰富多彩的学习资源。

（3）两段衔接、三方共育，拓宽思政课实践教学空间

坚持两段衔接，延伸教学阶段。以思政课实践教学项目的实施为载体，使思政课由学校学习阶段向企业实习阶段延伸，实现思政课教学在学校学习与企业实习两个教学阶段上的衔接。汇聚学校、企业、社会三方力量，建立校内外实训实习基地、德育实践基地和社会实践基地，组建由校内专任教师、企业能工巧匠、社会道德模范等人员构成的专兼结合的思政课实践教学团队，拓宽思政课实践教学空间。

3. 推进思想政治理论课信息化教学改革

要运用新媒体、新技术推动思想政治理论课信息化教学改革，建立思想政治理论课教学微信群、QQ群，有效实现师生线上线下交流。积极利用课堂app，搭建思想政治理论课教学平台，开发整理以微课、慕课、精品资源共享课为载体的信息化教学资源，提高教与学的效率。

实施网络思想政治教育行动计划。深入实施"易班"等新应用推广行动计划和中国大学生在线引导工程，建设贴近学生实际、以思想政治教育为重点的大学生网络互动社区。创建网络名站名栏、网络文化工作室。组织开展好"大学生网络文化节""网络思政优秀作品评选"等一批网络文化建设项目；培育选树一批网络教育名师和校园好网民。

4. 全面推进教法创优转化

着力于职业导向性的思想政治理论课课程建设，紧密结合高职学生的实际和高职专业的特点，坚持理论联系实际，将聚焦学生"需求""信仰""方法"作为突破口，推进教学研究、教学内容、教学方式的改革，形成思想政治理论课教育与国情省情社情教育相结合的教学模式。我院被确定为2021年潍坊市高校思政课程改革创新试点单位。在2021年度山东省"基础"课集体备课活动中获得二等奖一项，三等奖一项，获得2021年度院级教学能力大赛一等奖一项，院级青年教师教学比赛二等奖两项、三等奖一项；获得第五届院级教学成果奖一等奖一项，"三教"改革典型案例一等奖1项、二等奖一项。"概论"课课程标准立项为我院首批示范课程标准。劳动教育课程以"专题授课＋课内实践"结合模式开展教学，劳动教育课在线开放课程已全面启动，思政课教师受邀参加全国性职业院校劳动教育研讨会并做教学展示，两次受邀到潍坊市电视台直播《建党100周年特别节目》和《谁执法谁普法》节目，受到一致好评。

5. 完善思想政治理论课评价考核方式

改变传统的以知识考核为核心的思想政治理论课评价考核方式，推进知识考核与行为养成考核的有机结合，学期考评由过程性考核和终结性考核构成。过程性考核为平时学习表现考核、教学作业考核、社会实践考核等，占课程总评的50%；终结性考核为期末卷面理论考核，占课程总评的50%，主要检测学生观点归纳、分析解决问题的能力；引导学生自觉地将理论运用于实践，以创新的意识和态度来思考和研究各种现实问题。

6. 潍坊工程职业学院思政育人案例之一："法"与"理"在大学生活启蒙阶段渗透人心

在潍坊工程职业学院，"普法、国防教育进校园"活动已经成为常态。从新生军训期间，举行各类国防、法制教育报告会，邀请驻青部队以及青州市公安局、交警大队、禁毒大队、反信息诈骗信息中心等多部门，为学生讲解有关国防、法制、反邪教、交通安全、禁毒等方面的知识。每学期，举行各类普法宣讲活动15场左右。学院还与青州电视台《与法同行》节目联合，举行"大家奖法"活动，参与性极高的普法宣传方式，深受学生的喜爱。安全知识报告会、校园安全征文比赛、校园安全文明知识竞赛等活动的开展，成为普法教育的优质平台。

此外，学院还将国防教育设为选修课，有专职的国防教育讲师为学生们讲解。多方位举措，使学生能够较好的用法律武器来武装自己。

（1）根据依法治教，依法治校要求

学院制定了《潍坊工程职业学院章程》，并经过教代会和"双代会"讨论通过，《章程》的制定与贯彻实施体现了依法治校的基本要求。学院逐步构建起了一套适合学院特点的较为科学合理的管理体制和运行机制，建立了健全现代大学制度。在学院章程的统领下，进一步完善了规章制度体系，理顺关系、调整职能、优化结构，推进了依法治校工作再上新台阶。

（2）聘任法律顾问，为依法治校提供高端指导

学院聘任山东海岱律师事务所主任牛凤永为法律顾问，院长为学院新聘任的两位法律顾问颁发了聘书。聘请法律顾问将加大学院依法治校的工作力度，有效维护学校权益。"律师进校园"通过集中法律辅导与分散咨询相结合的方式，及时回答师生提出的法律问题，并通过法律法规知识讲座、法律咨询、模拟法庭等形式，深入开展法制宣传教育，提高了师生法律素质，做到了知法、懂法、守法。

（3）以创建"平安校园工程"为契机，抓好学生普法教育和安全教育

以创建"和谐校园""平安校园"为载体，进一步明确安全目标，深入开展安全法制教育，举办系列专题讲座，提高全院学生的安全意识、防范意识；加大综合治理工作力度，落实校园安全责任制；加强对学生的安全防范教育，依法开展校园及周边治安环境的专项治理工作，从而实现校园秩序更加优化、法治环境更加规范、安全管理更加完善的目标。

（4）以"法律进课堂""法律进校园"为突破口，抓好学生普法教育

围绕"弘扬法治精神，构建和谐校园"这一主题，通过主题报告、校园广播、黑板报、宣传栏等宣传形式，定期对学生进行普法教育，加强学生的法治教育，组织学生观看法制宣传片，开展了丰富多彩的主题班会活动。如每年新生开学之际，学院聘请专家举行国防法制教育报告会，增强了大学生的国防意识和法律意识。另外，利用重大节日，对学生进行相关的法律知识教育。如利用世界环保日，组织学生学习相关的环境保护方面的法律法规；利用禁毒日，请相关部门来校进行禁毒知识宣传。所有这些活动的开展，进一步拓宽了法律教育层面，对全面增强法制观念起到了积极有效的促进作用。

（5）聘请专家举行国防法制教育报告会，增强大学生的国防意识

学院于每年新生开学军训之际，曾邀请解放军某部教导员王迪军、解放军某部指导员陈亮、青州第二炮兵士官教导员王飞、王凯明、青州市风景区派出所警官董茂栾等为新生举办国防法制教育报告会。国防法制报告除分析当前世界军事形势、我国的安全环境、与周边国家的政治关系等国防情况外，还重点剖析了青

少年在法制教育方面的问题，并结合青少年不良的个性倾向导致走上犯罪道路的典型事例深入浅出的讲解了青少年违法犯罪的基本原因、严重后果，教给了同学们如何增强辨别是非和提高自我保护的能力，为学生牢固树立爱国拥军思想，营造学法、知法、守法、爱家、爱国的良好氛围打下了坚实基础。

（6）潍坊工程职业学院国家宪法日活动总结（2016 年）

为隆重纪念国家宪法日，进一步普及宪法知识、弘扬宪法精神，潍坊工程职业学院以"学宪法、讲宪法"为主题在 12 月 4 日前后先后开展了系列宣传教育活动，把普法教育、依法治校、依法施教作为创建安全文明校园的重要工作来抓。活动目的旨在维护宪法权威，增强广大师生法制观念。给学生营造安全的学习环境、生活环境，创建安全文明校园。现对本次活动总结如下：

一是举办国家宪法日主题讲座。为了帮助同学们了解宪法知识，各院系通过播放宪法知识 PPT 和视频等形式从什么是宪法、宪法的内容、国家宪法日的设立、历年宪法日的主题、全面实施宪法的基本要求等方面对同学们进行宣传讲解，同学们认真观看，积极参与，最后宣传活动在全体同学响亮的宣誓口号中结束。通过开展宪法宣传教育活动，进一步增强了同学们的法治意识，自觉遵纪守法的积极性，引导同学们学法、懂法、用法，运用法律武器维护自身合法权益。

二是注重校园法制宣传。充分利用宣传栏、学校 LED 屏幕播放相关的宣传标语等，营造氛围。向学生宣传法律知识，剖析法律案件。通过"12.4 法制教育宣传日"法制教育课等形式有计划、有针对性地开展有一定规模和影响的法制宣传教育活动，努力营造法制宣传教育的氛围。，学生在良好的校园环境中受到熏陶，在积极的校园氛围中受到教育，从而明确了真善美、假丑恶。

三是认真参与教育系统宪法学习日现场活动。按照《教育部全国教育普法领导小组办公室关于做好国家宪法日暨教育系统宪法学习日活动的通知》的文件要求，组织学生集体网上观看并参与教育部举办的国家宪法日暨教育系统宪法学习日现场活动。在观看过程中，同学们全体起立观看了升旗仪式，跟读宪法部分章节，然后听歌曲《宪法伴我们成长》，观看了全国宪法演讲比赛获奖情况及全国宪法演讲决赛各组第一名的宪法演讲。此次活动给同学们普及了宪法知识，营造了全员学宪法、尊宪法、讲宪法的良好氛围，掀起了宪法学习的热潮，为同学们知法、懂法打下了坚实的基础。

通过此次宪法学习活动，增强了同学们对宪法的进一步了解，更好地弘扬了宪法精神，提升了法制意识。同学们纷纷表示，在平时的学习生活中，一定有意识地加强对宪法、中国特色社会主义法律体系以及社会主义法治理念的学习，提高依法行使权利、履行义务的意识。宪法宣传教育是一项长期而艰巨的工作，任重而道远。在今后的学习、工作中，全体师生将会继续大力弘扬宪法精神，切实增强宪法意识，遵纪守法，严守纪律，以身作则，开创学院依法治校、依法执教的新篇章。

7.潍坊工程职业学院思政育人案例之二：加强思政课改革，提升思政水平

全面推进"三全育人"综合改革，落实思政课改革创新"八个相统一"要求，坚持育人导向、问题导向，坚持协同联动、责任落实，挖掘育人要素，完善育人机制，优化评价激励，强化实施保障，全面提升思想政治理论课工作质量，打造具有"潍工院"特色的一体化思想政治理论课育人模式。

加强思想政治理论课教师队伍建设，配齐配强思想政治理论课教师队伍。按照师生不低于1∶350的比例设置专职思想政治理论课教师岗位配备足够数量和较高素质的思想政治理论课教师，努力打造全方位、多层次、宽领域的育人工作格局。在班子成员中开展"学、联、导、讲、听"活动，学——带头扎实学习、深入领会习近平新时代中国特色社会义思想；联——联系1个院系；导——担任1个班级的导师；讲——到所联系院系讲党课、讲形势与政策课；听——深入课堂听思政课。科学规划、整体推进党政干部和共青团干部、思想政治理论课教师和哲学社会科学课教师、辅导员班主任和心理咨询教师等队伍建设，组建了400名由学院领导、中层干部和专业能力突出、师德高尚的教师参与的班级导师团，建立专兼职辅导员、班主任和学业导师"三位一体"的学生工作队伍，选聘校内优秀党政干部和教师兼任思政课教师。

思想政治理论课教学团队聚焦省级思政"金课"建设一个焦点，坚持"思政课程"与"课程思政"双轮协同，推进全员、全过程、全方位"三全"育人，不断深化新时代思政课教学改革，全面提高思政课铸魂育人质量。2021年度，建成潍坊市名师工作室1个，思想政治理论课教师团队被认定为院级创新教学团队，1人获得院级教学名师荣誉称号，1人获得骨干教师荣誉称号，1人获得院级"师德标兵"荣誉称号，3人获得院级"优秀教师"荣誉称号。

全面推进教法创优转化。着力于职业导向性的思想政治理论课课程建设，紧密结合高职学生的实际和高职专业的特点，坚持理论联系实际，将聚焦学生"需求""信仰""方法"作为突破口，推进教学研究、教学内容、教学方式的改革，形成思想政治理论课教育与国情省情社情教育相结合的教学模式。我院被确定为2021年潍坊市高校思政课程改革创新试点单位。在2021年度山东省"基础"课集体备课活动中获得二等奖一项，三等奖一项，获得2021年度院级教学能力大赛一等奖一项，院级青年教师教学比赛二等奖两项、三等奖一项；获得第五届院级教学成果奖一等奖一项，"三教"改革典型案例一等奖1项、二等奖一项。"概论"课课程标准立项为我院首批示范课程标准。劳动教育课程以"专题授课＋课内实践"结合模式开展教学，劳动教育课在线开放课程已全面启动，思政课教师

受邀参加全国性职业院校劳动教育研讨会并做教学展示，两次受邀到潍坊市电视台直播《建党 100 周年特别节目》和《谁执法谁普法》节目，受到一致好评。获得山东省学校思政课金课一门、山东省首届思政课教学设计特等奖一项。

形成与所教课程紧密相关的数字化资源和科研方向。建成《思想道德修养与法律基础》《弘扬中国精神》在线开放课程 2 门，立项潍坊市社会科学规划重点研究课题《新时代立德树人背景下高校推动习近平总书记七一重要讲话精神"三进"的创新路径研究与实践》《"万名干部下基层"助力民营企业高质量发展研究——以潍坊驻青州民企服务二队的探索与实践为例》《潍坊市法治化营商环境制度创新研究——基于习近平"三新""三基""六论"的法治思想》3 项；立项山东省 2021 年职业教育教学改革研究项目《基于区块链的中职思政课教学模式创新与实践》1 项，山东省教育科学十四五规划 2021 年度课题《运用区块链技术改进中职思想政治教育教学的研究与实践》1 项，山东省高校人文社科课题《大数据时代高校思想政治教育实效性提升研究》《融合优秀传统文化提升高职院校思政育人实效探索与创新研究》2 项，山东省哲学社会科学课题《融合优秀传统文化精髓培育高职学生工匠精神传承与创新路径研究》1 项，获山东高等学校优秀科研成果奖思想政治教三等奖 1 项。发表论文 15 篇。

8. 潍坊工程职业学院思政育人案例之三：聚焦思政云课堂，凝聚抗"疫"正能量

疫情就是命令，防控就是责任。潍坊工程职业学院基础教学部认真落实省教育厅、学校党委关于加强校园疫情防控工作的通知精神，迅速成立线上教学工作领导小组，制定了在线教学实施方案，坚持把开展好思政课在线教学作为一项重大政治任务抓好、抓实、抓细。为了保证思政课教学有序进行，思政教研室及时召开专题会议，安排部署落实，保证学校要求传达到每一位任课教师，保证学校政策落实到每一门思政课。

提前谋划，线上线下迅速切换。基础教学部思政教研室开设《毛泽东思想和中国特色社会主义理论体系概论》和《形势与政策》课 2 门必修课，《弘扬中国精神》《思想道德修养与法治基础》等若干门选修课。近一周来，共授课 176 班次 7200 人次，授课教师 27 人，QQ 群课堂 182 次，这组数据背后折射的是严峻疫情形势下思政课教师的责任与担当。

守正创新，提升线上教学质量。思政教研室充分发挥线上资源优势，依托山东省学校金课和院级在线开放课程，积极建设高质量思政慕课，利用学校"一平三端"建立"两群组四循环"教学模式，打造立体鲜活的思政云课堂。"一平"指超星云平台，"三端"为：教师端、学生端、管理端，两大群组，即"思政课教师团队"＋"教学平台技术团队"。为保证学生学习效果，还建立了"教—学—

监—评""四循环"线上教学系统。教师结合课程特点，运用在线直播、师生互动、分组研讨等教学方式，将习近平总书记"七一"讲话重要精神、十九届六中全会精神、党领导人民抗击疫情的鲜活案例有机融入课堂教学之中，引导青年学生增强做中国人的志气、骨气、底气，切实提升了思政课的思想性、理论性和亲和力、针对性。

培心育德，思政小课堂链接社会大课堂。课堂上，思政课教师结合当前疫情防控的发展形势，强调党的坚强领导是坚决打赢疫情防控阻击战的"主心骨"，众志成城、万众一心的抗疫行动汇聚成无坚不摧的中国力量，彰显了坚不可摧、战无不胜的中国精神。课堂下，思政课教师以身作则积极参与疫情防控志愿活动，用亲身行动给青年学生上了一堂生动的思想政治课。同学们也积极响应号召，以高度的责任感和使命感，投入到学校疫情防控工作中去，参与防疫宣传、体温测量、信息登记和秩序维护等志愿服务活动，为战胜疫情贡献自己的青春力量，展现了潍工学子的青春风采和使命担当。

9. 实施"5412"素质教育，构建思想政治工作新格局（2017 年）

潍坊工程职业学院牢牢把握社会主义办学方向，坚持立德树人，以社会主义核心价值观为引领，构建了"5412"素质教育体系，带动了思想政治工作的全面提升，有力促进了学院事业持续健康快速发展，全面提高了人才培养质量。

"5412"素质教育体系即：构建思想政治素质、身心素质、人文素质、职业发展素质、创新创业素质 5 个素质教育课程模块；构筑活动、文化、网络、职场 4 维育人环境；建立全员、全过程、全方位育人的 1 个素质教育工作网络；完善学生素质提升评价和素质教育工作评价 2 个考核体系。

（1）塑心铸魂，素质教育课程培养 5 种素质

完善课程体系，建成素质教育课程群。深入实施"SQC"一体化人才培养模式，将素质教育纳入各专业课程体系，实现素质教育课程化、学分化。立足于"青齐文化"等优秀传统文化和我院百年老校的"严谨博爱"人文精神积淀，充分发挥我院与卡特彼勒深度合作育人的优势，在做好企业需求调查、毕业生跟踪调查和在校生问卷调查的基础上，整合、开发素质教育课程资源，不断优化素质教育课程体系。形成了包含思想政治素质、身心素质、人文素质、职业发展素质和创新创业素质 5 个模块，公共必修课、公共选修课和慕课 3 类课程构成的素质教育课程体系，共 56 学分，占总学分的三分之一左右，把学生的素质教育实践纳入学分管理，核定为 8 学分，更好地发挥了第一课堂在大学生素质教育中的主导作用，满足了学生全面发展和个性发展需求。

完善思想政治素质课程模块，加强大学生社会主义核心价值观教育，突出职业道德和政治素质的培养；完善身心素质课程模块，在开好体育与健康课和大学

生心理健康教育课的基础上，开发军人精神教育等课程，把"立足本职、爱岗敬业，不畏艰苦、勇于进取，自强不息、敢于创新"的军人精神渗透到大学生素质教育中去；完善人文素质课程模块，开发体现我院百年老校"严谨博爱"精神的感恩教育课等课程，举办"青齐文化"讲座，使学生接受优秀文化的熏陶；完善职业发展素质课程模块，以企业标准、规则和职场文化为核心开发卡特彼勒企业文化与"6Sigma"管理等系列课程，提高学生的职业素养和职业精神；完善创新创业素质课程模块，开设大学生创新创业指导、科学思维训练与方法等课程，培养学生创新创业意识和能力。目前，已建成对应思想政治素质、身心素质、人文素质、职业发展素质和创新创业素质等课程模块的院级素质教育精品课程群。建成院级优质核心课程6门、省级精品资源共享课程1门。

信息化教学手段与翻转课堂并举，提高实践教学实效性。在互联网＋时代下，充分采取信息化手段进行实践教学，结合翻转课堂，提高学生学习的主动性。具体做法是由教师在新学期开始提出5到6个项目，学生以小组为单位进行社会调查，充分利用多媒体设备（摄像机、照相机、手机）进行现场调查的视频录制，通过视频剪辑形成总结性视频进行提交，以此为基础进行课堂翻转，在翻转课堂上，由学生播放讲解视频，展开项目讨论，提高学生的学习兴趣，培养学生分析问题、解决问题的能力。

序化教学内容，开发独具特色的素质教育校本教材。结合学生实际情况和企业岗位素质能力需求，组织有经验的素质教育教师，根据模块化素质教育内容，创新编写与学生素质养成相适应的《潍坊工程职业学院学生修养手册》《新编职业人文基础》《大学生创新创业指导》《高职学生就业创业典型案例集》《"军人精神"教育读本》《大学生感恩教育读本》《大学生严谨素养教育读本》《齐鲁文化与职场智慧》《卡特彼勒企业文化与"6Sigma"管理简编》等校本教材；制定《思想道德修养与法律基础》《计算机文化基础》等公共基础课课程标准11门，为公共基础课的教学改革和教学管理规范化奠定了良好的基础，丰富了素质教育资源。

（2）搭巢引凤，四大育人渠道构筑4维育人环境

活动育人：主题教育活动泽润心灵提升素质。开展以社会主义核心价值观为引领的思想政治素质培养、以身心健康发展为目的的身心素质培养、以内涵养成为目标的人文素质培养、以职业生涯发展规划为导向的职业发展素质培养和以"绝活"教育为特色的创新创业能力培养等5类主题教育活动。通过开展"中国梦"、"回首那份爱"感恩教育、"雷锋月"、"五四青年月"等教育实践活动，提升学生爱国主义情感，积极培育和践行社会主义核心价值观；组织开展公寓文化节、"梦的畅想"宋城大舞台专场演出、素质拓展训练、摄影展、手抄报展、"潍

工好声音"校园歌手大赛等多种校园文化活动，寓教于乐，促进学生身心健康发展；联合驻青州各高校举办三届大学生艺术节、举办培真讲坛、读书月等系列活动，弘扬"严谨博爱，务实创新"的育人传统，提升学生人文素质的积淀和内涵养成；以"赢在起点 挑战职场"为主题，积极开展职业生涯规划大赛、就业指导教育等系列活动，结合寒、暑假社会实践活动和"三下乡"活动，使青年学生在真正接触社会的过程中提高职业发展能力；组织学生参与各级各类技能竞赛，组织举办创业设计大赛、创业训练营活动，开展创新创业教育，培养学生创新创业意识，提高创新能力及职业发展素质。

系列主题教育活动的开展，延伸了学院大学生素质教育课堂空间，丰富了学生的课余生活，成为我院素质教育的亮点。学院鼓励学生积极参加山东省大学生科技文化艺术节等各类综合素质活动，取得优异成绩。近年来，我院大学生素质教育活动成果受到主流媒体和各大网站的广泛报道，2014年中央电视台新闻联播中，对我院举办的"让青春绽放在祖国最需要的地方"主题班会进行专题报道，在社会上引起较大反响。

文化育人：传统文化青齐文化书院文化融合渗透。一是加强大学语文课、职业人文基础课的教学。结合中国优秀传统文化，加强人文素质教育，在公共课《职业人文基础》课程中增加了《社会主义核心价值观与传统文化教育》教学内容。二是充分发挥非遗文化传承工作室的作用，开展"非物质文化遗产"古琴、花键、挫琴、空竹授课活动，聘请非遗文化传承人每周来院1—2次传授演奏（表演）技艺，讲授相关课程，截至目前，共开设160余节。三是从2008年开始，在大一新生中开展感知父母恩教育主题活动。近年来，从感恩父母延伸到感恩师长，感恩母校，感恩社会。活动曾获得"全国高校校园文化建设优秀成果二等奖"、"全省高校校园文化建设优秀成果一等奖"、"关心下一代优秀服务项目"。四是开发素质教育课程，编写《齐鲁文化与职场智慧》《大学生感恩教育》《大学生严谨素养教育》和《高职学生职业人文素养》等校本教材。引进《中国文化概论》《国学智慧》《国学与人生》《女子礼仪》等慕课课程，加强大学生中华优秀传统文化教育。五是成立培真书院文化研究院，开展传统文化研究和百年老校育人传统研究，开设"培真讲坛"、"青齐文化"讲座等具有优秀传统和浓郁地方特色的课程。

网络育人：传统媒体与新媒体共同传播文明风尚。一是围绕"提高学生综合素质，促进学生成才"主题，创建包含"红色丰碑""心灵驿站""法律援助""走向职业人"4大板块的素质教育主题网站，完善了大学生素质教育课程群网站资源。二是充分利用校园网络、宣传栏、院报、校史展、电子屏、广播等，积极宣传优秀传统文化的内容，宣传我院校训精神、人才培养理念和目标。同时学院进一步加强校园网络监管力度，结合名校建设和人才培养水平评估工作对网络建设的要求，及时更新和丰富校园网站内容，使校园网成为宣扬传统文化的重要载体。三是积极研究微博、微信以及 QQ 等新媒体对大学生的影响，建立潍坊工程职业学院官方微信平台、"潍工青年"微信平台和"潍工青年"QQ 群、心理健康教育腾讯微博、QQ 群，在服务师生的同时，制定了《意识形态工作责任制实施办法》，成立了网络舆情小组，确保了网络舆情和意识形态安全。做好舆论引导、价值引领等工作，拓宽了大学生素质教育渠道。

职场育人：提升学生职业素养和敬业精神。精细管理，企业文化与军人精神双重渗透。秉承"先于企业，高于企业，严于企业"办学理念，结合卡特彼勒6σ 等先进企业管理理念和职业标准，将部队严谨、守纪、规范化管理的做法渗透进全院学生日常教育管理中。编写有关大学生"军人精神"教育和卡特彼勒企业文化与管理的校本教材；完成教学实训环境中的企业文化标识建设；将 6σ 企业管理模式和项目质量标准等优秀的国际企业管理理念渗透到日常的教学管理。精益求精的质量意识和追求完美的零缺陷意识，严谨的求学态度、吃苦耐劳的军人本色成为我院学生的特质。

崇尚劳动，职业技能与职业精神深度融合。遵循"做精做实"的校训精神，努力探索学生职业技能培养和职业精神培育的深度融合。在全院所有专业中广泛推行"专长教育"和"绝活教育"，要求学生在校期间必须熟练掌握一项专业技能，没有专长的学生不能毕业，真正做到了"让毕业生赢在起跑线上"。积极与卡特彼勒合作，编写《卡特彼勒企业文化与"6σ"管理简编》校本教材，开设选修课程，将先进的企业管理理念和职业标准渗透进全院学生的职业素养教育和日常管理中。

充分发挥第二课堂的育人作用，锻造"有责任、能吃苦、善圆融"的职业品格。面向全院学生开展"我光荣，我是一名劳动者"主题实践活动；开展"我劳动 我奉献 我光荣，创造出彩人生"精神培育征文比赛，增强学生对个人职业理想、自身责任感和使命感的认识，弘扬"劳动光荣、技能宝贵、创造伟大"的时代风尚。举办山东好人十大年度人物郭庆刚等道德模范事迹报告会，使学生受到生动的诚信教育；邀请山东省"最美劳动者"、"最美警察"刘大勇等做爱岗敬业专题报告会，倡导立足本职、勤恳工作、敬业奉献的精神。

指导帮扶，双创教育与创业实战紧密契合。响应国家"大众创业，万众创新"的号召，秉承"创业创造"的校训精神，成立大学生创新创业教育工作领导小组，设立大学生创新创业教育中心，着力培养大学生的创业意识、创业精神、创业品质、创业能力，增强终身发展能力，使其学会学习、学会做事、学会合作、学会生存。成立创新创业社团 20 个。

实习实训，专业特色与职业素质相得益彰。以各专业校企合作企业和校外实践基地为依托，组织学生搞好岗位认知，综合实训，企业顶岗，将素质教育课堂延伸到企业、车间，让学生通过职场体验和职场训练，养成严格按规程办事，一丝不苟的职业规范，培养爱岗敬业、诚信奉献的职业道德，学生的职业素养和敬业精神大幅提升。如机电一体化技术专业，在实践教学过程中，贯穿职业素质培养，通过开展 SWE 培训、YBS 培训、GBS 培训、数控自动编程加工等实训项目，全面实践卡特彼勒生产体系，提升学生职业素质和职业精神；学前教育专业倡导"育爱心点亮智慧"，将陶冶品德贯穿于实践教学和实习实训活动中，注重学生的良好师德的培育。

言传身教，发挥职业素养导师的示范作用。选聘企业优秀员工作为指导教师，发挥其榜样引导作用，通过言传身教、以崇高的职业精神感染学生；选派校方专任教师跟进学生实习实训，悉心指导学生养成良好职业素养；聘请道德模范和劳动模范担任兼职辅导员和素质教育教师，通过其敬业精神和人格魅力对学生进行范例教育。通过职业素养导师的榜样示范，学生的敬业意识和职业精神明显提升，毕业生社会认可度大幅提高。

（3）上联下通，多方协同建立 1 个素质教育工作网络

建立了党、政、工、团"四位一体"，学校、家庭、企业"三方联动"，全员、全过程、全方位"三全育人"的素质教育工作网络。

一是成立素质教育领导小组，设立素质教育中心。建立由团委学生处、基础教学部、教务处、宣传统战部、招生就业处等部门具体组织，各系（院）具体实施，党、政、工、团"四位一体、齐抓共管"的工作格局。

二是在大学生素质教育管理体制中，职责到人，任务到岗，措施到位。其中，由教务处和基础教学部负责并规划第一课堂学生素质教育的课程建设，将素质教育课程建设与人才培养模式改革结合起来；团委学生处负责学生社团建设，以及寒暑假社会实践"三下乡"等各类实践活动的开展；宣传部运用各种思想文化阵地和传媒，开展精神文明建设，全方位营造大学生素质教育的校园文化氛围。

三是形成以系（院）党支部（总支）为核心，班主任、辅导员为骨干，学生家长、合作企业广泛参与的学校、家庭、企业"三方联动、共管共育"，全体教职员工参与、教学管理服务全过程和各种教育载体全方位落实的育人机制。

四是打造素质教育师资团队。通过培训进修、企业锻炼、传帮带、教学技能大赛、优质课堂创建和人才引进等方式，提升教师课程开发、教学科研和信息化教学能力，建立起一支"素质高、能力强、结构优、数量足"的素质教育师资队伍。三年来，选派素质教育团队教师参加国家和省级各类培训 40 余人次，参加国（境）外培训 9 人次，引进国家级运动健将 1 名，民营企业家 1 名，聘任校

外兼职教师 21 名。获得山东省第二届高等学校体育教师基本功大赛三等奖 3 项，全省高校校园文化建设优秀成果三等奖 2 项，全省高校思想政治优秀成果奖 3 项，获得省市级政府部门表彰 11 人次，山东省精品资源共享课程主持人 3 人，市级及上素质教育课题 11 项，编写校本教材 12 部、出版教材 6 部，组建院级教学团队 1 个，科研创新团队 1 个。

五是建设校内外素质教育基地。在校内建立了"孔子学堂"，有效传播孔子"仁、义、礼、智、信"等传统文化精髓，提升青年学生中华优秀传统文化素养。改建、扩建了大学生活动中心、大学生心理健康中心和大学生创业孵化中心，新建了大学生户外素质拓展训练基地等校内素质教育基地，很好地满足了对学生进行心理健康教育、创新创业教育、体质提升、文化修养提升等素质培养的要求。

在校外深化与专业实训基地的合作，加强与知名企业、文化馆及救助站等社会机构的联系，与青州市博物馆、青州市烈士陵园、青州市庙子镇长秋村一门忠烈纪念堂共建大学生爱国主义教育基地；与山东省荣军医院、青州市特殊教育学校共建大学生志愿（义工）服务基地；在青州市创业创新大厦建立大学生创新与创业校外实践基地；与聊城市煜辰信息技术有限公司、青州鼎昌灌装机械有限公司、青州仰天山森林旅游有限公司等共建大学生社会实践活动基地；与东营市昊天拓展训练有限公司在青州市双贝体育公园共建校外素质拓展训练基地；在青州市王坟镇侯王村建立优秀传统文化基地。

（4）崇德尚贤，科学评价完善 2 套考核体系

一是以立德树人为核心，以思想引领为首要任务，以服务学生成长维护学生权益为出发点和落脚点，建立了学生素质教育工作考评机制，出台了《潍坊工程职业学院学生素质培养测评认证办法》。通过对学生在课程学习、活动体验、实践锻炼等环节的学习效果和行为表现进行测评，对学生的素质培养进行全面评价，并作为学生综合素质学分，纳入素质学分考核体系。修订完善人才培养方案，确定素质教育实践为 8 学分，具体包括两部分，第一部分为日常行为表现 2 个学分，第二部分为素质拓展 6 个学分，学生通过参加思想政治素质、身心素质、科学人文素质、职业发展素质、创新创业素质五个模块中的活动，修满学分。二是成立学生素质教育测评工作领导小组，对学分的组织实施进行统一协调和领导；各系（院）成立素质教育实践学分认定工作小组，负责素质教育实践学分的具体组织实施。学院鼓励学生积极参与各项素质拓展活动，获得素质教育实践学分。科学合理的评价考核体系的构建与实施，提高了学生素质养成的自觉性。

通过"5412"素质教育体系的实施，促进了学生的全面发展和综合素质提升，学生的创新能力、创业能力和职业生涯规划能力进一步增强，就业竞争力逐年提高。在国家、省、市各级各类技能竞赛中，获各级各类奖项 257 项，2900

余名学生获得国家、省、学院等各级各类表彰奖励。涌现出以山东省道德模范、全国百名优秀志愿者马广超，山东省"双创之星"齐琛琛，潍坊市优秀大学生创业者夏三洋、潍坊市政府创业奖获得者张鹏等为代表的优秀学生群体，在社会上引起了较大反响。以培养学生奉献爱心、学会感恩和社会责任感为核心的"回首那份爱"主题活动获得教育部高校校园文化建设优秀成果二等奖、山东省高校校园文化建设优秀成果一等奖，学院获全省高校思想政治教育工作先进集体，充分展现了我院人才培养注重学生全面发展的办学特色。

青年兴则国兴，青年强则国强。我院大学生思想政治状况主流是积极的、健康向上的，但大学生思想教育工作是一项系统性、长期性工作，新情况层出不穷。面对这些新的情况和形势，我们工作还有不够适应的问题，还存在薄弱环节需要进一步加强和改进。今后，我们将认真贯彻落实全国、全省高校思想政治工作会议精神，创新内容，创新形式，创新手段，创新机制，强化政策保障，将学院思想政治工作提高到一个新的水平。

（二）挖掘运用各专业蕴含的德育资源，实施专业育人工程

2014年，教育部提出了要全面深化课程改革，落实"立德树人"的根本任务。每个专业都应该结合自身学科特点制定专业课程德育实施方案，根据专业课程德育目标，深入挖掘专业课程的德育内涵和德育元素，做好专业课程的德育设计，明确德育的具体节点、基本内容和基本方式，形成全新的课程标准和课程设计体系。通过多种途径，实现各专业德育育人，立德树人的目的。

1. 改造各专业课程内容提升育人内涵

高职院校应根据各专业特点对课程方案及内容进行相应调整，提升专业育人内涵。如工程技术类专业应突出培育求真务实、精益求精的职业精神，培养学生踏实严谨、耐心专注、执着专一、吃苦耐劳、追求卓越等优秀品质。文化教育类专业应突出人本意识、人文关怀，培养学生具备高尚的道德品质、强烈的社会责任感使命感和奉献精神，崇高的职业理想、健全的心理素质。财经管理类专业应突出公平公正、诚实守信，注重经济社会活动中的公平理念与实践的教育。

2. 加强通识教育选修课程建设

高职院校可以根据学生的兴趣爱好和个性发展需要，对通识教育选修课程进行系统安排和整体设计，形成由人文经典与文化传承、自然科学与工程技术、社会与法、创新创业与职业发展、运动与健康、生活与美、学生综合实践七个课程模块构成的课程体系，涵盖人文科学、社会科学和自然科学知识领域。每个课程模块由若干通识课程组成，重点建设特色课程和核心课程。核心课程指各个模块中知识量大、涵盖面宽，具有代表性作用的课程；特色课程指符合学生的兴趣爱好、个性和职业发展需要，深受学生喜爱的各类课程。

3. 发挥"专业导师"的育人作用

现在很多高职院校正在探索实行"专业导师制"。学生从大学一年级第一学期开始自主选择指导老师，实行"三年一师制"。大学一年级主要是专业认知的指导，对将来从事的行业和社会领域的特点进行指导，在大学一年级结束后的暑假期间指导学生进行第一次的认知实习。大学二年级主要是加强对学生专业知识的指导，在大学生二年级结束后的暑假，指导学生进行第二次认知实习，到企业中进行实习或开展社会调查。大学三年级主要是对学生毕业实习和就业的指导，最终完成学生的就业工作。实践证明，专业导师的实行既利于学生专业水平的提高，提升学生科学文化素质，也有益于培养学生的思想道德素质和其他综合素质。

4. 潍坊工程职业学院"专业导师"的育人案例

潍坊工程职业学院为全面提高大学生综合素质，促进大学生全面发展，构筑了全员育人的有效机制，每个班级配备导师，学院领导亲自担任班级导师，深入到班级和学生中去，经常与学生进行面对面的沟通和交流，为学生在学业上导学、生活上导心、成才之路上导航，全方位地对学生的成长成才加以引导。班级导师制的实施为创新人才培养模式、促进大学生全面发展提供了有效载体，对实现立德树人根本任务具有重要意义。

（1）潍坊工程职业学院迎来"开学第一课"

2022 年 2 月 23 日，潍坊工程职业学院迎来春季学期开学第一天。5 校区全体师生通过现场及网络直播的方式共上了一堂特别的"思想政治引领和爱国主义教育开学第一课"。据统计，这堂开学第一课的直播观看总人数达 2 万人。学院党委书记肖明胜以"担当复兴大任 成就出彩人生"为题，从"责任使命：复兴路上的青春之歌""宏图志向：建设路上的奋斗之歌"两个方面，为师生们深情地讲述了中国共产党的领导下一代代青年人不屈不挠、艰苦卓绝的奋斗历程，一个个可歌可泣的先进模范人物和模范群体深深激励了师生，他鼓励当代青年坚持建功新时代的理想追求，树立正确的世界观、人生观、价值观，发扬"做精做实，创业创造"的校训精神，将个人梦与中国梦结合起来，争做能工巧匠、大国工匠。院长高立伯带领师生回顾了中国共产党的百年奋斗历程、百年奋斗成就和历史经验，引导同学们在人生征程中进一步读懂中国、读懂中国共产党，他号召青年学子扛起历史使命，心怀"国之大者"，为加快实现中华民族伟大复兴的中国梦贡献智慧和力量。这堂"开学第一课"，不仅"提气"，还引发了师生的强烈共鸣和深深思考。"祖国繁荣富强、学校事业发展是一代代人不懈奋斗的结果。作为当代青年，我深深感觉到使命责任重大，我们要继承先辈们的革命传统和奋斗精神，自立自强，扎实学习，为祖国建设添砖加瓦！"2021 级现代通信技术陆军士官专业学生李复顺说。

（2）潍坊工程职业学院专业导师见面会

2018年6月7日，党委书记肖明胜分别到2017级学前教育18班和2016级通信技术士官1班举行了导师见面会。肖明胜在通信技术士官班见面会上，讲了班级导师制的意义，为学生提出了三点希望：一是要有骨气、有血性、有胸怀、更要有保家卫国的本领、要有一技之长。二是要向典范学习，做人要争口气。三是要爱国、要励志、要求真、要实干。肖明胜的讲话在同学中引起了强烈反响，振奋着每一名学子的心。同学们纷纷表示通过这次见面会，深受启发，今后将会更加努力学习，勇于担当，为自己的美好前程努力奋斗，为将来有能力保卫国家努力奋斗。6月22日，院长高立伯到2017级机电一体化技术专业火箭军01班举行了导师见面会。高院长指出，实施"班级导师制"是学院党委深入贯彻落实习近平新时代中国特色社会主义思想和党的十九大精神、加强学生思想政治教育工作的又一创新举措，对于推进全员全过程全方位育人具有重要意义。希望同学们要坚定理想信念、志存高远；要堂堂正正做人、踏踏实实做事；要学会坚强，做个自信乐观的人。截至目前，潍坊工程职业学院近400名由学院领导、全体中层干部和专业能力突出、师德高尚的教师组成的班级导师团，本着以人为本的指导思想，明确全员育人的工作原则，按照思想品德教育与文化知识传授相结合、课堂教育与课外教育相结合、共性教育与个性教育相结合、严格管理与言传身教相结合的思路，通过主题班会、谈心谈话，进入学生公寓、教室、实验室等方式，开展思想、心理、学业、就业创业、社会公德、时事宣讲等方面的教育指导工作。有效落实教师教书育人"一岗双责"制度，拓宽了全员参与的育人渠道。班级导师和专职辅导员也本着分工明确、优势互补的原则，共同开展自信教育、成功教育，进一步完善了学校教育、家庭教育和社会教育"多位一体"的育人机制，全面激发学生的潜能，使学生获得了更全面的发展。

5. 潍坊工程职业学院素质教育育人案例

其一，完善素质教育课程体系。深入实施学院"SQC"一体化人才培养模式，以思想政治理论课为统领，将素质教育纳入各专业课程体系，实现素质教育课程化、学分化。立足于"青齐文化"等优秀传统文化和学院百年老校的"严谨博爱"人文精神积淀，充分发挥学院与卡特彼勒深度合作育人的优势，在做好企业需求调查、毕业生跟踪调查和在校生问卷调查的基础上，整合、开发素质教育课程资源，不断优化素质教育课程体系。形成了包含思想政治素质、身心素质、人文素质、职业发展素质和创新创业素质5个模块，公共必修课、公共选修课和慕课3类课程构成的素质教育课程体系，共56学分，占总学分的三分之一左右，把学生的素质教育实践纳入学分管理，核定为8学分。

统筹资金、师资、基地等资源要素，加强课程建设。完善思想政治素质课程模块，加强大学生社会主义核心价值观教育，突出职业道德和政治素质的培养；完善身心素质课程模块，在开好体育与健康课和大学生心理健康教育课的基础上，开发军人精神教育等课程，把"立足本职、爱岗敬业，不畏艰苦、勇于进取，自强不息、敢于创新"的军人精神渗透到大学生素质教育中去；完善人文素质课程模块，举办"青齐文化"讲座，使学生接受优秀文化的熏陶；完善职业发展素质课程模块，以企业标准、规则和职场文化为核心开发卡特彼勒企业文化与"6Sigma"管理等系列课程，提高学生的职业素养和职业精神；完善创新创业素质课程模块，开设大学生创新创业指导、科学思维训练与方法等课程，培养学生创新创业意识和能力。建成了对应思想政治素质、身心素质、人文素质、职业发展素质和创新创业素质等课程模块的院级素质教育精品课程群。

其二，创新教学模式，改革教学方法和手段。以学生为主体，通过任务驱动、项目引领和情景教学等方式搞好教学设计；在教学过程中，运用启发式、讨论式、探究式、参与式和案例教学等多种教学方式，激发学生学习热情，引发思考，拓宽思路，树立自信；采用先进的信息化教学手段，增加课程的生动性、直观性，提高教学实效性；利用网络有效地和学生保持联系，形成交互式学习，让学生在参与和体验中提升素质。充分发挥课堂教学的主渠道作用和实践教学、网络教学的有效补充作用，创新课程考核评价方式。

信息化教学手段与翻转课堂并举，提高实践教学实效性。在互联网＋时代下，充分采取信息化手段进行实践教学，结合翻转课堂，提高学生学习的主动性。具体做法是由教师在新学期开始提出5到6个项目，学生以小组为单位进行社会调查，充分利用多媒体设备（摄像机、照相机、手机）进行现场调查的视频录制，通过视频剪辑形成总结性视频进行提交，以此为基础进行课堂翻转，在翻转课堂上，由学生播放讲解视频，展开项目讨论，提高学生的学习兴趣，培养学生分析问题、解决问题的能力。

其三，创新素质教育课程考核评价方式。改变只注重终结性考核的倾向，坚持过程性和终结性考核相结合，改变只注重理论知识考核的倾向，坚持理论考核与实践考核相结合。过程性考核包括学生的日常行为评价和任课教师评价两部分。日常行为评价是由辅导员老师与班委会成员为主体，对学生日常行为进行追踪，根据考评细则，进行量化评分，占课程总成绩的20%。任课老师评价是由任课教师对学生的出勤、课堂表现和实践作业进行评价，占课程总成绩的30%。

其四，开发独具特色的素质教育校本教材。结合学生实际情况和企业岗位素质能力需求，组织有经验的素质教育教师，根据模块化素质教育内容，创新编写与学生素质养成相适应的《潍坊工程职业学院学生修养手册》《新编职业人文基础》《大学生创新创业指导》《高职学生就业创业典型案例集》《"军人精神"教育读本》《大学生感恩教育读本》《大学生严谨素养教育读本》《齐鲁文化与职场智慧》《卡特彼勒企业文化与"6Sigma"管理简编》等校本教材；制定《思想道德修养与法律基础》《计算机文化基础》等公共基础课课程标准 11 门，为公共基础课的教学改革和教学管理规范化奠定了良好的基础，丰富了素质教育资源。

6. 潍坊工程职业学院各专业立德树人案例

弘扬传统孝文化。在学前教育专业教学楼走廊悬挂《二十四孝》《弟子规》《三字经》等中华民族优秀传统文化挂图，张贴学生书法、剪纸、绘画等优秀作品，充分营造良好传统文化氛围，感受文化底蕴，丰富文化内涵。在大学生孵化中心建立学前教育专业绘本制作中心，从绘本故事构思、图画设计、手工设计三方面着手，形成创作、制作一体化特色文化品牌，组织开展弹唱、绘画、书法、讲故事等技能大赛，挖掘人才、展现文化素养，培养学前教育专业学生专业文化。

弘扬鲁班文化。成立现代鲁班工坊，定期举办"鲁班文化节"，开展建筑模型、建筑识图、测量、建筑 CAD 等系列技能比赛。举办"鲁班杯"大学生创新创业作品竞赛、大学生就业创业体验专项暑期社会实践等活动。开展"鲁班大讲坛"系列活动，将鲁班文化融入人才培养教育教学全过程，进一步提升以鲁班文化为核心的专业特色文化内涵，培养土木建筑类专业群学生诚实守信、尊重技艺和精益求精的现代行业职业素质，提高文化育人质量。

践行商科文化。将商科文化渗透到日常生活中，聘请社会知名人士、成功企业家举办专题文化讲座，组织学生到生产工作一线认知体验，建立完善的学生诚信系统，在电子信息类专业群内形成"诚信文化"，培养学生诚信、严谨、交流、合作的职业素养。

关注饮食安全文化。根据食品药品类专业群人才培养的目标定位及现代食药行业对食品药品职业人的基本要求，开展"饮食安全文化""食品药品安全宣传"等系列主题活动，培养学生"诚信严谨、安全至上、质量第一"的职业素养。

（三）统筹各类德育实践资源，推进实践育人工程

思想政治教育实践育人工作以社会主义核心价值体系为指导，以立德树人为主线，以理论结合实践为主要方法，充分利用课内、课外、校内、校外的实践载体，通过第一课堂与第二课堂密切互补、理性认识和感性认知紧密结合的方式，提升学生思想品质、政治素养、道德水平、心理素质、创新精神和实践能力。近年来，根据中共中央、国务院出台的《关于进一步加强和改进大学生思想政治教育的意见》和教育部等部门《关于进一步加强高校实践育人工作的若干意见》的要求，许多高校对思想政治教育"实践育人"工作做出了有益的探索。实践育人是新时期思想政治教育工作的有效途径之一，高校应着力推进该项工作。然而，

受到历史条件和现实情况的制约，以及认识水平不同、执行力度不一、相关要素研究不够等因素的影响，实践育人工作仍然存在一些问题，阻碍了思想政治教育工作的发展。

1. 潍坊工程职业学院实践育人工作总结

（1）发挥红色资源的育人功能

依托地方资源共建红色基因传承教育基地、爱国教育基地等红色教育基地，开展"践行核心价值观，凝聚青春正能量""不忘初心跟党走""青春志愿行"等丰富多彩的主题教育和实践活动。

（2）打造新媒体育人阵地

充分运用"潍工青年"新媒体微信矩阵——微信公众号、抖音、官方QQ、微博等新媒体平台传播正能量、传播新资讯、传播先进思想，打造引导学生树立正确的世界观、人生观和价值观的重要阵地。

（3）搭建学生社团育人平台

目前学院建有学生社团40余个，会员达4100多人，学生参与社团活动上万人次，为学生全面提升素质搭建起了广阔平台。海岱物联星空创新社团荣获"2020年山东省大学生优秀科技社团"，社团团长秦法林获得"2020年山东省大学生优秀科技社团干部"荣誉称号。

（4）常态化实施青马培训

自2017年开始，学院就在青年学生中定期举办"青年马克思主义者大学生骨干培训班"，采取理论学习、分组研讨、交流讨论、成果汇报等多种形式相结合的模式，通过高水平的讲座、报告、影视片等使努力推动习近平新时代中国特色社会主义思想进教材、进课堂、进头脑。

（5）志愿服务工作有序开展

成立新时代文明实践中心和13支志愿服务队伍，以自愿参加、量力而行、进求实效、持之以恒为基本原则，立足社区中心、特殊教育学校、敬老院等场所开展关爱帮扶活动，组织学生参与无偿献、无偿捐赠等等公益活动，鼓励学生积极参与社会服务事业，为社会建设发展作出贡献。全年社会实践达到7000余人次，志愿活动服务人次达到8000余人次。疫情期间，我院近300名学生作为志愿者参与当地街道的值班值守、入户排查、发放物资、防疫宣传等疫情防控工作，彰显了新时代青年的风采和担当，得到了当地政府和人民的一致赞扬和肯定。

2. 潍坊工程职业学院实践育人工作案例：开展"暖心筑童梦"暑期"三下乡"社会实践活动

2018年暑假，学院信工E家实践服务队再次踏上了去日照五莲县的征程，开始了以"暖心筑童梦"为主题的暑期"三下乡"社会实践。服务队的队员们带上为孩子们精心挑选的学习用品、体育用品和小礼物等，满怀期望再次与孩子们相聚，利用 4 天的时间带给留守儿童们温暖与欢乐，帮留守儿童实现他们的微心愿。经过半天的车程，服务队于 7 月 20 日下午到达了五莲县，在与当地志愿者队伍会合后见到了孩子们，队员们与孩子们说笑起来，毫无陌生感。晚上，服务队队员们与孩子们一起举办了篝火晚会，篝火映着一张张天真可爱的笑脸，瞬间温暖了每个人的心田。7 月 21 日，队员们带上孩子们走出大山参加夏令营活动，大巴车依次接上孩子们，载着他们来到大海边，让孩子们的梦想在更广更宽的天地间驰骋，感受大自然的魅力。孩子们踩在水中，溅起水花，这时发亮的不仅是太阳与海水映出的光，更是孩子对未来的憧憬，一个个梦想在这里发芽、长大……下午，服务队队员带孩子们来到了东夷小镇的抗日战争纪念馆，为他们讲解老一辈无产阶级革命战士付出了巨大牺牲才换来我们今天的幸福生活，告诉孩子们要铭记历史、发奋读书、敢于担当，做新时代少先队员。7 月 22 日，队员们与孩子们来到了日照市中心血站，在血站工作人员的带领下，参观了血浆、红细胞的保存流程，聆听了关于无偿献血的专题讲座；下午，在五莲县志愿者的帮助下，服务队队员分别到孩子们家中进行家访，了解他们的生活和学习情况，给他们送去慰问品……当队员们看到孩子们满墙的奖状，感到欣慰和高兴。不知不觉到了留守儿童夏令营的最后一天，时间虽短，但队员们与孩子已经是难舍难分，他们互留卡片，说悄悄话，种下了一颗颗爱的种子，留下一个个承诺，帮助孩子们实现他们的微心愿，相信"大手"与"小手"的友谊必将伴随他们共同成长。

"暖心筑童梦"社会实践项目是我院"三下乡"社会实践院级重点项目，是潍坊市暑期"三下乡"优质社会实践项目。该服务队已连续 3 年持续关注留守儿童，帮助留守儿童种下梦想、收获希望，给孩子们成长的温暖和力量。目前，学院共有 10 余支社会实践团队有序开展社会实践活动，他们践行着我院"做精做实 创业创造"的校训精神，自觉承担起新时代赋予大学生的新使命。

（四）关注学生健康成长，实施服务育人工程

服务育人作为高校人才培养体系的重要组成部分，从表现形式上分析，主要是指学校相关人员以热情的态度、良好的形象，为学生提供优质的服务，带给学生潜移默化的影响，使学生在不知不觉中接受良好的思想道德教育。

案例之一：潍坊工程职业学院后勤服务育人工作

1. 加强学校绿化规划和管理，校园绿化率逐年提高。根据学院发展长远规划，聘请专业人员，根据"实用、经济、美观"和"科学规划、因地制宜、讲求实效"的原则，对学院校园环境建设进行高标准规划设计。充分利用春季绿化的大好时机，通过"成片植绿、见缝插绿、破硬建绿、垂直增绿"等途径提升学院

绿化效果。

加强管理，改变重栽植轻养护的观念，加大投入切实提高养护管理水平和绿化效果。一是安排专人负责，成立绿化养护队，购置必要工具，制定"绿化管理月历"并认真实施；二是选择优良品种及时补种，消除黄土露天、草坪枯死、绿篱缺株断档、蘖枝丛生等现象；三是及时灌溉、施肥、防虫病，确保绿化植物健康生长；四是科学修剪，确保树木、绿篱、草坪保持良好观赏育人效果；五是通过树木标识牌等方式介绍植物品名特性等，提升学院文化氛围，进一步发挥其育人功能和管理水平。

2. 注重生态文明建设，校园、宿舍内外环境整洁。学院物业保洁工作山东尚城物业管理有限公司托管，学院每年对其进行量化考核，确保校园、宿舍内外环境整洁，学生生活区井然有序。生活垃圾由青州市环卫局进行清运，餐厨垃圾与潍坊金信达生物化工有限公司签订协议，由其专门清运；在餐厅、走廊、会议室等公共场所张贴禁烟标识，倡导校园控制吸烟，争创无烟校园。

3. 校园教育和生活设施齐全完好，服务规范，监管有力，健全传染病预防体系，无食品安全事故发生。学院教学设施完善，设备先进，实训条件完备；餐厅、超市、浴池、卫生室等生活服务类机构与学生公寓集中在生活区，方便学生日常生活，并有专门人员进行监管，确保服务规范，监管有力，每年师生对后勤服务工作的满意率都在 85% 以上。学院联合青州市云河医院设立卫生室，为师生提供医疗服务的同事，实施学校卫生管理工作，健全传染病预防体系，定期举办健康教育讲座，制定医疗事故及集体中毒应急预案，落实健康教育课及预防艾滋病等教育活动。

为保障师生的饮食安全，学院制定了严格的规章制度，保障餐厅卫生情况良好，每周对原材料价格进行调研，大宗物品集体采购，保证餐厅饭菜价格合理，师生能享用物美价廉的食品。历来无食品安全事故的发生。学院设有清真窗口，尊重少数民族的就餐需求及饮食习惯。

4. 建立完善学校平安创建工作机制，成立了院长为组长，分管安全、学生管理、后勤、实验室工作的副院长为副组长，安保处、团委学生处、后勤服务处、教务处、财务处等负责人为成员的平安校园建设领导小组和工作小组。建立健全了《安全管理暂行办法》《消防安全管理规定》《安全隐患排查整改实施办法（试行）》《大型活动管理规定》《保密管理制度》等安全、稳定、保卫、保密等工作制度并汇编成册。对学校重大改革举措进行安全稳定风险评估，并通过征求基层意见、向基层讲解上级改革要求及学院实际、教代会讨论通过实施等措施积极消除安全稳定风险。因工作成绩突出，学院安全保卫处被山东省公安厅分别于 2012 年、2017 年记集体二等功，校卫队于 2014 年被省公安厅表彰为先进校卫队。

5.建立完善《地震应急预案》《突发事件应急预案》《心理危机干预预案》等突发事件工作预案及处置规程，通过定期组织演练落实各类突发事件快速反应机制。严格执行消防法规，定期对餐厅、图书馆、学生宿舍、实验室等重点场所防火、防盗、防爆检查，对检查出的问题设立台账，明确责任人和整改时限，及时督促整改。学院被消防大队认定为"消防安全'四个能力'建设验收达标单位"。设备设施管理到位，对监控设施、巡逻车辆等及时进行维修维护升级，人防、物防、技防联动。

6.积极推进大学生安全教育进课堂，特别是在实验实训前，指导教师及安全管理员都对学生进行设施设备操作安全教育。学院每学期在学院范围内组织防诈骗、消防、反邪教等安全教育报告会，在每学期初和学期末都在班级内对全体学生开设法治、人身、防盗、防诈骗等安全教育课程，定期开展消防逃生等防灾演练活动。

案例之二：疫情防控背景下舆情引导育人工作

新冠肺炎疫情在全球肆虐两年多来，对社会经济发展各方面带来了诸多影响。对于高校舆情管理工作者而言，疫情使舆情形势更加复杂化，对舆情引导与处置工作提出了更严峻的挑战。针对疫情防控对高校易发舆情进行科学科学研判，建立科学有效的舆情处置机制并制定舆情处置基本对策是每所高校亟待完成的一项重要课题。

大学生是知识层面较高、思维较为活跃的群体，有强烈的参与社会管理意识和社会责任担当意识，对舆论事件有敏感的认知能力和独特的判断能力。随着互联网、大数据、云计算等技术的发展，网络空间逐渐成为大学生发表言论的重要平台。如2020年1月至2020年5月，自媒体平台的微博、微信、贴吧、论坛等方面有很多关于高校开学问题的讨论，这些媒介成为公众发布信息表达情绪的主要平台。主要舆情焦点集中在开学方式引不满、配套设施不足、开学通知下达问题、开学政策落地问题、疫情防控措施争议、线下课程安排争议几个方面。但主要特点是舆情热度高但舆论烈度较低、曝光问题共性多但针对性低、诉求未满足者更倾向于发声而非投诉、舆论场整体倾向非绝对客观等。对于高校而言，针对舆情状况制定舆情预案和应对相关舆情是重中之重。因此，在新冠肺炎疫情防控背景下的舆情治理中，确立正确的舆情处置机制尤为重要。

1.疫情背景下做好高校舆情处置工作的基本原则

积极预防原则。面对新冠肺炎疫情背景下频繁出现的高校网络舆情，高校应该做到未雨绸缪，研判评估疫情防控背景下可能出现的舆情，尤其是会对学校长治久安产生一定影响的负面舆情。在这些危机因素还没有演变成网络事件之前就应该果断采取措施，将其消灭在萌芽状态，从而维护高校的信息安全和网络稳定。

主动出击原则。疫情防控背景下的高校网络舆情事件具有突发性、危害大、传播快的特点。如果高校在疫情防控期间发生棘手的网络舆情事件，就应该提前做好应急预案，积极主动出击。不能被动应付，等到网络舆情事态扩大，在师生中产生广泛不良影响再处置。这就等同于灭火器原理，要将负面舆情的"火苗"掐灭在萌芽状态，不能使原本星星之火，演变为燎原之势。因为这样会使事态进一步扩大，增加舆情处置的难度。

慎用警力原则。毛泽东曾经提出过，要正确辨别一切矛盾的性质。对于人民内部矛盾，要采取说服教育、化解矛盾的方式，即"团结—批评—团结"，而不能采取过激的敌对措施。发生在高校的网络舆情事件也属于内部矛盾。因为大学生思想不够成熟，社会阅历少，加之很多舆情极其富有煽动性、隐蔽性、欺骗性，所以，使青年学生深陷其中，无法自拔。所以，高校舆情管理部门在处置疫情防控背景下的舆情事件时，应该做好教育及引导工作，而不能采取片面压制、打击等过激行为，更不能动辄报警，请公安机关出面处置。只有群体性舆情事件演变为蓄意冲突事件，严重影响校园及社会稳定时，才联系公安机关协同处置。

公众参与原则。疫情防控背景下的高校舆情事件成因比较复杂，仅靠高校单枪匹马解决有点偏颇，所以，应该充分发挥社会、家庭、媒体、政府、公安等多方力量协同合作，将问题圆满解决，从而创造一个良好的舆情管理氛围。

2. 公共卫生突发事件（疫情背景）下做好高校舆情处置工作。

（1）建立科学有效的舆情处置六大机制

舆情监控机制。加强网络舆情监测力度，借助第三方舆情监测平台或服务，对网络涉"疫情"信息进行实时监测，实时把握舆论场风向和舆论关注焦点。公共卫生突发事件下的舆情监测要点：对舆情信息进行24小时全媒体监测，密切关注疫情防控、教学科研、学生教育管理服务等方面的风险隐患，及时发出预警信息。对重大舆情在5小时内发布权威信息、24小时内举行新闻发布会，第一时间向上级党委（党组）报告。其他舆情在48小时内予以回应。

舆情反馈（预警）机制。及时向主管部门反馈舆情。

高校应设立网络舆情监控机构，运用现代技术手段，借助大数据分析，实现对网络信息的跟踪、采集、监测、评估和反馈，及时发现和掌握网络上苗头性和预警性信息，加强分析研判，有针对性采取防范措施，及时消除不良影响。一是成立专业的高校网络信息监控平台。高校应主动适应信息化和数字化发展趋势，加大物质和技术投入，及时配齐和更新校园网络的软硬件设备，完善技术监控手段，增强网络技术防范和监控力度，做到对校园网络用户发出的信息能自动进行软件识别过滤，特别是对隐蔽性强的自媒体用户，要改进和升级安全过滤软件系统，做到及时阻挡和消除有害信息。二是实行高校网络用户登记备案制度。高校上网用户必须实名注册网络使用账号，并要把个人真实信息登记造册，规范管理；高校网络技术中心要将校园网络用户的用户账号、上网 IP 地址、上网时间、上网记录等信息备份保存一定期限，一旦用户违反网络使用规定，应该做到便于查询，做到有据可依。三是组建校园舆情收集信息员队伍。高校各部门成立以安全员为主的信息收集队伍，各信息员每月向保卫部门提交安全检查及舆情信息的报告，突发事件及时报告；在每个年级学生里设立安全信息员，每名学生安全信息员要及时提供掌握的学生动态信息。高校保卫部门每月汇总并通报这些安全信息，做到对高校网络舆情提前预警，及时将安全隐患消灭在萌芽中。

舆情研判机制。对舆情真伪、强度、范围和影响进行分析，对舆情的发展态势做出判断。

舆情处置机制。对询问诉求类问题，依法依规进行办理、提出答复意见。对社会热点、敏感问题恶意传播或炒作类的，依法告知事实真相或事件处置情况。对于造成重大负面影响的，依纪依规查处。

舆情跟踪机制。关注舆情的传播及处置结果后续影响，及时采取应对处置措施，防止同一舆情事件再次发生及扩大。

舆情评估机制。舆情被消除或趋于平稳后，将舆情事件及舆情处置工作情况进行梳理、总结、反思，完善舆情事件处置案例库和口径库。

（2）公共突发卫生事件（疫情）背景下舆情处置的基本对策。

①筑牢高校网络主流意识形态阵地

一是推动高校新媒体融合，壮大主流思想舆论。高校宣传思想工作要强化互联网思维，善于利用互联网，主动适应信息化，大力建设数字化校园，推动高校门户网站、校园网络互动社区、校务微博、校园微信公众账号等网络新媒体融合发展，建设好自己的移动网络传播平台，创新网络思想政治教育，增强主流媒体的传播力、影响力、公信力，提高用网治网水平，牢牢掌握高校网上网下舆论的主动权和主导权。二是完善高校新闻信息发布机制，打造信息开放的组织系统。建立高校新闻发言人制度，准确把握新媒体融合发展的规律和趋势，借助网言网语，学会使用大学生言简意赅、清新朴实、生动活泼的语言，改进高校新闻宣传的刻板俗套、冗长沉闷的文风，切实做好高校新闻宣传工作。三是落实监管主体责任，加强高校网络舆论阵地管理。高校要实施网络安全责任制，明确规定职能部门的职责，落实到人，并要严格执行网络安全责任追究制度。职能部门要履行好监管职责，落实好守土有责、守土尽责的主体责任，依法加强新兴媒体管理，加强高校网络信息建设，强化校园网络安全管理，使高校网络空间更加清朗。

②开展主题教育实践活动

一是开好思想政治理论课。习近平强调"思想政治理论课是落实立德树人根本任务的关键课程"。高校要充分发挥思想政治理论课主渠道主阵地作用,运用历史唯物主义观点,加强对大学生世界观、人生观、价值观教育和理想信念教育,培养独立分析和正确解决问题能力,培育法治精神,引导理性爱国,筑牢意识形态和安全稳定的政治红线,从思想深处铸魂育人,有效防范和制止网络事件发生。

二是开展网络思想政治教育。高校应有效提高参与网络舆情的大学生的综合素质,使得高校网络舆情能够健康文明地发展下去;要重视培养网络思想政治教育教师队伍,建设一支高舆论水平、充分掌握网络技术的网络思想政治教育教师队伍;充分发挥辅导员教师与学生接触度较高的优势,通过微信、论坛以及博客等针对当前阶段最为流行的焦点话题以及网络热点问题展开积极引导。

要建立"一个中心二支队伍"的网络思政教育机制,以形成应对突发公共卫生网络舆情治理合力。即在党委统一领导下由"宣传部、思想政治教学部门、校安处及网络信息中心"等部门协调配合的网络思政教育中心;一支依托信息管理部门技术优势建立的高校网络舆情监管队伍,切实掌握高校网络舆情监测的主动权;一支由政治意识高、文字功底好的师生组成的网络舆情引导队伍,设计网络议题、撰写评论文章、主导议题或评论文章,有效开展网上舆论引导和思想疏导,营造良好的校园舆论导向。

③制定舆情应急处置预案

高校应根据国家法律法规的相关规定,结合实际,制定和完善有关高校网络信息安全管理方面的规章制度,如《高校网络信息服务管理办法》《大学生上网用户守则》和《高校新媒体用户实名登记制度》等。在《高校大学生守则》中的违法违纪处分章节增加对违反国家、地方和高校网络信息安全管理规定进行处分的内容,及时处理网络违规学生,起到教育和警示作用。制定和修订预防和处置突发事件网络舆情工作的安全预案,如《高校突发事件应急预案》和《高校网络舆情处置预案》等。改变大多数高校采用"事后动员型"的重在事后处置和总结,转向采用"事前主动预测型"的重在事前预防的应急模式。

④创新高校应对公共卫生事件应急体制

高校应树立大校园协同的应急管理意识,要求高校各部门都行动起来相互配合,形成多元主体共同参与。一是成立高校网络舆情工作领导小组。高校党委要强化领导责任,党委书记、校长是高校网络意识形态安全工作的第一责任人,建立健全高校党委统一领导、校长直接负责的应急体制,成立以校长为组长,分管宣传、安全、学工、网络等工作的学校副书记和副校长为副组长,其他高校领导班子成员和党委委员为组员的舆情工作领导小组,统筹协调高校各部门共同处置舆情危机。二是成立高校党政职能部门舆情处置工作小组。成立以高校党委宣传部门牵头协调，安全保卫处、学生工作部、网络信息中心、团委等职能部门各司其职、共同参与的工作机制，形成党政学团齐抓共管、联动协同的工作格局。做到领导工作小组有指示，主管职能部门有落实，重大网络舆情有预案，处置过程有监督的舆情危机处理体系，切实提高网络舆情处置能力。三是成立教学院系舆情处置工作小组。各教学院系应成立以院长或支部书记为第一安全责任人，成员包括副院长、副书记、副主任、安全员、政治辅导员、班主任的院系舆情处置工作组织机构。通过对大学生日常服务管理，及时了解学生思想状况；倡导学生文明上网，引导学生通过正当途径表达诉求；发现学生在生活、学习上的问题，及时联系职能部门落实解决，防止发生网络群体性泄愤事件，营造和谐网络育人环境。四是提升综合治理水平。应把网络舆情治理纳入学校治理重要环节中去，以平安校园建设和文化、文明校园创建为契机，不断加强网络舆情管理；要加强师德建设，相关职能部门要齐抓共管，落实教师意识形态责任制，把教师网络言行作为对教师的考核依据之一，预防教师队伍出现言行不当的现象；要以校园精神文明建设为契机，把网络舆情治理与提高师生的媒介素养结合起来，不断促使广大师生形成科学理性的公民意识，提高学生网络媒介素质，增强学生辨别是非曲直的能力。五是加强数字校园建设。依托数字校园建设打造。"智慧校园"，充分发挥大数据预测技术，分析学生在微博微信、百度贴吧、论坛 QQ 等社交网络以及搜索引擎中活动的数据，结合学生活动信息研判其思想和行为动态，实施智慧安防。

⑤建立突发事件网络舆情全程监控机制

构建完善的网络舆情机制，是高校对大学生进行网络舆情引导的重要途径，完善的网络舆情机制应从以下几个方面入手：第一，构建健全协调机制。网络舆情引导工作应建立一套较为完整的组织保障机制。在此过程中构建一个舆情危机管理工作领导小组，其主要作用是分析、预警以及公关舆情工作。另外还要构建横向相互交流以及纵向垂直协调管理，将全校的舆情管理进行网络覆盖，并加强各个部门之间的分工以及协助，以此使资源共享得以实现，进而保证全校网络舆情引导工作能够实现统一调度以及指挥。第二，构建健全的网络交流机制。建立健全的舆情信息发布体系以及通报体系，确保网络舆情健康发展。第三，构建健全的网络舆情管理保障机制。构建健全的网络舆情管理保障机制，有效提高网络舆情引导质量。特别是要具有与其相符合的资金投入以及技术支持，保证网络舆情管理保障机制能够长久性地发挥作用价值。

⑥建立大学生心理疏导机制

一是开设心理知识教育，关注学生心理健康。心理健康教育是促进大学生身心健康和谐发展、提高其心理素质的教育，是高校思政工作的重要内容。高校要积极开展心理咨询服务和心理健康教学，加强心理疏导和人文关怀，开展丰富多彩的体验成长、行为训练等互动活动，引导大学生树立正确的义利观、得失观、成败观，尽量在第一时间消除心理问题，培育大学生积极向上、理性平和的健康心态；建设专门的心理健康机构，请专业人员对学生进行心理辅导，还可开发网上咨询的业务，便于学生在网上进行心理咨询。

二是加强同辈群体教育，建立学生自我管理机制。创新高校育人体制，发挥大学生同辈群体"自我教育、自我服务、自我管理"的功能，让学生会、团组织、学生社团等参与学校事务的决定和管理，特别是涉及到学生切身利益的制度，完善学生亲身参与、设计和认可的校风校纪建设，把自我教育通过规章渗透到学校教育的各个环节，贯彻到学生日常行为规范中去。

三是在高校内部还要建立专业的法律咨询和服务平台，请专业的法律人员给高校师生进行基本法律知识的普及，提升学生的法律意识。还可以为高校师生提供案例分析，针对学生和老师的基本情况给出指导和法律援助，还可对学生的法律咨询情况进行汇总，便于高校相关领导对学生进行了解，并据此建立预防机制。

（3）疫情背景下高校舆情的类型及其不同处置原则

①问题诉求类舆情

出现问题诉求类舆情时，高校舆情应对部门应具体分析问题诉求的具体内容，按校内工作职责迅速交由相应单位处理。能立即解决的问题应尽快解决，暂时不能解决的问题应向师生做出合理的说明，对于可能会产生较大影响的问题，校内相关单位不应自行简化处理，而是要提出研判与处置意见上报学校层面统筹处置，由学校向师生做出公开回应。学院和校内单位还要通过线上线下多种渠道，及时做好师生有关问题诉求的收集与梳理，及时妥善予以回应处理，纾解师生疑虑，把问题解决在舆情发生前、解决在线下。在舆情所反映的内容得到妥善处理后，要以适当方式发布处理结果。通过这条路径，实现解决问题的工作目标。

②不实不当言论类舆情

出现不实不当言论类舆情时，学校要立即开展实际情况调查，根据舆情的影响范围与程度，通过校园网、"两微一端"及社会主流媒体等有效渠道，按照处置网上突发舆论"黄金24小时"乃至"黄金4小时"的法则，第一时间向社会发布权威准确信息，公布真实情况，回应师生及社会关切，表达学校严正态度，引导师生不信谣、不传谣。

③公共卫生事件类舆情

学生在学校复学条件允许时返校后，如校园中发现新冠肺炎确诊、疑似病例或无症状感染者，这是对高校应急能力的大考验。舆情应对上，此时的信息发布不应擅作主张直接发布，而是要严格根据上级防控部门的预案和要求，扎口到上级疾控部门统筹向社会发布，避免重大舆情发生，引发恐慌和混乱。学生返校生活中，也必定会出现一些日常的感冒、发热、咳嗽等病症，高校应充分研究事态发展，动态向师生发布真实情况，消除师生不安情绪。同时，高校还应建立师生生病日报机制，及时掌握全校师生每天的身体健康情况和出行路线。通过这条路径，实现及时消除恐慌的工作目标。

3. 疫情防控背景下高校舆论观点梳理

（1）媒体报道

通过对 2020 年上半年疫情防控形势紧张阶段的高校舆情情况进行综合分析，可以看出媒体报道多为直接针对开学各项工作进行的陈述性报道，评论性文章较少，暂无负面质疑类文章，主要媒体报道方向包括：多数媒体关注各地高校开学通知；部分媒体关注各高校开学工作；部分媒体关注高校开学核验工作；部分媒体关注各高校防疫防控工作；部分媒体关注高校具体返校要求等。

（2）网民观点

2020 年 3 月，某省教育厅发布通知明确高校开学时间后，多数自媒体信息直接转载媒体的开学相关报道。

网民直接讨论开学工作的评论观点主要为以下几类：

部分网民询问具体高校何时开学。如"哪些学校通过了核验？""通过开学核验的学校名单给公布一下吧，还有核验的标准""谁能告诉我某校区开学时间""大家有没有某大学本科非毕业生的开学消息啊"等。

部分网民呼吁非毕业年级不返校或自愿返校。如"这学期大学非毕业年级不开了不行吗""我支持在某省求学的非毕业年级寄宿生不开学""自愿返校，自愿返校，自愿返校，自愿返校""我们支持学院自愿开学，别想当然的把你的想法加在我们所有人头上""就问一句，学院里能下自愿返校通知吗"等。

部分网民对具体高校开学工作表达不满。如"人家都自愿返校，就你强制开学""学校开学没有正式公开文件，辅导员私下通知""打着自愿开学的名头强制返校""宿舍安排好了么，食堂呢？洗澡怎么办？""说是可以申请不返校，怎么申请，考试怎么考？老师一概不知"

（3）具体问题梳理

综合分析网民对具体高校开学表达不满的全部评论信息，网民反映了多类学校工作方面的具体问题，主流质疑焦点现梳理如下：

开学方式引不满。如"那么多学校都自愿开学，就你强制到校""某学院大四的不开（仅重修返校），大三的开了？""某学校强迫学生开学，还逼学生说是自愿""某大学要求学生'自愿'不返校""某学院毕业生线上答辩，非毕业生强制返校"等。

配套设施不足引不满。如"我学校的八人间、破公共澡堂能通过核验？""八人间的宿舍能过核验吗？""高校都是大澡堂六人间八人间甚至十二人间，这种宿舍条件都能通过？""开学不让网购，食堂不全天开放，那学生吃什么？""某学院 12 平米七人间，难以做到防控要求"等。

开学通知下达问题。如"某大学开学不自愿开学也就算了，学校也不通知具体开学日期""某学院四天下四个通知每一次都不一样""某大学能不能给个准信，这通知也太笼统了吧""某大学开学通知说了跟没说一样""某大学只有开学通知，没有后续安排"等。

开学政策落地问题。"某院校，说了自愿返校，结果导员联合同学将到校学生劝返""某学院说是自愿返校，其实就是强制返校""说好的自愿又拿成绩来威胁我们这算什么""某学院昨天说自愿，今天说强制返校""某学院通知开学'尊重自愿原则'，但实际上却强制学生和家长签承诺书并回校"等。

疫情防控措施引争议。"自备口罩温度计餐具，消毒洗手液自备，外省学生返校自费隔离，就这开什么学？""某大学让外省学生先开学并鼓励在居住地完成核酸检测""某学院返校后无隔离期，上课面授教学，也没有核酸检验步骤"等。

住校课程安排争议。"学校强制吃食堂，并要求交出手机封闭式管理""下课也不能回宿舍？我是去上学还是去监狱""某大学开学安排采取封闭式管理，大概率在宿舍上网课""某大学开学一周考试，再上两个星期直接期末考试""二级学院毕业生补考有的线上，有的回校，是不是有失公平"等。

（4）舆情环境分析

舆情热度较高，舆论烈度较低。综合分析当前多所高校开学后的舆论场环境可知，高校开学通知发布后，多有网民针对开学工作表达不满，部分高校开学微博话题具有一定热度，网民参与讨论，表达不满的热情较高。但相关话题参与者多为受开学影响的学生，无利益关系的普通网民参与并发表评论情况较少。同时，多数学生发布的负面信息多为无实质内容的吐槽、抱怨类信息，敏感性较低，舆情风险较小。多数高校开学工作相关舆情未"出圈"，舆论烈度较小。

曝光问题多具有共性，针对性舆情较少。通过对多所高校曝光的负面舆情分析可知，多数高校被网民质疑的问题具有普遍性，即多数舆论质疑点并非为某一学校特有，而是全省乃至全国高校多有存在的共同现象。当大量问题成为行业性的普遍问题后，舆论场关注目光将更多的集中于大现象本身，而非聚焦于某个责任单位。因此绝大部分开学舆情针对单一学校的舆情影响较小。

诉求未满足者更倾向于发声，舆论场整体倾向并非绝对客观。通过梳理省教育厅高校开学通知前后舆论场变化情况可知，高校开学时间未明确前，舆论场中呼吁高校尽快开学的声音占据舆论场主导；而开学时间明确后，呼吁自愿返校、非毕业生不开学的声音甚嚣尘上；随后各高校逐一明确开学时间，学生针对学校开学工作的不满情绪在舆论场中占比增多。综合分析舆论场整体变化可知，任何政策下达均不可能使所有人满意，而诉求得不到满足的人更倾向于发声质疑，抢占舆论场高地。因此舆论场中声量大小并不能绝对代表政策满意度高低。

4. 潍坊工程职业学院舆情引导处置实证例析

（1）召开网络安全暨疫情防控工作会议

学院多次召开网络信息安全暨疫情防控工作会议。会上，分管校园安全工作的副院长要求大家充分认识网络安全工作的重要性，提高全员网络安全、数据安全意识；精准落实，责任到人、认真梳理、摸清底数、不留死角，坚决打赢网络安全保卫战；解读网络安全相关法律，就学院网络安全保障工作现状、存在的问题和风险隐患进行了分析探讨。

（2）鼓励学生在所在社区参与疫情防控工作

2020年上半年，学院曾先后收到来自某县某街道党工委、某市某镇政府等多家单位发来的表扬信，对学院多名学生积极参与当地疫情防控志愿服务工作表示充分肯定和赞扬。疫情防控期间，学院团委学生处、各系院、各班级积极开展心理疏导，时刻关注学生动态，配合做好疫情防控工作；以"学雷锋纪念日"为契机组织开展了"青春志愿行"志愿服务月活动，组织青年学生按照"少接触、少聚集"原则，以志愿者的身份投身疫情防控。学院近300名学生主动申请作为志愿者参与当地街道的值班值守、入户排查、发放物资、防疫宣传等疫情防控工作，得到了当地政府和人民的一致赞扬和肯定。

（3）组织师生同上"疫情防控思政大课"

习近平强调"思想政治理论课是落实立德树人根本任务的关键课程"。疫情防控期间，开好思想政治课，发挥其铸魂育人作用尤为重要。根据教育部和省教育厅的统一部署，学院全体领导、系院及行政部门负责人、思政教学部全体教师、辅导员及学生近1.4万人在线按时收看了"思政大课"网络直播。宣传部、教务处、思政教学部等部门分工协作，营造良好的学习氛围。教务处安排调整在线课程教学，并及时通知有关教学单位和任课教师。思政教学部制定了教学方案及研讨计划，并利用QQ群组织学生围绕所讲内容进行深入讨论。各系院以班级为单位，利用QQ群、微信群课前签到，及时掌握上课情况。整场活动秩序井然，反响热烈，收到了良好成效。

5. 疫情防控背景下高校舆情处置经验

综合分析各高校开学整体舆论环境及舆情引导处置情况，多数高校在工作信息发布方面做到了软硬结合，即政策传达与人文关怀结合，信息发布与温和引导并重；在具体工作推进方面做到优先研判并合理规避舆情风险，平稳推进工作落地。

做好信息公开工作，缓解焦虑情绪。2020年上半年，在全国疫情得到基本控制的大环境下，各省开学复学工作推进已成为不可避免的大趋势。但个别省市突然爆发的疫情反复情况在一定程度上加深了学生对开学后集体生活的焦虑和恐慌情绪。所以，高校在开学工作推进时做好信息公开工作尤为重要。通过发布开学信息，详细说明在教育教学、配套设施、疫情防控等方面已做过的工作及下一步工作打算。将通过开学核验的具体情况和细节及时向学生公开解释说明，缓解学生焦虑情绪，提升学生疫情防控信心。

加强沟通引导，消除学生对立情绪。面对学生对学校发布新政的不满或工作推进的抵触，高校应该做到积极通过老师告知、自媒体平台宣传等和缓方式详细解释说明工作意图和必要性，获取学生理解。在通知下发和政策落地之间留出足够准备时间，避免仓促下发新政，学生措手不及，助长对立情绪。在工作中，做好推进开学平稳进行与维护学生既有利益并重，积极向学生传达学校态度，提升学生信任度，有利于工作的下一步推进。

重视收集网民关注焦点，针对性规避舆情。网络信息收集包括对自身工作的网民反馈以及其他高校开学工作中网民关注讨论的焦点。通过对相关信息进行梳理分类，可有效掌握学生在学校开学工作中更重视的方面，将有效地对学校下一步工作中需要注意哪些节点提供方向指导。同时，对他校开学舆情的关注，也可及时了解潜在舆情风险，在进行相似工作时，针对性的规避已被曝光的舆情风险点。

审慎发布工作通知，避免朝令夕改。综合分析网民评论，部分网民反映多所高校存在政策落实不到位、要求朝令夕改等情况。主要包括自愿返校却要求强制到校；自愿返校却劝返到校学生；工作通知频繁更改变换等方面。高校开学与小学中学开学不同，学生返校存在跨市甚至跨省可能，付出精力也较多，开学要求反复调整直接影响学生行程安排，此类情况发生将加剧学生不满情绪，也对高校自身的权威性和公信力造成一定程度的影响，对今后工作推进造成阻碍。因此提醒各高校在今后教育教学工作中，审慎发布工作通知，优先考虑研判工作合理性和可操作性，必要时可对工作进行预演，确定下一步工作可以妥善进行后再向学生下达通知，避免朝令夕改的情况损害学校形象。

面对有针对性的舆情，积极处置回应。面对学生单纯的吐槽性信息或无实质靶点的不满情绪表达，各单位可通过宣传工作细节，表达工作态度等方式进行侧面引导。但当针对性较强的单一事件引发舆论关注时，应当提高重视程度，优先积极研判舆情本身的敏感性及责任归属。以线下工作为基石，做好信息收集，了解具体情况，在工作能力范围内寻求妥善处置办法或调整工作方式查漏补缺。再视网络舆论关注及网民情绪决定是否进行线上公开回应。

当前，新冠肺炎疫情防控工作还在有序进行中，高校针对疫情防控背景下的舆情引导与处置工作任务依旧"任重而道远"。高校应该进一步创新舆情引导与处置理念、途径和机制，更好地正面、客观引领网络舆论方向，同时对负面、夸大或虚假的网络舆论如何主动、及时处理，形成高校处置舆情的长效工作机制，从而更好地维护公正、透明的网络传播和健康和谐的网络育人环境，进而对维护高校校园环境的稳定产生积极影响。

6. 潍坊工程职业学院网络舆情管理与处置办法（节选）

为进一步加强网络舆情的预警防范与监控引导工作，有效预防、减少和消除突发重大网络舆情对学校造成的负面影响，切实提升我院应对网络舆情管理的质量和水平，营造有助于学院全面健康发展的良好网络舆论环境，建设和谐、安全、稳定的校园环境。结合我院实际，特制定本办法。

第一条 舆情管理的主要内容

本办法中的网络舆情，特指可能或已经对学院声誉、教学秩序、事业发展有重大影响的舆情问题，或对学院师生生活、工作、学习产生重大影响的相关舆情问题。网络舆情的管理与处置是指对互联网上涉及学院师生及各项工作的新闻报道或评论所引发的反应、言论等综合舆论情况进行监测、研判、预警、处置和引导。

第二条 网络舆情的管理机构

学院成立网络舆情工作领导小组，由分管宣传工作的院领导担任组长，党政办公室、党委宣传部、团委学生处、教务处、安全保卫处、图书馆等部门主要负责人为成员。

领导小组下设网络舆情工作领导小组办公室，宣传部部长任办公室主任，办公室挂靠宣传部。

学院各部门单位成立相应的网络舆情管理工作小组，各部门主要负责人、各系院党委书记为本单位网络舆情管理工作第一责任人，同时要选配一名政治素质高、责任心强的网络舆情监测员，负责本部门单位网络舆情的监控引导工作。

第三条 网络舆情的监测要求

（1）监测次数要求

网络舆情监测员要坚持每天至少3次对相关网站、微信和微博等进行监测，并做好记录，遇到重要事件、时间节点要增加监测的次数。

（2）检测方式要求

要多渠道开展检测工作：一是用好网络相关网络舆情监测系统，通过关键词搜索进行监测；二是浏览本部门单位网站，查看是否有异常情况；三是浏览具有一定影响力的网站、论坛、博客、微博、微信、QQ群等网络交流平台，收集有关本部门单位的敏感话题；四是高频度地浏览和搜索产生过舆情的相关网络媒体等。

（3）信息报送要求

院内各二级单位网络舆情监测员每月3日之前（遇节假日顺延），将上月本部门单位网络舆情监测总体情况报网络舆情领导小组办公室。遇重大舆情要及时书面报告学院网络舆情领导小组办公室。

第四条 网络舆情定级及处置原则

（1）网络舆情信息的定级

根据舆情信息紧急和重大程度，分为3、2、1级舆情。

3级：外网或校园网上出现的个别或少量的有害信息，尚未形成热点，有可能形成不稳定因素，主要指一般涉校舆情。

2级：外网或校园网上出现一定数量的有害信息，形成局部热点，已形成不稳定因素。校园网网站受到恶意攻击，并篡改网页。

1级：学院师生在网络上发布涉密信息、有害信息，差生严重后果，被相关国家机关要求查找或处理。外网或校园网上出现大量有害信息，形成全局性热点，严重影响学校或社会稳定。

（2）处置原则

对对网络舆情信息的处理原则是：取证迅速、研判准确、程序完备、反馈及时。

第五条 网络舆情的处置机制

（1）应对联动机制

学院网络舆情工作领导小组办公室对突发性重大舆情以及有可能引发重大不稳定事件的舆情，要及时向网络舆情工作领导小组、上级主管部门汇报，并加强与宣传、网信、公安、国安等部门和主流媒体的联系，形成应对舆情的联动机制。

①学院网络舆情工作领导小组办公室负责总体协调工作；

②宣传部负责及时向上级宣传部门、网信办及主要学院主要领导、网络舆情工作领导小组进行情况汇报、请求支持；统一信息发布内容和口径；

③团委学生处、教务处负责学生组织网络平台和媒体管理，负责大学生群体情况摸排及线下线上舆情引导工作。

④图书馆负责从技术手段上保存舆情证据，查找舆情信息源。

⑤安全保卫处负责舆情处理过程中的安全保卫工作，经学院网络舆情工作领导小组研究后，与公安等部门进行联系与沟通，请求支持与协助，全力维护校园的安全稳定。

⑥各二级单位按网络舆情信息等级负责或协助处置涉及本单位的网络舆情。

（2）线上线下联动机制

建立线上线下联动机制，舆情发生后，坚持以"疏"为主，分别从线上和线下两个渠道开展工作。线上，要迅速保留舆情证据、发布权威信息、消除负面传播、组织开展舆论引导；管好管住院内所有网络交流平台。线下，要迅速查找舆情信息源，调查事实进行相应处置；加强对在校师生及相关人员的沟通和引导；及时联系院外涉事网络平台。

（五）推进大学文化建设，实施文化育人工程

在高职院校发展过程中，校园文化建设是学校赖以生存和发展的根基和血脉，也是学校办学实力、活力和竞争力的重要构成因素。建设优秀的校园文化，对于学校的发展意义重大。

潍坊工程职业学院文化育人亮点：

潍坊工程职业学院秉承"做精做实、创业创造"的校训精神，坚持以立德树人为核心，以学院"SQC"人才培养模式为引领，围绕"专长突出、技能过硬、素质全面"的培养目标，把社会主义核心价值观融入思想政治教育和校园文化建设全过程，打造以"培诚明德，至善至真"为核心，以书院文化、传统文化、职业文化、感恩文化为特色的育人文化，提高了广大师生文化自觉和文化自信，增强了学院发展内生动力。

1. 传统文化：丝竹琴韵奏响文化强音，翰墨丹青绘就时代画卷

优化传统文化育人环境。学院注重校园环境文化建设。在楼宇、绿地、湖边等学生学习和生活区域建设景观石刻、雕塑、景观小品等中华优秀传统文化标志和宣传标语，以文化环境熏陶学生情操，引导学生做中华优秀传统文化的传承者和弘扬者。如孔子"躬自厚而薄责于人，则远怨矣"，管子的"一年之计，莫如树谷；十年之计，莫如树木；终身之计，莫如树人"，晏子的"分争者不胜其祸，辞让者不失其福"，"卑而不失义，瘁而不失廉"，孟子的"君子以仁存心，以礼存心"，老子的"天下难事，必作于易；天下大事，必作于细"，庄子的"君子之交淡如水"等至理名言，就像人生的座右铭，为学生们修身、明德、成长，践行社会主义核心价值观起到了渲染的作用。

开展非遗文化进校园活动。高校在非遗保护和传承中具有天然的人才和教育优势。我院高度重视校园文化建设，大力弘扬社会主义核心价值观和中华优秀传统文化，实施非物质文化遗产传承发展工程，弘扬工匠精神，成立了非物质文化

遗产工作室、衡王府清英斫琴坊、培真书院古琴文化研究所、茶艺工作室、陶艺工作室，将世界非遗"古琴艺术"、国家级非遗"青州花键""威风锣鼓"、省级非遗"青州挫琴"、潍坊市级非遗"青州剪纸"、青州市级非遗"青州府陶艺""烙画制作技艺"等项目引入校园并开设课程，成立了非物质文化遗产传承社团，陆续开展了多项中华传统文化和非物质文化遗产展演活动，深受师生喜爱，让广大师生感受到了中华优秀传统文化的魅力，对传承和保护非物质文化遗产具有十分重要的意义。

做大凤凰艺术学院。凤凰艺术学院是学院联合青州市政府与潍坊中晨集团合作共建的山东省内第一家混合所有制艺术类二级学院，是校政企合作办学模式和办学体制的创新，是实施新旧动能转换的成果。院址设在中国中晨（青州）国际文化艺术小镇文化教育园区，占地面积 2000 余亩，学院坚持以"需求导向、高端定位、面向企业、校企共享、公共服务、促进就业"为原则，构建文化艺术、文化创意人才培养中心（基地），开设了音乐、美术、绘画等艺术课程，现已面向全国招生，今年计划招生 500 人，为区域经济社会发展培养高端艺术专业人才。聘请中国当代书画名家为凤凰艺术学院名誉院长、成立艺术指导委员会，将为艺术学院的发展提供强大的学术支持，在大师们的指导下，学院将培养出更加优秀的高端艺术专业人才，为弘扬传统文化搭建了另一个平台。

2. 企业文化：行业企业文化深度融合，工匠学徒精神磨炼品格

推进校企文化深度融合。通过建设具有高职特色的文化石、雕塑等校园景观，在校内实训基地、教室、公寓等引入企业文化，设置优秀企业文化宣传栏，建立职业文化园地、职业文化长廊，悬挂职业文化标语，将企业所倡导的诚信、协作、责任、创新等职业精神要素渗透到校园文化之中，形成和谐优美、内涵丰富、富有人文精神和职业氛围的校园环境。另外，校企协同推进体制机制建设、专业建设、人才培养模式和教育教学改革，实施大学生素质拓展计划、开设企业家进校园、校友大讲堂等，实现校企合作办学、合作育人、合作就业、合作发展。以文化活动为载体，实施职业素质养成教育，促进了校企文化有机结合。

以现代学徒制为载体培养"工匠精神"。深化与卡特彼勒有限公司、潍柴控股集团有限公司、杭州友嘉精密机械有限公司、歌尔股份有限公司等企业的合作，将企业安全第一、标准化、拉动式生产等企业文化进课堂。大力弘扬工匠精神，厚植工匠文化，培养装备制造类学生恪尽职业操守、崇尚精益求精的工匠精神。

通过"现代学徒制"的实施，实现教室与车间、学生与学徒、教学过程与生产流程、教师与师傅、作品与产品、评价与标准、操作与工艺、知识与技能紧密结合，使学生切身感受、吸收企业先进的管理理念和优秀的企业文化。发挥师傅

的"传帮带"作用。品德高尚、技术精湛、具有"工匠精神"的师傅成为徒弟的模范和榜样。师父在对学徒进行技术操作指导时，将"工匠精神"渗透到教育过程之中，培养学生认真负责以及刻苦钻研的工作态度。学徒完成接受学业考核，注重对学徒"工匠精神"的考察，主要考察学徒在实习期间的工作表现、认真负责的态度、刻苦钻研的工作作风以及精益求精、追求卓越的精神。

开展职业文化育人活动。大力开展"我光荣，我是一名劳动者"主题实践活动、"我劳动我奉献我光荣，创造出彩人生"精神培育征文大赛、"劳动模范、道德模范、知名企业家进校园"活动，倡导学生自觉学习劳动模范立足本职、勤恳工作、服务群众、奉献社会的敬业精神。开展"企业家论坛""职场体验""优秀校友交流会"等活动，培育学生爱岗敬业、务实创新、追求卓越的职业精神。

3.感恩文化：感恩父母感恩学校感恩社会，培养爱心奉献心责任心

举办新生"回首那份爱"感恩教育主题活动。将新生开学第一周作为"感恩教育主题宣传周"，将感恩父母作为新生入学思想教育第一课，活动现场新生泪流满面，收到了触及学生心灵的效果。利用新媒体、宣传栏、课堂等载体开展宣传，展示"二十四孝图"，营造感恩教育氛围，弘扬中华传统美德。学生给父母写一封家书，给朋友、同学、师长发感恩微信、短信，班级开展感恩教育主题班会、感恩教育演讲活动。该活动荣获教育部2011年高校校园文化建设优秀成果二等奖、山东省高校校园文化建设优秀成果一等奖。

开展"担当感恩公益行"主题志愿服务类社会实践活动。组织大学生到山东省荣军医院、学院帮扶村、敬老院等开展志愿服务实践活动，培育学生强烈的社会责任感和感恩意识，树立学子良好的社会公益形象。

发挥资助育人在感恩教育中的重要作用。设立培真助学金和培真筑梦基金，开设培真铸人训练营，完善"培真"资助育人体系，加强对家庭经济困难学生的资助，培养青年学生自立自强、诚实守信、知恩感恩、勇于担当的良好品质，增强受助学生就业创业能力，促进受助学生成长成才，努力实现从"受助"到"助人"的转变。加强对奖助学金获得者的跟踪调研，发掘典型，加大宣传，彰显先进模范的示范和导向作用。学院被评为"潍坊市学生资助工作先进单位"。

（六）加强党团学群组织建设，推进组织育人工程

高职院校组织育人协同体系建构，需要围绕思想政治教育功能，科学处理和建构党的中央组织、教育主管和职能部门党组织、地方党组织、高校各级党组织、高校各类组织及社会化的专业性育人功能组织之间协同关系和相互作用的机制体系。主要包括大学生党员发展和基层党组织建设、共青团组织育人作用发挥、学生组织建设（主要是社团建设）等方面。

潍坊工程职业学院组织育人案例：

1. 深化学院共青团改革

依照共青团"凝聚青年、服务大局、当好桥梁、从严治团"的工作格局，将思想政治引领贯穿共青团各项工作和活动，从领导机制和运行机制、基层组织制度、工作方式方法、团干部选用培养制度、保障支持五个方面，制定和实施学院共青团改革实施方案，建设服务型团组织，推动共青团改革工作的有序进行。

2. 抓实共青团日常工作

从严治团，落实和完善团的代表大会制度，5 年召开一次团代会，2 年召开一次学代会；落实"三会两制一课"制度，加强团员思想政治教育和自我教育，强化团员意识，提升基层团组织凝聚力和战斗力；做好"1+100"团干部直接联系青年工作，学院专职团干部"蹲班进寝"，推进"网上共青团"建设。

3. 强化学生社团管理

修订和完善学生社团管理条例，要求每一名学生必须加入一个社团。加强对学生社团的管理，实施学生社团年度审核制度，大力扶持科技创新型社团，正确引导兴趣爱好型社团，积极倡导社会公益型社团。实行社团星级化管理，定期开展优秀社团评选活动。建立健全对学生骨干的选拔考核、培养使用、淘汰退出等机制，努力打造信念坚定、品学兼优、朝气蓬勃、心系同学的学生骨干队伍。

4. 加强大学生班集体建设

落实《高校共青团改革实施方案》，推行班级团支部与班委会一体化运行机制，鼓励各系（院）根据实际情况，探索实行班长兼任团支部副书记或团支部书记兼任班长的制度。以集体主义教育和思想文化建设为核心，从班级管理、活动组织、量化考核等方面加强班集体建设。深入开展"创建文明班级"活动，及时总结推广学生班集体建设的典型经验。

（七）聚焦心理育人，实施心理健康提升工程

2017 年，党的十九大报告明确提出，要加强心理服务体系建设。2018 年 7 月印发的《高等学校学生心理健康教育指导纲要》提出，心理育人工作要培育学生自尊自信、理性平和、积极向上的健康心态，促进学生心理健康素质与思想道德素质、科学文化素质协调发展。随着文件的出台，也表明国家对学生的心理健康教育越来越重视。作为高校重要组成部分的高职院校，如何落实各项方针政策，有效提高学生的心理健康水平，帮助学生良好适应社会，是需要重点思考的问题。

1. 潍坊工程职业学院多措并举推进心理育人工作：

（1）提升教育教学水平

一是优化课程设置。学院把心理健康教育课程纳入人才培养方案，形成了

必修课与选修课、传统课程与在线课程、理论课堂与实践课堂相结合的完整课程体系。在学院领导的支持下，学院大学生心理健康教育必修课为 36 学时，达到了教育部《高等学校学生心理健康教育指导纲要》中的规定学时。同时，心理教师结合自身专业所长，开设了《团体心理辅导》、《积极心理学》《心理学与生活》等传统选修课以及《幸福心理学》《探索心理学的奥秘》《人际沟通心理学》等在线选修课供学生选学，形成了必修课与选修课相衔接的课程体系，实现了心理健康教育的全学段覆盖。二是创新教学方式。心理教师积极适应时代发展要求，积极开展线上课程教学能力提升，开设各类在线课程，并不断钻研后疫情时代心理健康教育课堂教学，优化课程设计，打造精品课程，取得优良成绩：在 2020 年山东省教育厅组织的"云讲堂"全省学校心理健康教育微课大赛中，心理教师申报的《挖掘积极情绪，拥抱阳光心态》《大学生人际交往》分别获得高校组一等奖与三等奖；《大学生心理健康教育》课程于 2021 年被立项并建成了潍坊工程职业学院"互联网＋教学"优质示范课堂。三是提升科研水平。近两年，我院心理健康教育教师积极开展各项科研工作，成功立项山东省教育科学规划"疫情与教育专项"课题 1 项、山东省社会科学普及应用研究项目 1 项、山东省艺术科学重点课题 2 项。其中山东省教育科学规划"疫情与教育专项"课题成果之一——结题公报《新型冠状病毒肺炎疫情下大学生心理危机干预措施研究》被多家媒体转载报道，如人民日报、搜狐、今日头条等，此项科研成果获潍坊工程职业学院2021 年度教育科学研究优秀成果奖一等奖。

（2）主动占领网络心理健康教育阵地

依托"潍坊工程职业学院心理健康中心"微信公众号，宣传心理健康教育中心活动及动向，积极推送心理健康防护知识与技能，以学生喜闻乐见的方式广泛普及心理健康知识，拓宽了心理健康教育的渠道，提升了网络育人的先进性；自疫情以来，心理健康教育中心紧急开通了网络心理咨询服务，为全院师生提供在线心理疏导及心理咨询，并一直沿用至今，提高了心理育人时效性。

（3）举办各类心理健康教育活动

我院通过汇聚资源形成特色，不断探索新的活动方式与活动内容，开展多样化的心理健康教育活动，拓展心理健康教育途径，力求打造心理情景剧、心理辩论赛、心理微电影、魅力心理知识展、特色团体心理辅导等品牌活动。同时，通过举办多种样式的心理健康教育活动，让每一位同学都有展现自己风采的机会。如，2021 年 5.25 大学生心理健康节组织开展了"妙语绘心"心理健康主题脱口秀大赛、"画解心情"心理健康主题绘画设计大赛、朋辈"成长体验"团体心理辅导等新活动，通过各类活动的参与，同学们秀学识、展技能、亮绝活，发现了自己的优势所在，发挥了自己的擅长之处，在大学校园生活中绽放着自己的光彩。

（4）开展线上线下心理咨询服务

疫情防控期间，心理健康教育中心紧急开通了网络心理咨询服务，通过QQ语音等在线方式，复学后严格执行心理咨询师值班制度，开展全院学生的面对面心理咨询服务。心理健康教育中心每年在新生入学之初将《潍坊工程职业学院心理咨询预约制度与方式》下发至每个班级告知每位同学，并通过校园广播、"潍坊工程职业学院心理健康中心"微信公众号等多种方式进行线上广泛宣传，来访学生的数量逐年增多。

（5）优化心理危机排查及干预机制

为做好后疫情时代我院学生的心理健康教育工作，我院心理健康教育中心快速升级了心理健康教育信息化系统，心理普查由原来电脑网页版升级为手机移动端即可参加测试，大大提高了心理普查的效率。此后，心理健康教育中心在每学期开学后开展全体在校学生的心理普查，及时了解了我院学生的心理状况，做好分类统计，同时加强与团委学生处、各院系的协同合作，参照心理普查结果，共同开展严重心理问题学生约谈，加强对重点学生群体的关注，把解决思想问题、心理问题与解决实际问题相结合，实现了教育引导、心理疏导与人文关怀同步进行，形成了"人人参与、部门协作、校院互动"的心理育人新机制。

2. 潍坊工程职业学院关于做好新型冠状病毒肺炎疫情防控期间师生心理防护和心理危机干预工作方案

为做好疫情防控期间我院师生的心理防护和心理危机干预工作，有效减少师生可能出现的疫情心理危机事件，根据上级有关规定，结合我院实际情况，现就进一步做好疫情防控期间心理防护和危机干预工作，制定本方案。

（1）指导思想

以习近平新时代中国特色社会主义思想为指导，认真贯彻执行山东省教育厅部署教育系统开展疫情相关心理危机干预工作的通知精神，坚定打赢疫情防控阻击战的信念和信心。教育为主，重在预防，及时干预，维护我院师生心理健康。

（2）组织机构

成立潍坊工程职业学院新型冠状病毒感染的肺炎疫情心理防护和危机干预领导小组。领导小组负责具体领导与规划我院师生疫情心理防护与干预工作，指导各院系部门认真履行疫情危机干预工作职责。

（3）工作目标

通过疫情心理健康知识的教育和宣传，加强师生对疫情危机的了解与认知，提高师生应对挫折的能力和情绪调节能力，为应对疫情做好心理准备；通过心理辅导和心理咨询等支持性干预，对由于疫情危机导致不良情绪的师生进行心理疏导，有效宣泄情绪，恢复心理平衡，保障身心健康。

（4）具体措施

第一，提前做好宣传预防工作

全院上下，分工合作，做好疫情期间的心理健康教育工作。根据我院实际情况，多渠道、多形式、开创性地进行心理危机预防、心理健康维护等专业知识和讯息的普及和宣传，及时宣教，积极预防。

第二，建立"四级预警"机制，及时识别高风险师生

按照分级分类原则，将全体师生按照以下四级人群进行分类：

第一级人群：疫情期间，被确诊为冠状病毒感染师生，此类人员要作为心理危机干预的重点；

第二级人群：被集中隔离的轻症师生患者（与确诊病例密切接触者、疑似病例）、到医院就诊的发热师生患者；

第三级人群：与第一、第二级有关的师生，例如亲人同学朋友被确诊或隔离；

第四级人群：受疫情防控措施影响的相关师生、易感师生，及受疫情影响而原有心理问题加重的师生。

建立宿舍——班级——院系——学院四级预警机制，及时识别上述四类高风险师生，遇到异常和紧急情况及时向上级报告。

①学生班级、宿舍报告制度

每个班级设立一名心理委员，每个宿舍设一位宿舍联络员，随时掌握班级或宿舍同学的心理状况，发现有明显心理异常情况者，及时向所在院系辅导员、班主任联系。

②各院系部门心理防护负责人报告制度

各院系部门设立至少一名心理联络员。心理联络员通过辅导员、班主任、班级心理委员、学生干部、宿舍联络员的沟通交流等途径及时了解师生的心理健康状况，发现有心理危机的师生，应将该人的情况迅速以适当的形式报各院系心理防护负责人和心理健康教育中心。

③心理健康教育中心报告制度

心理健康教育中心对于有严重心理危机的学生应给予及时的干预和处理，并及时向心理危机干预工作领导小组汇报。

第三，各体系部门协同实施危机预防与干预

支持体系。学院领导高度重视，大力倡导各部门开展形式多样的宣传活动培养师生不畏困难、积极向上的抗疫心态，形成团结友爱、互帮互助的良好人际氛围，增强同学同事间的相互关怀与支持；全体教职员工尤其是各任课教师要关心学生的心理健康；心理健康教育中心教师要及时为有心理困扰的师生提供咨询辅导；辅导员应经常关心学生在疫情状况下校园封控期间的学习和生活，

帮助学生解决学习、生活上的困难；班级心理委员、宿舍联络员、学生干部、学生党员等要发挥朋辈的互助陪伴作用，及时帮助有心理困扰的学生，真心诚意帮助他们渡过难关；动员有心理困扰的学生家长对学生多一些关爱和支持，开展家校共育。

咨询治疗体系。心理健康教育中心咨询师为疫情影响下急需情绪疏导和心理支持的学生提供心理帮助。特别说明：疫情下的心理危机预防与干预为非常规咨询，目的在于帮助因疫情影响而引发心理困扰的学生，改善其危险行为，为其提供有效资源，解除其心理危机。

阻控体系。对于学院可调控的引发学生心理危机的人员或情景等刺激物，学院应协调有关部门及时阻断，消除对危机个体的持续不良刺激。对于危机个体遭遇刺激后引起紧张性反应可能攻击的对象，学院应协调有关部门采取保护措施。

监护体系。各院系要对因疫情影响产生心理危机的学生在校期间要进行监护，心理健康教育中心给予监护指导。

对心理危机程度较轻，能在学院正常学习者，由各院系成立以学生干部为负责人、同宿舍同学为主的不少于三人的学生监护小组，及时了解该生的心理及行为状况，并及时向各院系汇报；经心理危机干预工作组评估确认为心理危机严重者，由各院系通知学生家长克服疫情防控等困难立即来校，由家长将学生送医院治疗或接回家调理，在学院与学生家长进行安全责任移交之前，由各院系对危机学生进行 24 小时特别监护，心理健康教育中心协助；对行为失控者，由安全保卫科、医务室进行特别监护，心理健康教育中心咨询师进行评估并采取相应措施，送专业医疗机构或临时控制，家长到达后由家长进行监护，学院给予协助；经医院认定，因为严重心理疾病不能坚持学习的学生，要办理休学手续，休学治疗。

救助体系。对于正在实施的自伤、自毁或他伤事故，现场人员应第一时间报告院系负责人、团总支书记和心理辅导员等工作人员，相关人员应立即赶到现场进行疏导和处理，必要时通知学生处、保卫处、后勤处等相关部门协助处理，同时向学院心理危机干预领导小组汇报。

现场紧急救助中各部门的职责：

①心理危机干预工作领导小组和心理健康教育中心共同制定心理危机救助方案，组织实施心理救助，稳定当事人或有关师生的情绪。

②各院系负责现场的指挥协调，核查危机师生基本信息，配合安全保卫科调查事故原因，组织力量保障师生安全，通知并接待师生家人；

③安全保卫科负责保护现场，配合学院对当事人实施生命救护，采取措施减小危机事件的影响，必要时向公安机关报告，协助公安机关对事故进行调查取证；

④医务室负责对当事人实施紧急救治，或配合相关人员护送其转介到相关医院治疗。

四、高职院校立德树人工作机制探析

构建"立德树人"的有效机制，是深入开展立德树人工作的根本保障。"立德树人"的有效机制主要包括党委领导下的以学校专职思想政治教育工作者为中坚、以教师为主导、以学生干部为骨干的"三位一体"的育人主导机制，学校、家庭和社会教育相结合的外部协同机制，以网络平台为中心，建立"线上—线下"联动机制。

潍坊工程职业学院"立德树人"工作机制：

1. 加强和改善党的领导

坚持党委领导核心地位，加强党委对学院工作的全面领导，坚持社会主义办学方向，牢牢把握学院思想政治工作领导权。健全党的领导体制，坚持和完善党委领导下的院长负责制，切实发挥党委领导核心作用。将立德树人工作纳入党建工作和意识形态工作责任制，加强督促检查，确保各项部署落到实处。每年召开立德树人工作会议，专题研究具体目标和落实举措。明确工作思路和目标任务，着力破解重点、难点问题。学院领导班子每学期为学生讲授 1 次思想政治理论课或形势政策课，听 1 次思想政治课；每学期出席 1 次学生集体活动；每学期组织 1 次师生座谈会。

2. 提高教师思想政治素质

切实加强教师思想政治工作，完善教育引导、制度规范、监督约束、查处警示的师德建设长效机制，引导教师以德立身、以德立学、以德施教。健全教师政治理论学习制度，积极开展以理想信念教育、社会主义核心价值观教育、法治教育和职业道德教育为重点的师德教育，广泛开展师德典型宣传活动。完善新教师入职宣誓制度，强化其责任感、使命感和职业荣誉感。建立教师思想状况定期分析研判制度，全面掌握校内校外、课上课下、网上网下思想状况，有针对性地做好思想引导。

3. 强化思想政治工作队伍建设

科学规划、整体推进高校党政干部和共青团干部、思想政治理论课教师和哲学社会科学课教师、辅导员班主任和心理咨询教师等队伍建设。专职思想政治工作人员和党务工作人员不低于全院师生人数的1%，每个院（系）至少配备1至2名专职组织员。逐步落实按师生比不低于 1：200 的比例设置专职辅导员岗位，按师生比不低于 1：350 的比例设置专职思想政治理论课教师岗位，按照师生比不低于 1：3000—4000 配备专职心理咨询教师。严格落实思想政治工作队伍和党务工作队伍的教师、管理人员"双重"身份，探索职务职级"双线"晋升办法和保障激励机制，实行职务（职称）评审单列计划、单设标准、单独评审。建立专兼职辅导员、班主任和学业导师"三位一体"的学生工作队伍，选聘校内优秀党政干部和教师兼任辅导员。建立健全班主任制度，吸引师德高尚、治学严谨、爱岗敬业、关爱学生的优秀教师担任班主任；建立学业导师制，加强教师与学生互动交流，强化专业教师的育人作用。青年教师晋升高一级专业技术职务（职称），须有至少一年担任辅导员或班主任工作经历并考核合格。

4.完善经费保障机制

加大对立德树人工作、思想政治理论课建设支持力度，将思想政治工作经费按需纳入年度预算，予以足额保障，统筹安排支出，提高使用效率。落实教育部关于印发《高等学校思想政治理论课建设标准》的通知（教社科[2015]3号）和中央宣传部教育部关于印发《普通高校思想政治理论课建设体系创新计划》的通知（教社科〔2015〕2号）要求，学校按学生总数每生每年15元的标准作为思想政治理论课教学专项经费，用于教师培训进修、学术交流、购置图书资料、参加社会实践教育等费用。

5.完善激励督查机制

建立教学质量监控体系。每学期由学院教学督导组对思想政治理论课教师的教学情况进行定期检查，检查的内容包括课堂授课、教案讲稿、实践活动指导情况、多媒体课件的制作和使用、学生作业批改、课堂管理等项内容。建立立德树人工作考核评价办法，纳入年度绩效考核，确保立德树人综合改革各项任务落到实处。

6.加大宣传力度

采取多种有效形式，进行广泛深入的宣传发动，推动全体干部教职员工投入到立德树人工作中，促进全员全过程全方位育人。动员社会各界进一步关心支持学院立德树人工作，不断提高社会各界的参与意识，形成共同推动立德树人工作的良好社会氛围。及时总结宣传学院立德树人工作的先进做法和经验，发挥典型示范引领作用，推动我院立德树人工作形成特色、创出品牌。

第三节　传统文化育人展示：《先秦两汉君子风范》

大家好，这次团课我给大家讲授的主题是《先秦两汉君子风范》，属于"弘扬中华优秀传统文化，践行社会主义核心价值观"专题。下面先对本专题的授课思路进行阐释。

一、授课目的

中华优秀传统文化是中华民族生存发展的文化根基和精神家园。习近平总书记高度重视推动中华优秀传统文化全方位融入思想政治教育工作，并发表了一系列重要讲话及论述。在 2019 年 3 月 18 日学校思想政治理论课教师座谈会，习总书记上指出"中华民族几千年来形成的优秀传统文化，为思想政治理论课提供了深厚的力量"。习总书记还多次强调"把中华优秀传统文化全方位融入思想道德教育"，这不仅突出了中华优秀传统文化的时代意蕴，也彰显了中华优秀传统文化作为思想政治理论课的理论来源的重要作用，为中华优秀传统文化融入思政课明确了方向。

2017 年中共中央办公厅、国务院办公厅印发的《关于实施中华优秀传统文化传承发展工程的意见》更是进一步指出中华优秀传统文化是"当代中国发展的突出优势"和"中华民族独特的精神标识"，要做到将其"全方位融入思想道德教育"，进一步明确思政课要做到使中华民族最基本的文化基因与思想政治教育规律相契合，用文化的独特魅力感染学生。

本专题《先秦两汉君子风范》的开设即为中华优秀传统文化融入学生思想政治教育的重要尝试。

第一，以理服人。本专题讲授了苏武、晏子、燕昭王、李广等先秦两汉时期著名人物的高尚人格和君子品性。几千年来，他们的事迹让人称颂，他们的人格让人景仰，成为民族精神的重要体现。本专题的开设有利于学生在对这些贤者伟人事迹的学习中得到思想道德的熏陶和精神境界的升华，陶冶情操、塑造人格，增加学生对中华优秀传统文化和社会主义核心价值观的思想认同和价值认同，提高学生的社会责任感。

第二，以情感人。无论是李广"桃李不言，下自成蹊"的人格表率，苏武"富贵不能淫，贫贱不能移，威武不能屈"的坚定不移，还是晏子"民惟邦本，本固邦宁"的为民情怀，燕昭王"礼贤下士，尊贤敬贤"的宽厚胸怀，背后都矗立着中华民族的民族丰碑。讲述这些先贤名士的感人事迹有利于学生在润物无声的情感共鸣中得到价值理念的升华。

第三，以志励人。中华民族充满闻鸡起舞之志、卧薪尝胆之志、乘风破浪之志，但最核心、最动人的还是精忠报国之志。爱国主义是中华民族精神的核心，爱国主义教育是思政课教学内容的主旋律。本专题的开设有利于学生在潜移默化的文化意识中自觉践行爱国情、强国志、报国行。

第四，以德树人。丰富的道德事迹、道德伦理、道德观念等中华优秀传统文化中的"德育"始终是中华民族的文化理念和教育内核。通过本专题的开设，融合中华优秀传统文化对学生进行思想政治教育，以达到"立德树人"的教育目的，为把学生培养成为有理想、有学识、有道德、有担当的社会主义合格建设者和可靠接班人尽一份绵薄之力。

二、授课重点

舍生取义的爱国主义精神、富民乐民的民本主义精神、礼贤下士的尊贤敬贤精神、临危不惧的英武忠烈精神

三、授课内容与过程

本专题一共分 4 个章节。

第一节题目为"苏武牧羊，芳誉千载"——舍生取义的爱国主义精神，主要以西汉著名爱国主义英雄苏武的事迹为例进行讲授。

第二节题目为"民惟邦本，本固邦宁"——富民乐民的民本主义精神，主要以春秋时期著名民本主义思想家、政治家、清正廉洁、爱民乐民的齐国相国晏子为例进行讲授。

第三节题目为"谦者，德之主也"——礼贤下士的尊贤敬贤精神，主要以春秋时期一代明君燕昭王招纳贤才、富国强兵的事迹为例进行讲授。

第四节题目为"廉者，政之本也"——清正廉洁的尚俭安贫精神，主要以春秋时期著名民本主义思想家、政治家、晏子清正廉洁的事例为佐证进行讲授。

第五节题目为"桃李不言，下自成蹊"——临危不惧的英武忠烈精神"，主要以西汉时期抗击匈奴的爱国名将飞将军李广为例，通过几次重要战役和重大事件分析其忠君爱国、勇敢机智、临危不惧、处变不惊、廉洁轻财、身先士卒、忠实诚信、英武忠烈的高贵品质。

好的，以上从授课目的、授课重点、授课内容与过程等五个方面对本专题的授课思路进行了阐释。下面开始授课：

四、授课脚本

（一）导入

"高山仰止，景行行止"。在中华民族的历史上，无数志士仁人、先哲伟人为民族的振兴和国家的繁荣而前赴后继、艰苦奋斗，创造出了辉煌业绩，做出了巨大贡献。他们的事迹让人称颂，他们的人格让人景仰。尤其是先秦两汉时期，诸多的明君贤相、文人名士、将帅勇士等体现出来的君子风范更是散发出光耀千古的无穷魅力。同学们，今天，就让我们一起步入先秦两汉文学殿堂，通过先秦两汉历史散文来解读、体验、学习先贤们的君子风范。

（二）"苏武牧羊，芳誉千载"——舍生取义的爱国主义精神

苏武牧羊的故事可谓家喻户晓。两千多年来，苏武崇高的气节，成为中国伦理人格的榜样，成为一种民族文化的心理要素。《汉书.苏武传》载：天汉元年（公元前100年），苏武奉命出使匈奴被扣，匈奴贵族多方威胁诱降未遂，又将他迁至北海（今贝加尔湖）边牧羊，苏武坚持十九年不屈。始元六年（公元前81年），因匈奴与汉和好，方被遣回朝，官典属国。其决不背叛祖国的气节，流芳百世，传唱千古。

1. 苏武牧羊的历史背景

从这幅《西汉反击匈奴图》可以看出，公元前100年之前的20多年，是汉与匈奴矛盾最严重的时期，双方国力消耗十分大，暂时无力再采取重大军事行动。天汉元年（前100年）前后，双方处于冷战状态，互派使者刺探虚实，而又经常互扣使者，以观其变。就是在这种形势下，苏武奉命出使匈奴，《汉书.苏武传》即从这里写起。因缑王在匈奴谋反一事受牵连，苏武在即将顺利完成出使匈奴任务返程时被匈奴扣留。

2. 威逼利诱不为所动——卫律劝降未遂

匈奴单于派卫律劝降苏武。在卫律第一次劝降苏武时，苏武义正言辞地给予拒绝，他说"屈节辱命，虽生，何面目以归汉！"于是，引佩刀自刺。后来，匈奴人"凿地为坎，置煴火，覆武其上，蹈其背以出血"，苏武才苏醒过来。卫律接着劝降苏武，一开始威逼利诱，先斩杀虞常。并"举剑欲击之"，用剑来威吓苏武。在这种情况下，苏武的副使张胜贪生怕死，当场请求投降。卫律对苏武说"副职有罪，应当共同论罪。"苏武正义凛然地回答："本无谋，又非亲属，何谓相坐？"，意思是我和张胜不是亲属关系，为什么要共同治罪呢？卫律又再次"举剑拟之"，苏武纹丝不动，体现出了"威武不能屈"的大丈夫气节。硬的手段不行，卫律又采取了软的手段，说"我卫律前负汉归匈奴，幸蒙大恩，赐号称王，拥众数万，马畜弥山，富贵如此"。他奉劝苏武如果今日投降，明日也会和他一样富贵，不要让自己的身体白白地给土地作肥料。苏武义正言辞地骂卫律说："汝为人臣子，不顾恩义，畔主背亲，为降虏于蛮夷，何以汝为见"。苏武解开了卫律的虚伪的面纱，痛斥了卫律投降匈奴，背负汉朝的行为，并接着列举了南越王、宛王、朝鲜王杀掉汉朝使者的后果"南越杀汉使者，屠为九郡；宛王杀汉使者，头县北阙；朝鲜杀汉使者，即时诛灭"。他们要么被夷为平地，要么被砍头示众，要么被及时诛灭。这一部分中，张胜的贪生怕死和苏武的大义凛然形成鲜明对比，卫律的卖国求荣和苏武的高风亮节也形成鲜明对比。

"律知武终不可胁，白单于。单于愈益欲降之，乃幽武，置大窖中，绝不饮食。天雨雪，武卧啮雪与旃毛并咽之，数日不死。"苏武被幽禁于地窖中，天寒

地冻，挨饿受冻，苏武宁愿喝着雪水，与毡毛共同下咽来充饥，靠着顽强生命力和誓回汉朝的坚强意志，苏武竟然活了下来。匈奴人都认为这是非常神奇的一件事情。

3. 贫贱不能移——逐北海持节牧羊

在威逼利诱、幽禁断食未果的情况下，匈奴人使出了最狠毒的招数，那就是"徙武北海上无人处，使牧羝，羝乳乃得归。别其官属常惠等，各置他所"。苏武被匈奴人流放到北海（今贝加尔湖附近），并让他放牧公羊，说什么时候公羊下崽了，苏武才可以回到汉朝。其实，匈奴人是想通过这个办法逼迫苏武投降。"武既至海上，廪食不至，掘野鼠去草实而食之。杖汉节牧羊，卧起操持，节旄尽落"。在这种极其险恶的情况下，苏武挖掘野鼠收藏的过冬的草籽来充饥，依然坚强活了下来，继续拿着汉朝使者的符节放牧他的公羊。这段文字感人至深，充分表现出了苏武贫贱不能移的气节。面对软硬不吃、誓死不降的苏武，单于和卫律劝降的愿望也最终化为泡影。

4. 不为私情所动——拒李陵百般诱劝

后来，单于又让苏武的好朋友，已经投降匈奴的李陵劝谏苏武投降，企图以私情打动苏武。李陵来动北海后，列举了苏武被扣后，家人离散、妻子改嫁、哥哥和弟弟因为不堪忍受冷酷的皇威而自杀这些例子。面对昔日的好友，苏武的回答依然掷地有声"武父子亡功德，皆为陛下所成就，位列将，爵通侯，兄弟亲近，常愿肝脑涂地。今得杀身自效，虽蒙斧钺汤镬，诚甘乐之。臣事君，犹子事父也；子为父死，亡所恨。"苏武认为，臣子侍奉国君就行儿了侍奉父亲一样，要忠心相待。为了祖国，即使遭受严酷的刑罚，也是心甘情愿的。在苏武即将回到汉朝之前，李陵为苏武饯行，内心也充满了矛盾，他羡慕苏武"今足下还归，扬名于匈奴，功显于汉室，虽古竹帛所载，丹青所画，何以过子卿！"，同时，他也感叹当年汉武帝若没有族灭他们全家的话，他也不会如此决绝地投降匈奴而成为"异域之人"。最后，李陵边唱边跳："径万里兮度沙幕，为君将兮奋匈奴。路穷绝兮矢刃摧，士众灭兮名已隤。老母已死，虽欲报恩将安归！"表达了自己极度矛盾、痛苦的心情。在这一部分中，李陵的计较个人和苏武的忠君报国形成鲜明对比；李陵的优柔寡断与苏武的意志坚定已形成鲜明对比。

5. 须发尽白终归汉——苏武有幸归国得赏

后来，因为西汉和匈奴重修旧好，关系缓和，始元六年春，苏武回到长安，并被拜为掌管与少数民族往来事务的典属国一职。

苏武被扣十九年。当年出使匈奴的时候，还是壮年。等到回来的时候，已经须发尽白，眉毛和头发都变白了。苏武坚持民族气节，始终不背叛祖国的事迹体现出了"富贵不能淫，贫贱不能移，威武不能屈"的精神。

晏子言"利于国者爱之,害与国者恶之";屈原言"身既死兮神以灵,魂魄毅兮为鬼雄"霍去病言"匈奴未灭,何以家为?";班固言"爱国如饥渴";司马迁言"先国家之急而后私仇也""常思奋不顾身,而殉国家之急"。先秦两汉时期的志士仁人身体力行,践行了伟大的爱国主义精神,在中华民族史上留下了不朽盛名。

(三)"民惟邦本,本固邦宁"——富民乐民的民本主义精神

习近平总书记自党的十八大以来,在系列讲话中多次引用了"民惟邦本,本固邦宁"的政治格言,充分表达了习近平总书记一贯坚持的"以民为本,执政为民"的治国理念。

"民惟邦本,本固邦宁"一语,出自《尚书·五子之歌》,是大禹的五位孙子在被放逐途中回忆皇祖训诫、抒发怨愤之情的文章。意思是"人民是国家的根基,人民安定了,君位就稳固了,天下也就太平了",反映了中国最早的民本思想。

在先秦两汉时期,涌现出了许多民本主义思想家和实干家。晏子为其中的杰出代表。

1.晏子简介

晏子,名婴,字平仲,莱之夷维(今山东高密)人。春秋后期齐国著名的政治家、思想家、外交家,历仕灵公、庄公、景公三世,景公时为相。前后辅政长达50余年。晏子和孔子是同一时代的人,比孔子年长27岁。孔子曾经盛赞晏子"救民百姓而不夸,行补三君而不有,晏子果君子也"。意思是晏子经常救济百姓而不浮夸,敢于直谏,弥补三位国君的过失,而自己却不居功自傲。晏子是真正的君子。司马迁也曾充满敬佩之情地赞誉晏子"至其谏说,犯君之颜""进思尽忠,退思补过""假令晏子而在,余虽为之执鞭,所忻慕焉"。意思是"如果晏子还在世的话,我即便为他打着鞭子赶着马车,做一名马车夫,也是我羡慕向往的";唐宋八大家之一的苏辙赞誉晏子"管子以桓公霸,然其家淫侈,不能身蹈礼义。晏子之为人勇于义、笃于礼,管子盖有愧焉"。

2.晏子民本思想简介

晏子之所以能够得到国君的倚重、百姓的信赖、诸侯国的亲服以及后人的景仰,主要原因是其爱民乐民、清正廉洁的高尚情怀。

晏子认为之所以人民会反对君主,一个重要的原因是人民创造的财富大部分都集中在君主和政府手中,供少数人挥霍消费,造成广大民众生活贫困,难以存活,他主张征收赋税应该"权有无,均贫富",即依据拥有财富的多少决定征收赋税的多少,富有者多征,贫穷者少征或不征。

晏子认为为官要能为民做事,然后方可获取爵禄,反之,应甘处贫贱,无

所怨言。这就和那种"千里做官只为钱"的贪官污吏有着本质的不同。如何做到"爱民乐民",晏子主张以下几点:

第一,薄身厚民不刻民

晏子主张凡遇到天灾之时政府应当及时开仓放粮,赈济灾民;即使在没有灾害的情况下,政府官吏也应当随时了解人民的疾苦,及时对鳏寡孤独老弱病残无助无养之人实施救助。景公时有一年霖雨下了十七天没有停歇,各乡都出现不少房屋倒塌、饥寒交迫之家,晏子三次请求开仓救济灾民,景公不听,晏子便将自己家中的粮食布帛倾其所有,救济灾民。在他的劝说和感召下,景公才答应由政府负责救济灾民,使民众渡过了难关。

《晏子春秋》载,当景公穿着白狐裘大衣而不知天寒地冻,穷苦人民饥寒交迫时,晏子劝他说"古代的贤者,自己吃饱了要了解别人的饥饿,自己穿暖了也要了解别人的寒冷;自己安逸轻松也要了解别人的劳苦,现在您却不知道这些。"景公终于悔悟,下令拿出一些皮衣和粮食,发放给那些忍饥挨冻的人。并下令在道路上看到这些人,不要查问他们是哪个乡的;在里中看到这些人,也不要查问他们家在哪里;在国内普遍巡查,统计救济的人的数目,但不必查问他们的名字。孔子曾赞扬晏子"晏子能明其所欲,景公能行其所善也。"

第二,公平执法,维护正义

在执法原则方面,晏子提出了以下主张:其一,信赏必罚。必须做到赏其该赏,罚其当罚,才能实现治国的目标。其二,诛不避贵,赏不遗贱。就是惩罚邪恶,不庇护权贵;庆赏贤能,不遗漏贫贱之士。其三,驰刑罚,省刑罚。齐景公时期,用刑无度,滥刑的结果使"藉重而狱多,拘者满囹,怨者满朝"。凡是轻罪重刑、无过受罚等不正常的现象,晏子都不遗余力地劝说齐景公——改正,以此取信于民。有一次,景公最爱的马死了,盛怒之下,景公要杀掉养马人,晏子出来解围。他指着养马人呵斥道:"国君让你养马,你却把马养死了,这是第一条死罪;你养死的是国君最爱的马,这是第二条死罪;国君因为一匹马要杀人,百姓听了,必然怨恨国君,诸侯听了,必然轻视我们齐国;因为你养死了马,使景公怨积于百姓,兵弱于邻国,这是第三条死罪。"晏子对景公晓之以理,委婉地向他阐述了杀死养马人的利害关系。景公欣然接受劝谏,放了养马人。

好的,以上通过晏子的民本思想和为民乐民事迹向同学们阐释了"民惟邦本,本固邦宁"的重要性,希望同学们能够有所收获。谢谢大家!

(四)"谦者,德之主也"——礼贤下士的尊贤敬贤精神

先秦两汉时期的很多君主或者政要,虽然身居高位,却依然能够表现出谦虚谨慎、大度宽容、礼贤下士的君子风范。留下了传颂千古的感人佳话,让后人景

仰叹息。其中，燕昭王即为其典型代表。

唐代著名诗人陈子昂曾写了一首诗，诗名曰《燕昭王》。"南登碣石馆，遥望黄金台。丘陵尽乔木，昭王安在哉？霸图今已矣，驱马复归来。"这首诗的"碣石馆"和"黄金台"见证了燕昭王尊贤纳贤的历史往事。这一典故在历史上传为美谈，为后代许多明君所效仿、学习。在《战国策．燕策》中的《燕昭王求士》篇中有明确记载。

1. 历史背景

燕昭王，姓姬，名职，战国时燕国第 39 任君主。他上任时，正面临燕国残破不堪的局面。公元前 314 年，齐宣王借口平定燕国内乱，出兵伐燕，用 50 天就攻下了燕都蓟城（今北京市西南），杀死了燕王哙与奸臣子之，企图灭亡燕国。这不仅引起燕国人民强烈的反抗，也招致中原各国的干涉。

在多年内乱和齐人入侵后，燕昭王于收拾残局后即位，振兴国家的任务之艰巨可想而知。燕昭王是个极有才略的人，百废待兴，他首先从招罗人才做起。他降抑自己国君的身份，重金礼聘，延请能人高才，准备报仇雪耻。他去拜见燕国贤士郭隗先生，客观地分析了燕国的弱小国力，倾诉了渴求贤才和报仇兴国的愿望，恳求得到郭隗先生的指教。郭隗向燕昭王讲述了"古服道致士之法"和千金买马的典故。

2. "古服道致士之法"

关于"古服道致士之法"，《战国策》中的原文如下：

"帝者与师处，王者与友处，霸者与臣处，亡国与役处。诎指而事之，北面而受学，则百己者至。先趋而后息，先问而后嘿，则什己者至。人趋己趋，则若己者至。冯几据杖，眄视指使，则厮役之人至。若恣睢奋击，呴籍叱咄，则徒隶之人至矣。"。意思是"成就帝业的人以人才为师，成就王业的人以人才为友，成就霸业的人以人才为臣，亡国之君以人才为仆役。委屈自己的旨意侍奉贤人，恭敬地接受教导，能招徕比自己强百倍的人；奔走在人前，休息在人后。最先向贤人求教，最后一个停止发问，才能超过自己十倍的人就来了；见面时别人有礼貌地快步迎上来，自己也就有礼貌地快步迎上去，和自己能力相仿的人就来了；依靠着几案，拿着手杖，斜视着用手指来示意别人去做事，服杂役的人就来了；如果待人狂暴凶狠，随意打骂践踏，那么就只有刑徒和奴隶在他身边了。这是古代实行正道求得人才的办法"。

由上我们可以看出，"古服道致士之法"主要是指君主对人才的态度问题。其主要用意是告诫燕昭王，君主要象对待老师和朋友那样来对待人才，要降低自己的身份，把人才看成自己的老师，诚心侍奉，虚心求教，这样才能使天下的人才前来投奔，从而达到富国强兵的目的。

3. 千金买马

为了让燕昭王更深入地了解礼贤下士的道理。郭隗又给燕昭王讲述了"千金买马"的故事：

"古代的君王中有一位用千金来寻求千里马的，三年没能找到。一个随从对君王说：'请允许我寻找它。'君王派他去了。三个月之后找到千里马，马已经死了，就用五百金买了死马的骨头，返回来以此向君王汇报。君王大为生气，说：'我想要的是活马，怎么带回死马还浪费了五百金"。这个随从回答说："死马都用了五百金买它，何况活马呢？天下人一定认为大王是能出高价买马的人，千里马现在就会到了。'于是不满一年，果然来了三匹千里马。如今大王果真要招揽贤士，首先从我开始，我尚且被重用，何况胜过我的呢？（他们）难道嫌路远而不来燕国吗？"

这一段用了比喻手法，使纳贤之理得到透彻的阐明，增加了文章的活力和气势。郭隗将自己比作死千里马，将燕昭王比作"古之君人"，用千金买千里马比喻以谦虚的态度和优惠的政策招纳人才。

4. 礼贤下士

燕昭王按照郭隗的主意，盖了一座金碧辉煌的宫殿，选择了一个吉祥的日子，举行隆重的仪式，恭恭敬敬地把郭隗请到新宫殿里去住。昭王每天都要像学生请教老师那样前去探望。

昭王还在沂水之滨，修筑了一座高台，用以招徕天下贤士。台上放置了几千两黄金，作为赠送给贤士的进见礼。这座高台便是著名的"黄金台"。燕昭王爱贤敬贤的名声不胫而走，各国人才争先恐后地奔赴燕国。其中不乏名士：如武将剧辛从赵国来，乐毅从魏国来。谋士邹衍从齐国来，屈庸从卫国来。一时间，人才贤士都争着奔赴燕国。

5. 报仇雪耻

昭王在乐毅等人的辅助下，兢兢业业地奋斗了 28 年，燕国殷实富足，国力强盛，士兵们心情舒畅愿意效命。昭王用乐毅为上将军，和秦楚及三晋赵魏韩联合策划攻打齐国，齐国大败，齐闵王逃到国外。燕军又单独痛击败军，一直打到齐都临淄，攻破了齐国 70 多座城池，只剩下莒和即墨没有被攻下。

从以上我们可以看出，燕昭王之所以能够富国强兵、报仇雪耻，靠的就是卑躬屈节、知人善用的高贵品质和礼贤下士、虚怀若谷的君子风范，这也成为先秦时期重要的人文精神，值得后人学习。

好的，今天这一专题我们就讲到这儿。谢谢大家！

（五）"廉者，政之本也"——清正廉洁的尚俭安贫精神

先秦两汉时期，涌现出了很多廉洁奉公、大公无私的清官廉官。春秋时期齐

国相国晏子即为其杰出代表。

1. 生活简朴，清心寡欲

《晏子春秋》中有近二十几篇文章记述了晏子的个人生活，晏子特别强调生活简朴，力戒奢华的重要性。他一生从政勤恳廉洁，做事清白公正。他管理国家秉公无私，亲友僚属求他办事，合法者办，不合法者拒。他从不接受礼物，大到赏邑、住房，小到车马、衣服，都被他辞绝，晏子还时常把自己所享的俸禄送给劳苦百姓。

晏子身居高位，又是功业显赫的三朝元老，却过着极为清廉朴素的生活。吃的是"脱粟之食"，粗茶淡饭素食当家；穿的是"缁布之衣"，甚至于"一狐裘三十年"，一件狐裘大衣穿了30多年；上朝坐的是弊车驽骊（破车破马）；住的是市场附近低矮潮湿的旧房子。他认为作为百官之长和老百姓的父母官，应该为他们作出廉洁的榜样，而不该追求奢侈，腐化民风。

晏子认为"去老者，为之乱；纳少者，为之淫，且夫见色而忘义，处富贵而失伦，谓之逆道"，意为"抛弃糟糠之妻，就是乱；纳妾娶小，就是淫。如果一个人见色忘义，处于富贵地位而失掉伦常之理，就是大逆不道"。齐景公看到晏子的妻子老而丑，想把自己的女儿嫁给晏子，被晏子义正言辞地予以拒绝。可以说，晏子是古代政治家中在生活作风方面对自己要求最为严格而全面的一个。

2. 乐观豁达，处其自然

晏子把金钱财富、职务地位、生老病死都看得很轻，这种乐观豁达、处其自然的性格也是使其长寿的重要原因。有一次，景公置酒于泰山之上并发出感慨"寡人将去此堂堂国而死乎！"他看到齐国地大物博，而自己总有一天会死去，就非常伤心。左右的人也跟着哀伤起来，只有晏子拍着大腿仰天大笑。众人不解，问晏子笑什么。晏子回答"今天我看到了一位胆怯的国君和三位谄谀的大臣。天地间任何事物都是有尽头的，生死是自然的事情。如果一个人年老了还惧怕死亡，就是胆怯的表现。左右的人跟他一起哀伤，就是谄谀、拍马屁的表现。胆怯的人和谄谀的人相聚，所以让人捧腹大笑"。

3. 力谏国君，奉行节俭

在晏子看来，奢侈是齐国政治的主要症结。景公想取法圣王，致诸候，霸天下，求教于晏子。晏子则向他指出，这不可能。原因是景公奢侈无度、大兴土木、劳民伤财，加上又亲佞远贤，厚敛于民。所以，晏子经常劝谏不要太奢侈太淫逸。如谏日夜长饮，不恤天灾；谏夜听新乐而不上朝；谏台成又欲为钟，以民哀为乐；谏为履而饰以金玉；谏巨冠长衣以听朝；谏以人礼葬走狗等等。这些劝谏国君的言行，也构成了晏子一生政治活动的一个重要内容。

公元前500年，晏子去世，齐景公正在国外出访，他听到这一消息，赶紧往回赶，在路上一会儿坐在马车上，觉得车子太慢，一会又下车小跑，又觉得太慢，又坐上马车。这样一路一会乘车，一会小跑，来到晏子家，趴到晏子尸体上痛哭"子大夫日夜责寡人，不遗尺寸，寡人犹且淫泆而不收。怨罪重积于百姓。今天降祸于齐，不加于寡人。而加于夫子，齐国之社稷危矣，百姓将谁告夫"？景公感慨，晏子去世后，没有人能像晏子那样忠诚、敢于直谏，每天都不遗余力地给他指出为政的过失。齐国的社稷危险了。百姓再遇到事情，去告诉谁呢？这是景公发自肺腑的呐喊，失去晏子后，再也没有人能够敢于触犯龙颜，向国君冒死进谏了。晏子死了十七年后，有一次，齐景公和众大夫一起饮酒后又射箭，景公射箭偏离了靶子，堂上的百官叫好的如出于一人之口。景公失望地叹息，丢掉了弓箭。

好的，今天这一主题就讲到这儿，希望同学们能够从晏子清正廉洁的高贵品质中得到一些感悟。谢谢大家！

（六）"桃李不言，下自成蹊"——临危不惧的英武忠烈精神

"桃李不言，下自成蹊。"这则成语出自《史记·李将军列传》，意思是说，桃李有着芬芳的花朵，甜美的果实，虽然它们不会说话，但仍然会吸引人们到树下赏花尝果，以至树下走出一条小路来。比喻为人真诚，严于律己，自然会感动别人，自然会受到人们的敬仰。这是汉代史学家司马迁在为西汉飞将军李广立传时称赞的话。李广将军就是以他的真诚和高尚的品质赢得了人们的崇敬。

《史记》对李广的评价，原句如下：太史公曰：传曰："其身正，不令而行；其身不正，虽令不从。"其李将军之谓也。余睹李将军，悛（xun2）悛如鄙人，口不能道辞。及死之日，天下知与不知，皆为尽哀。彼其忠实心诚信于士大夫也。谚曰："桃李不言，下自成蹊。"此言虽小，可以谕大也。

我们从文中可以看出，除了"桃李不言，下自成蹊"，还有一句话，也是对李广将军优秀品行的高度评价，那就是"其身正，不令而行；其身不正，虽令不从"意思是一个人自身为人正直，不去命令别人，别人也会服从他；如果自身行为不正的话，即使命令别人，别人也不会跟从。

李广是一个什么样的人？能获得司马迁如此高度的评价呢？我们可以从《史记·李将军列传》中做出如下分析。

1. 爱国名将李广简介

李广是汉代抗击匈奴的爱国名将，是西汉时期乃至整个中国历史上的战神，也是司马迁笔下的一个悲剧英雄形象。李广，陇西成纪人。他的祖先是李信，在秦朝时为将，曾经逐得燕太子丹。李广一生历事文帝、景帝、武帝三朝，以勇力才气知名于时，号称天下无双，然而一生与匈奴大小七十余战，却终生未有封侯之赏，最后以军行失道获罪，愤而自杀。

2. 李广戎马倥偬的一生

（1）临危不惧、处变不惊——上郡遭遇战

景帝时的上郡遭遇战表现出了李广临危不惧、处变不惊的大将风度。在这场战役中，李广带着几百名士兵去追赶匈奴三名射雕者，杀其二人，生得一人。但是李广已经离开大军很远的距离，而且发现前方有匈奴兵几千余人。由于敌众我寡，李广手下的士兵都很害怕。只有李广意气自如，成功运用了心理战术，化解了危机。李广说"我们已经离开大部队数十里，如果这时候逃走的话，匈奴兵肯定会射得我们片甲不留。如果我们留下来不走，匈奴兵必定认为我们是诱骑，反而不敢进攻"。于是，李广让士兵们都解下马鞍，示意不逃跑，坚定匈奴兵的想法。果然，匈奴兵始终感到非常奇怪，以为汉军有伏军在旁，直到晚上也不敢去进攻，反而让一位白马将出来护卫他们的军队。李广与十余骑奔驰出去杀掉胡白马将。第二天一早，李广的军队毫发无损地回到大军中。

（2）勇敢机智、精于骑射——雁门出击战

武帝时的雁门出击战则反映了李广勇敢机智、精于骑射的特点。李广在这次战役中受伤并被生擒，匈奴单于王素闻李广盛名，想要活的李广。于是，匈奴兵把李广放在两马之间，中间用一张网兜着李广往前走。李广很想赶紧逃脱，他做出了一个大胆又危险的举动。他佯装已死，斜眼看到他旁边有一个年轻的匈奴兵骑着一匹好马。说时迟那时快，李广突然从网上腾跃起来，跳上了匈奴兵的马，顺手把匈奴兵推下马，夺走他的弓，用鞭子打着马向南奔驰了数十里。匈奴兵在后面追赶李广，李广骑在马上，边走边射，得以脱身。因为这次冒险，他获得了"飞将军"的美誉，其威名远播塞外。李广在右北平期间，匈奴听说是汉朝的"飞将军"镇守，竟然躲避好几年不敢入右北平。

李广的勇敢和射艺高超还体现在其敢于射虎方面。李广有一次出猎，看到草中的大石头，以为是老虎就去射击，箭头竟然没在石头中。李广喜欢射虎，即便好几次被老虎抓伤了，李广最后还是将老虎射死了。

（3）廉洁轻财，爱护士卒，忠实诚信、口讷少言

李广非常廉洁，每次得到赏赐，就会分给他的部下，吃饭和喝水也与士兵们在一起。李广一辈子俸禄为二千石持续了四十余年，家无余财。李广不太爱说话，与人相处的时候，就喜欢在地上画军事阵列，一起玩射箭的游戏。李广带领军队遇到缺水、断粮的地方，见到水，如果士兵们不是都能喝上水，李广滴水不沾；如果不是士兵们都吃上饭，李广一口不尝。李广对待士兵们非常宽厚，不严苛、不刻薄，士兵们因此都愿意为他所用。

（4）宁死不受辱，忠烈塑人格

李广戎马倥偬了一辈子，与匈奴共打了 70 多次战役，在战场上度过了自己

的一生。他最想做的事情就是能够亲手抓住单于。但是，在漠北决战中，因为皇帝的偏心和不信任、卫青的私心和排挤等种种原因，导致李广想打前锋抓住单于的愿望化为泡影，又因为军队迷失了道路而获罪。李广不愿意这一辈子经常面对刀笔之吏，给家人添麻烦，于是，为汉朝边疆稳定立下了汗马功劳的 60 多岁的老将军因愤怒而引刀自刎，向封建统治阶级刻薄寡恩、排挤人才、严苛得没有人情味的军功制度做了最后的无声抵抗。李广自杀后，士大夫、士兵、老百姓各阶层的人，不管老壮，都为他伤心难过而哭泣，为他的忠烈人格而扼腕叹息。

3. "飞将军"流芳百世

李广的高贵品质和人格魅力受到后代的敬仰，李广也成为中国战争史上著名爱国主义将领。很多文人墨客尤其是专门擅长写战争的边塞诗人更是经常将李广作为歌颂的对象。如唐代卢纶《塞下曲》"林暗草惊风，将军夜引弓。平明寻白羽，没在石棱中。"王昌龄《出塞》"但使龙城飞将在，不教胡马度阴山"。高适《燕歌行》"君不见，沙场征战苦，至今犹忆李将军。"

同学们，关于汉朝飞将军李广的忠烈人生，我们就讲到这儿，希望大家有所感悟、有所收获。谢谢大家！

后 记

　　本专著是在多方调研、论证、对比、举例，反复推敲后定稿的。主要由四个章节构成。第一章：高职文化育人工作概述。主要论述高职文化育人的内涵、特点、功能、意义、现状与问题。第二章：高职文化育人"四轮驱动，多元协同"模式概述。主要从高职文化育人的驱动力、载体平台、体制机制、考核评价、传承创新及多元文化协同等几个方面对这一模式加以阐述。第三章：潍坊工程职业学院"四轮驱动，多元协同"打造特色精实文化。主要从文化育人驱动力、载体平台、体制机制、考核评价机制、传承创新机制、八元文化、育人成效几个角度对高职院校文化育人工作进行了详细阐述。第四章：潍坊工程职业学院文化育人典型案例。主要选取了潍坊工程职业学院融合优秀传统文化培育学生工匠精神、全面构建"七育人"立德树人工作机制两个典型案例对潍坊工程职业学院文化育人工作亮点进行了重点阐释。

　　本专著在撰写过程中的主要研究步骤如下：

　　第一步，对有关高职院校文化育人方面的资料进行收集、总结、整理。对涉及文化育人时代背景、基本内涵、重大意义、问题对策、平台研究、体系研究、机制研究等各种材料进行整理。包括重要文件、实施意见、讲话、制度、论文、论著、课题、课件、调查问卷、访谈实录及图书馆书籍资料和网上资料进行整理。在研究过程中，适当借鉴主持人担任执笔人和主要撰稿人的学院文化育人实施方案、《改革开放潍坊卷》之《根植校园文化沃土，创新特色育人机制》、《潍坊红色读本》的研究成果，进行融汇性研究。

　　第二步，从理论、实践角度总结概括出高职院校普遍适用的文化育人载体平台体系、考核评价体系、体制机制体系、"双创"体系以及多元协同的八大文化，形成完整的"四轮驱动，多元协同"育人体系，深度挖掘高职院校文化育人的作用，促进高职院校文化育人根本任务的完成。

　　第三步，对拟构建的高职院校文化育人"四轮驱动，多元协同"模式进行归纳与分析，并潍坊工程职业学院近年来打造特色精实文化进行实践性开拓研究，总结归纳出高职院校文化育人工作中值得借鉴的方面，从多个维度探讨文化育人可行性路径，形成科学体系。选取几个典型案例对潍坊工程职业学院近年来的文化育人工作亮点进行全面例证和阐释。

本研究的理论意义一是运用文化学、教育学、社会学学科教育理论，吸收前人的研究成果，在新时代视域下对高职院校文化育人理论进行进一步丰富和突破。二是深入研究高职院校"四轮驱动，多元协同"文化育人模式的内涵、特点、路径、助力、载体平台、创新转化等特点，对高职院校文化育人进行理性思考与实践研究，完善高职教育理论。三是从新的视角探究解决高职院校文化育人问题的对策，为实现具有高职特色的文化育人建设提供有力的理论支撑依据，为培养真正意义上的国家与社会需要的高素质技能人才形成理论指导。

本研究的实践意义，一是为高职院校文化育人工作提供全新模式，即"四轮驱动，多元协同"模式。该模式的有效性实施，有利于高职院校师生在良好的文化氛围中学习成长，有利于高职学生形成正确的世界观、人生观、价值观，有利于高职教育造就道德品质高尚、智能结构合理、个性鲜明、富有创新精神的人才，有利于推进文化创新，增强高职教育的文化自觉和文化自信，实现高职院校在文化传承创新中的担当。二是针对一些现实问题，如校园精神文化缺失、文化育人机制滞后、文化育人质量评价体系缺乏、人文关怀情感育人滞后、职业教育与人文教育不相适应、管理育人与文化育人不相适应、忽视文化传承与创新等现实问题，对高职文化育人体系进行重新构建，挖掘出其强大功能，为推进并创新文化育人工作实践提供指导。三是针对"四轮驱动，多元协同"文化育人现状与问题展开调查，取得第一手资料后，根据调查结果进行对比、分析和研究。四是提高高职院校对文化育人及校园文化建设的重视，为高职院校文化育人工程实施过程中出现的棘手问题提供对策与建议，为文化育人工作更好地发挥立德树人及弘扬中华传统文化的功能提供借鉴，为高职院校内涵发展找准方向和定位。

高职院校做好文化育人工作，以社会主义核心价值观统领大学生的思想与言行，是提升大学生思想政治教育成效的重要途径。该研究成果即倡导高职院校在以文化人背景下担负党和人民的重任，为大学生"扣好人生的第一粒扣子"。本研究侧重点是高职大学生群体。这既是文化育人工作的理论问题，更是文化育人工作的实践问题。归纳起来讲，文化育人最终目的是要达到内化于心、外化于行的预期效果。

参考文献

1. 专著类

[1] 杨伯峻《春秋左传注》（三）[M]．北京：中华书局，2009 年，1088 页．

[2]《魏源集．默觚．学篇》[M]．北京：中华书局，1976 年，274 页．

[3] 黎凤翔《管子校注》[M]．中华书局，2004 页，55 页，3 页．

[4] 李永健．高等职业院校思想政治理论课教育教学改革问题研究［M］．武汉：华中师范大学出版社，2006：115-162.

[5] 王邦虎．校园文化论 [M]．北京：人民教育出版社，2001.

[6] 范鹏．大学生思想政治教育的理论与实践 [M]．兰州：兰州大学出版社，2012.

[7] 张斌贤等．教育学基础 [M]．北京：教育科学出版社，2008.

[8] 肖明胜等．红色丰碑——潍坊红色文化教程 [M]．北京：华龄出版社，2022.

2. 论文类

[1] 刘娜，杨士泰．立德树人理念的历史渊源与内涵 [J]．《教育评论》2014（5）.

[2] 李明．简析高校立德树人的基本要求及实现路径 [J]．《学校党建与思想教育》．2015（1）.

[3] 李柳．高职院校思政教学中"立德树人"的研究与实践 [J]．《济源职业技术学院学报》2017（9）.

[4] 徐银香．责任共担 视野下大学生实习法律制度的构建 [D]．高教研究，2014.

[5] 刘玥．高职院校大学生职业素养课程探索与创新 [J]．《中国市场》2017（15）.

[6] 刘海军．高校实践育人体系的构建 [J]．《高校辅导员学刊》2018（4）.

[7] 黄生亚．发挥大学生党支部组织生活育人引领作用探究 [J].《高校辅导员》2015（6）.

[8] 陈昕．"大思政"格局下高校共青团组织育人模式的探索与实践 [J].《山西青年职业学院学报》2017（6）.

[9] 张曦，万劼．解决高校服务育人不平衡、不充分困境的路径研究 [J].《太原城市职业技术学院学报》2018（2）.

[10] 宁尚书.大学生实习期间劳动权益法律保障 [D].兰州大学法学院，2014.

[11] 钱惠英.高职院校文化育人策略的反思与构建 [J].《无锡商业职业技术学院学报》2017（6）.

[12] 卢亚莲.高职院校文化育人的内涵及路径探索 [J].《贵州师范学院学报》2014（12）.

[13] 彭顺.安徽省高职院校文化育人体系建设研究 [D].安徽大学，2014.

[14] 卢亚莲.高职院校文化育人机制创新路径探析 [J].《中国职业技术教育》2012（34）.

[15] 杨旸.高职院校文化育人机制创新研究 [J].《市场周刊》2015（10）.

[16] 韩笑真.高职院校校园文化建设育人探析 [J].《教育探索》2014（12）.

[17] 张义俊，陈蒙.文化育人视野下高职工匠精神培育的困顿、成因与破解路径 [J].《职业技术教育》2018（25）.

[18] 蔡向阳，郑柏松.优秀传统文化融入工匠精神培育的必要性与可行性研究 [J].《黄岗职业技术学院学报》2021（4）.

[19] 郭兴.论工匠精神与非遗传承——建构职业教育非遗教育传承实践体系 [J].《广西科技师范学院学报》2020（6）.

[20] 王月.当代中国工匠精神研究 [D].内蒙古科技大学，2019.

[21] 张晶，孙佳娟.工匠精神融入高职校园文化的价值与路径——基于中华优秀传统文化视域 [J].《湖州职业技术学院学报》2020（2）.

[22] 包江胜.基于优秀传统文化传承的高职生工匠精神培育 [J].《宁波职业技术学院学报》2020（8）.

[23] 同婷沽.高校突发公共卫生事件的网络舆情应对策略 [J].新西部理论版，2015.

[24] 王世海.自媒体时代高校突发事件网络舆情引导与处置机制探析 [J].通化师范学院学报，2019.

[25] 李明付，李芳.大数据时代高校网络舆情的精准化管理 [J].沈阳大学学报（哲学社会科学版），2019.

[26] 王琪.高校突发事件网络舆情管理机制的探究和建立 [J].新闻研究导刊，2019.

3.报道类

[1] 秦华，闫妍.习近平在全国高校思想政治工作会议上强调：把思想政治工作贯穿教育教学全过程开创我国高等教育事业发展新局面 [N].人民日报，2016-12-09（1）.

4. 材料类

[1] 中共潍坊工程职业学院委员会关于立德树人综合改革的实施意见 .

[2] 潍坊工程职业学院精实文化育人材料 .